캐리비안
해적들의
비밀 공부법

캐리비안 해적들의 비밀 공부법

스스로 학습하고 열정을 추구하는 사람들의 위대한 비밀

제임스 마커스 바크 지음 | 전리오 옮김

비행복을 입은 채 언제나 잘 웃으시는 분,
나의 아버지 리처드 바크(Richard Bach)*에게 바친다.
아버지는 내 인생의 모든 길목에서 언제나 웃으면서 나타나셨다.

* 《갈매기 조나단(갈매기의 꿈)》을 쓴 작가이자 비행사다.

일러두기

- 이 책의 원제(Secrets of a Buccaneer-Scholar)를 직역하면 '버커니어 학생의 비밀'입니다. 버커니어는 17~18세기에 카리브해 일대에서 활동하던 사략(privateer, 국가에서 인허받은 해적)이나 뱃사람을 일컫는 말로, 영화 〈캐리비안의 해적〉에 나오는 인물들이 바로 그들입니다. 버커니어는 이 책 전반을 관통하는 핵심적인 개념이며 본문에서도 수시로 등장하기 때문에, '버커니어(buccaneer)'는 모두 '캐리비안의 해적'으로 옮겼습니다.
- 본문의 주석은 모두 '옮긴이 주'입니다.

계속 공부하는 자만이 오래가고, 살아남는다

책 제목을 보고 '해적이나 뱃사람이 무슨 공부?'라고 생각할지 모른다. 해적이 배운 걸 배우자는 게 아니라, 기존의 체제와 권위에 주눅들지 않고, 자유롭고 급진적으로 중요한 것을 흡수하고 새로운 것을 배우자는 것이다.

그동안 우리는 공부에 소극적이었다. 너무 학생의 입장에만 충실했고, 모범생이 되려 했다. 선생과 학교의 틀을 쉽게 벗어나지 못했다. 밤새워가며 하루 종일 공부에 매달리는 학생이 많지만, 입시라는 틀에서의 학습력만 강했다. 과거엔 모범생과 우등생이 사회에서도 유리했다. 하지만 더 이상 학교와 사회는 같지 않다. 세상은 아주 빠르게 변화하고, 빅테크 기업들이 전 세계 비즈니스를 주도하고 있다. 틀을 깨는 과감한 도전자들이 점점 유리해졌다.

당신의 가치는 학교가 정하는 게 아니다. 졸업장과 성적표가 정하는 게 아니다. 당신의 가치는 한 번 정해지면 고정되는 게 아니다. 매년 달라지는 가치를 만들어내는 건 당신의 몫이다. 한 번 배운 것으로 평생 써먹는 시대는 끝났고, 그런 시대를 동경하는 이들에게 미래는 가혹할 수밖에 없다.

《캐리비안 해적들의 비밀 공부법》은 《프로페셔널 스튜던트》에서 말하는 공부의 방향성과도 맥락이 연결된다. 사실 이 책의 저자 제임스 마커스 바크는 '프로페셔널 스튜던트'라고 할 수 있다. 정규교육은 중학교까지만 받았고, 고등학교를 자퇴했지만 그는 애플에 입사했다. 대학 졸업장이 아니라 자신이 공부하고 경험한 커리어를 인정받았기 때문이다.

컴퓨터 소프트웨어 테스트 업계에 수십 년 일한 그는 해당 분야 최고의 전문가로 손꼽히며, 전 세계 수많은 소프트웨어 콘퍼런스에서 기조연설을 하고, 수많은 대학교와 연구소에서 강연하고, 그가 쓴 글은 MIT를 비롯한 여러 대학의 강의에서 사용되고 있다.

아마 옛날 사람이라면 '대학도 안 나온 사람이, 아니 고등학교도 안 나온 사람이 어떻게 최고의 기업에서 일하고, 최고 전문가가 되었을까?'라고 고개를 갸웃할지 모른다. 하지만 우린 이런 질문이 우문(愚問)이 되는 시대를 살고 있다. 더 이상 학력이 그 사람의 능력을 모두 설명해주지 못한다. 대학 졸업장의 가치는 계속 하락했고, 글로벌 기업에서 직원 채용 시 대학 졸업장은 필수가 아닌 선택이 된 지 오래다.

저자는 성공 이유를 공부라고 했다. 스스로가 자신의 선생이 되어, 새로운 것을 계속 배우면서 자신의 가치를 만들어갔다. 저자는 이 책에서 자신의 공부 방식을 '캐리비안의 해적 스타일'로 해석해 흥미진진하게 들려준다.

우린 그동안 공부라는 말을 너무 무겁고 진지하게, 학교라는 체제의 틀에서만 받아들이는 경향이 컸다. 학교의 확장, 교육의 확장이 필요하다는 사실을 간과했다. 하지만 이제 변화가 필요하다. 학교와 공교육은 급변하는 시대에선 한계가 점점 더 커진다. 기술적 특이점이 다가오고, 산업적 진화는 가속화되었다. 결국 유연하면서 과감하게 새로운 기술을 받아들이기 위한 공부가 중요하다.

"Long Learn for Long Run!"

결국 계속 공부하는 자만이 오래가고, 살아남는다. 그렇기에 자기만의 공부법을 갖는 건 필수적이다. 공부에선 모범생이 아니라 해적이 우리에게 필요하다.

– 김용섭(트렌드 분석가, 《프로페셔널 스튜던트》 저자)

차례

chapter 04

내가 하는 일, 내가 일하는 방식

chapter 05

마음의 반란

chapter 06

조개들의 침묵

chapter 01

위험한 생각

나는 공부를 하지만,
학교를 다니지는 않는다.

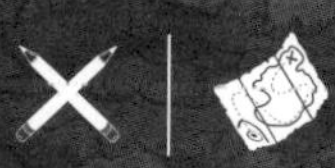

예전에 나는 '위기에 처한' 아이들이 다니는 특수학교에서 강연을 해달라는 요청을 받았다. 이곳의 학생들은 일반적인 고등학교를 그만뒀거나 쫓겨난 아이들이었다. 당시 나는 스물네 살이었고, 실리콘밸리에 있는 애플 컴퓨터(Apple Computer)에서 소프트웨어 테스트 매니저로 일하고 있었다. 그런데 그 학교의 선생님이 나에 대한 이야기를 들었다고 했다. 내가 고등학교를 자퇴했는데도 성공한 사람이기 때문에, 선생님은 학생들에게 교육의 중요성을 설명해달라고 부탁했다. 나는 아이들에게 용기를 주는 메시지를 전해주고 싶었다. 그래서 아이들에게 다음과 같이 말했다.

> 교육은 중요합니다. 학교는 그렇지 않습니다. 저에게는 학교가 필요하지 않았습니다. 여러분에게도 그렇습니다.

학교가 여러분의 교육을 도와줄 수는 있습니다. 여러분이 학교를 좋아하게 될 수도 있습니다. 만약 학교가 재미있다면, 계속 다녀도 됩니다.

학교에서 행복하지 않다면, 그곳을 떠나세요. 만약 배움을 위한 다른 길이 없다는 생각이 들거나, 학교에 다니지 않고서는 좋은 직업을 가질 수 없다고 생각한다면, 저를 보세요.

저는 배움을 위한 다른 길이 있다는 살아 있는 사례입니다.

저는 학교가 저에게 도움이 되지 않는다고 생각해서 고등학교를 그만뒀습니다. 학교에 있으면 저의 인생을 낭비하는 것 같았습니다. 그래서 저 자신만의 학습 방식을 만들어냈습니다. 저는 혼자서 컴퓨터 프로그래밍을 배웠습니다. 저는 지금 스물네 살이고, 애플 컴퓨터의 연구개발 부서에서 4년째 관리자로 일하고 있습니다. 회사가 저를 채용한 이유는, 제가 아무런 학위도 없지만 그곳에서 일할 수 있다는 것을 그들에게 보여주었기 때문입니다.

배움은 제가 하는 일과 제가 만들어가려는 인생에서 아주 중요합니다. 저는 회사 건물 바로 옆에 있는 커피숍에서 거의 매일 공부를 합니다. 지금도 소프트웨어 공학(software engineering), 시스템 사고(systems thinking)*, 철학, 역사를 공부하고 있습니다. 제 마음이 배우고 싶어 하는 건 뭐든지 공부합니다.

저는 공부를 하지만, 학교를 다니지는 않습니다.

학교는 그때뿐입니다. 배움은 그렇지 않습니다. 만약 성공적인 삶을 원한다면, 마음을 사로잡는 걸 찾아서 거기에 최선을 다하세요. 자신을 가르쳐줄 사람이 나타날 때까지 기다리지 마세요. 열정을 갖고 있으면, 선생님은 저절로 나타날 겁니다. 졸업장이나 학위에 대해서는 걱정하지 마세요. 남들이 자신을 무시하지 못할 정도면 충분합니다.

이 말을 들은 학생들은 깜짝 놀란 듯 보였다. 그리고 온갖 질문을 쏟아냈다.

Q. 학위도 없는데 어떻게 애플에 들어갔어요?

저는 혼자서 기술서적들을 읽으면서 공부했기 때문에 컴퓨터 프로그래밍을 하는 방법은 알고 있었습니다. 학교를 그만둔 뒤에는 비

* 어떤 문제를 시스템의 전체적인 관점에서 체계적으로 생각하는 기법.

디오게임 만드는 일을 했습니다. 그런데 마침 애플의 경영진이 저의 경험과 열정에 관심을 보였습니다. 그래서 제가 무엇이든 빠르게 배운다는 사실과, 일을 정말 잘할 수 있다는 것을 그들에게 보여주었을 뿐입니다.

Q. 쉽지 않았을 텐데 어떻게 그 회사에서 면접까지 보게 됐어요?

일단 이력서에 저의 경력과 그동안 진행한 프로젝트를 적었습니다. 꽤 괜찮아 보였어요. 그래서 그걸 일자리 소개업체에 보냈어요. 그리고 그곳에서 제 이력서를 애플에 보냈습니다.

Q. 많은 회사가 정규교육을 제대로 받지 않은 사람에게는 눈길도 주지 않는다던데, 사실이에요?

그렇기도 합니다. 그렇지만 그게 중요한가요? 저는 한꺼번에 여러 회사에서 일하려고 노력하는 게 아닙니다. 한 번에 한 군데의 회사면 충분합니다. 학력보다는 기술적인 능력이나 동료들과의 친화력 등을 정말로 중요하게 생각하는 회사는 언제나 존재합니다. 그런 회사를 찾아보세요.

Q. 그런데 왜 학교를 그만뒀어요?

학교가 저의 배움을 방해한다고 생각했기 때문이에요. 단지 저의 인생을 낭비하게 만드는 것만이 아니라, 오히려 학교가 저를 망친다는 생각이 들었습니다. 저에게는 자존감과 독립심이 필요했는데, 학교는 저를 무너트리고 있었습니다. 어떤 사람에게는 학교가 좋을 수 있지만, 어딘가에 저에게 더욱 좋은 진짜 학교가 있을 거라고 생각했습니다. 그런데 그런 학교를 찾을 수가 없어서, 그 문제를 제가 직접 해결하기로 했습니다. 그런 과정에서 저는 학교보다는 배움 자체가 훨씬 더 중요하다는 사실을 깨달았습니다.

Q. 숙제를 반드시 하지 않아도 된다고 말했는데, 진심인가요?

여러분이 스스로에 대한 답을 찾을 수 있다면 그렇다는 겁니다. 저는 어땠을까요? 저는 집에서까지 학교 공부를 하지는 않았습니다. 그래도 이 말씀은 드리고 싶습니다. 자신의 삶을 스스로의 의지로 꾸려가고 싶다면, 학교에 다니든 말든 관계없이 자신만의 '숙제'를 해야 한다는 것입니다.

Q. 만약 아무 데도 관심이 없으면 어떡하죠? 제가 게으르다면 어떻게 해야 하나요?

만약 여러분이 배가 매우 고프다면, 여러분은 무언가를 먹기 위해 노력할 건가요, 아니면 그냥 게으르게 누워서 굶고만 있을 건가요? 저는 여러분이 게으르게 누워만 있지는 않을 거라고 생각합니다. 다만 여러분이 배고픈 것이 무엇인지 찾아내야 합니다. 일단 일어서서 뭔가 다른 걸 시도해보세요. 학교에 다니는 것도 뭔가 다른 걸 시도해볼 수 있는 한 가지 방법입니다. 또 다른 방법은 학교를 그만두는 겁니다. 학교를 그만두면, 두 가지를 모두 해보는 것이 되겠네요.

Q. (이때, 교실 뒤쪽에서 선생님이 이런 질문을 하셨다.) 무언가를 배우려면 나름의 규율에 따라 열심히 노력해야 하지 않나요?

뭔가 귀중한 걸 배우려면, 열심히 노력해야 합니다. 힘이 들 수도 있습니다. 그런데 저는 그게 재미도 있어야 한다고 생각합니다. 그렇지 않다면 잊어버리세요. 제가 성공할 수 있었던 비결은 이것입니다. 저에게 재미있는 것을 찾았고, 그것에 대해서 모든 걸 배우려고 노력했습니다. 덕분에 지금의 저는 제가 좋아하고 재미있는 일을 하면서 돈을 벌고 있습니다.

강연이 끝난 후

교실에서 이야기를 마친 후, 나는 기분이 좋았다. 아이들과 함께 일한다는 생각 자체가 마음에 들었다. 지금의 내가 있기까지, 수많은 사람이 나를 도와주었다. 그러한 호의를 나도 되돌려주고 싶었다. 교실을 나서려는데, 선생님이 나를 따라오셨다.

선생님은 나에게 이렇게 말했다. "바크 씨, 우리 학교에서는 아까와 같은 이야기를 다시는 하지 않으시는 게 좋겠습니다. 아이들이 듣기에는 위험한 발언이거든요."

선생님의 말씀이 거의 맞다. 내가 한 말은 위험한 내용이었다. 그러나 그것은 선생님이 보기에 위험한 발언이었다. 학교는 학생들을 고분고분하게 관리하기 위해, 아이들에게 다음과 같은 내용이 사실이라고 믿게 만든다.

- 학생은 학교가 가르쳐주는 걸 공부해야 한다. 학교가 말해주는 것만이 중요하다.
- 학생은 학교가 치르는 시험을 통과해야 한다. 학교의 시험은 학생에게 중요한 것만을 평가한다.
- 학생은 학교에 다녀야만 한다. 학교에 다녀야만 행복한 삶을 꿈꿀 수 있다.

나는 이런 사고방식을 학교만능주의(schoolism)라고 부른다. 학교는 반드시 필요하며, 좋은 교육을 받을 수 있는 유일한 수단이라는 생각이다. 반드시 필요하며 유일한 곳이라고 말이다!

나는 이렇게 대답했다. "저는 아이들에게 제 이야기를 들려주었습니다. 그러기 위해 여기에 온 것이고요. 저는 아이들에게 사실대로 말했을 뿐입니다."

선생님이 대답했다. "당신에게는 사실일 수 있습니다. 그러나 이곳의 학생들은 당신처럼 아주 똑똑한 아이들이 아닙니다. 유복한 가정의 아이들도 아닙니다. 그렇지 않아도 학교에 잘 나오지 않는 아이들에게, 여기에 있을 필요가 없다고 말씀하신 겁니다. 그렇지만 우리 아이들은 학교에 다녀야 합니다!"

"저의 중학교 시절 영어 선생님이 저에게 이렇게 말씀하셨습니다. 제가 고등학교를 졸업하지 못한다면, 나중에 주유소에서 일하며 살아갈 거라고 말이죠. 그분은 저의 미래를 잘못 예측했습니다. 이곳의 아이들도 나중에 저처럼 선생님을 놀라게 할 수 있지 않을까요? 저는 이곳의 학생들도 저처럼 해낼 수 있다고 생각합니다. 첨단기술 분야나 언론계, 비즈니스 업계, 예술계 또는 그 밖의 수많은 분야에서 말입니다. 그리고 평생 동안 스스로의 재능을 키워갈 것입니다. 그런데 그렇게 서두를 필요가 있을까요?"

그녀는 일단 수긍하는 듯 보였다. "네, 우리 아이들도 노력한다면 성공할 수 있을 겁니다. 하지만 저는 아이들이 당신의 말을 들어서는 안 된다고 생각합니다. 저는 아이들을 겨우겨우 학교에 붙잡아두고 있습니다. 그런데 당신 때문에 제 일이 더 힘들어질까 봐 걱정됩니다. 어떤 아이들은 당신의 말을 진지하게 받아들이기보다는, '대체 뭐라는 거야'라는 태도를 보일 겁니다."

나는 이렇게 대답했다. "그러면 또 어떻습니까? 여기는 미국입니다. 그런다고 해도 굶어 죽지는 않을 겁니다. 늑대에게 잡아먹히지도 않을 겁니다. 아이들이 공부에 신경 쓰지 않는다면, 아마도 패스트푸드 매장이나 청소 업체처럼 자기가 좋아하지도 않는 일터에서 힘든 노동을 해야 할 수도 있습니다. 그런 운명이 나쁘게 들릴 수는 있지만, 그렇다고 아주 끔찍한 것도 아니고, 영원히 그렇게 살지만은 않을 것입니다. 아니면 우연히 스스로 무언가를 배워 창업하거나, 무언가를 만들거나, 연극을 하거나, 음악을 하거나, 운동을 하게 될 수도 있습니다. 혹시 아이들이 범죄에 눈을 돌릴까 봐 걱정되시나요? 그렇다면 아이들이 무언가를 스스로 선택할 수 있는 기회를 좁히는 것이 아니라 더욱 넓혀주세요. 아이들은 그렇게 해서 일어나는 일이 무엇이든 그것에서 배우며 성장할 겁니다. 설령 그게 세상에는 아무런 희망이 없다는 생각일지라도 말입니다. 선생님이 해야 할 일은 아이들을 울타리 안에 가만히 가두어두는 게 아니라, 아이들이 밖으로 나가서 자신의 운명을 개척할 수 있게 도와주는 것입니다. 아이들에게 길을 보여주세요!"

다시 회사로 운전해 돌아가면서 나는 약간 으쓱한 기분이었다. 나는 정치활동가가 아니다. 나는 정부조직을 설득해 그들이 가진 사회체제에 대한 믿음을 버리게 만들지는 못할 것이다. 나는 사회질서에 대해 대부분의 사람들과는 매우 다르게 생각한다. 나는 캐리비안의 해적이다.

그러나 나는 정부조직을 상대로 말하는 게 아니다. 나는 여러분에게 이야기를 하는 중이다.

이 책은 학교에 대한 책이 아니다

나는 학교에 대해 그다지 많이 생각하지 않는다. 내가 관심을 갖는 것은 자유롭게 생각하는 사람으로 살아가며 성공하는 것이다. 나는 여러분도 자유로워지기를 바란다. 이 책에서 나는 스스로 공부하는 것과 제도교육의 차이점을 강조하기 위해 학교에 대한 이야기를 들려줄 것이다. 우리가 마주하는 현실이 무엇인지, 그리고 내가 다른 길을 찾아야 했던 이유가 무엇인지 설명할 것이다.

나는 직접 경험한 일들을 들려줄 것이다. 그러나 이런 일들을 오직 나만 경험하지는 않았을 것이다. 이것은 지적인 삶을 살아가기 위하여 우리 모두에게 열려 있는 접근법에 대한 내용이다. 나와 함께 그러한 탐험을 시작해보자.

배움이란 무엇인가?

배움이란 단지 수많은 사실을 익히는 것이 아니다. 그것은 우리가 교실에서 보내는 시간을 의미하는 것이 아니며, 시험 문항의 해답을 찾는 것을 의미하지도 않는다. 그것은 주입하는 것이 아니고, 옛 선인들을 공경하는 것도 아니고, 권위에 복종하는 것도 아니고, 무엇이 사실이고 거짓이고 중요하고 하찮은지에 대하여 다른 사람의 말을 받아들이는 것도 아니다.

배움이란 자기가 학습을 하는 과정에서 나타나는 '자기 자신'에 대한 것이다.

중요한 비결

나에게 배움이란 내가 구축한 사고방식이자
그러한 사고방식을 구축하는 과정 그 자체다.

그렇기 때문에 세상의 모든 사람은 어떤 방식으로든 이미 배움을 하고 있는 것이다. 우리 인간은 일생을 살아가면서 스스로의 사고체계를 구축하고, 그것을 해체하고, 다시 재구축하는 과정을 반복한다. 이 책을 읽고 있는 여러분도 지금 바로 그러한 일을 수행하고 있다. 그렇다면 이런 의문을 가질 수 있다. "도대체 이 작가가 무슨 말을 하는 거야?" 그리고 '구축'이나 '해체' 같은 단어를 보면, 머릿속에서 목재, 철근, 기계, 어지러운 공사현장의 이미지가 떠오를 수도 있다. 여러분의 머릿속에 떠오르는 그런 이미지들은 스스로가 어떤 문제를 해결하고 사고체계를 구축하는 과정 중 하나다. 여러분이 어떤 이미지나 생각을 이해한다는 것은 "아, 이게 이런 의미였구나"라고 깨닫는 것이며, 그것은 여러분이 지금까지 구축해온 사고체계에 새롭게 추가된다.

지식이란 그것이 나를 변화시킬 때만 내 배움의 일부가 된다. 나를 좀 더 나은 방식으로 바꾸지 않는다면, 그런 지식은 나의 배움에 도움이 되지 않는다. 지식은 나를 더욱 강해지게 만들고, 통찰력을 더욱 높여주고, 내가 더욱 열심히 살아가도록 해줄 수 있다. 하지만 그 전에 나는 어떤 식으로든 자신에 대해 더욱 흥미를 갖거나, 스스로에게 더욱 도움이 되는 사람이 되어야 한다. 그렇지 않다면, 나는 발전하지 않을 것이다.

지구상에서 그 누구도 교육을 받을지 말지 선택권을 가진 사람은 없다. 그러나 그러한 교육이 어떤 형태가 될지는 선택권을 갖고 있다. 배움이란 일생에 걸친 노력이다.

다른 사람들이나, 심지어 교육기관들도 나에게 도움이 될 수 있다. 그러나 나의 배움은 오롯이 나의 것이며, 여러분의 배움은 오롯이 여러분의 것이다.

이 책은 내가 생각하는 나의 배움을 어떻게 만들어냈는지, 그러한 특이한 방식의 배움이 어떤 식으로 나에게 성공을 가져다주었는지 들려주는 책이다. 그리고 여러분도 스스로의 방식으로 그렇게 할 수 있다고 이야기해주는 책이다.

chapter 02

나는 캐리비안 해적 스타일의 학생이다

나는 자유롭게 생각하며
특이하면서도 열정적으로
공부하는 사람이다.

나는 캐리비안 해적 스타일의 학생이다.

캐리비안 해적 스타일의 학생이란, 배움에 대한 사랑이 특정한 제도나 기관에 의해 재갈이 물리거나 굴레가 씌워지거나 족쇄가 채워지지 않은 사람들을 말한다. 세상에서 자기 자신의 목소리에 귀를 기울이고 자기만의 장소를 찾아서 방황하는 사람들이다.

나는 지난 20년 동안 스스로를 이렇게 이해해왔다. 내가 캐리비안의 해적이라는 비유를 사용하는 이유는 단지 배움의 방식만을 의미하는 것이 아니다. 그것은 또한 나의 내면에서 일어나는 정서적인 갈등을 해결하고, 가끔 다른 사람들과 부딪히게 되는 지적인 싸움을 대하는 방식을 의미하기도 한다. 캐리비안의 해적이라는 개념은 내가 아웃사이더라는 사실을 좀 더 잘 느끼게 해준다. 자기 스스로에 대해 깊이 생각하는 사람들을 만날 때면, 나는 그들이 나와 같은 동료 해적이라는 생각이 든다.

그런데 여러분이 만약 캐리비안의 해적이 된다면, 여러분이 존경하는 선생님의 조언을 듣고 가르침을 받을 수 있을까? 당연하다. 여러분이 선생님의 말을 주의 깊게 들으면서 스스로가 붙잡혀 있다는 느낌이 아니라 오히려 기분 좋은 느낌이 든다면, 여러분도 캐리비안의 해적이 될 수 있다. 만약 여러분이 선생님의 말을 자유롭게 받아들여 어떤 말은 잘 새겨듣고 다른 말들은 무시한다면, 여러분도 캐리비안의 해적이 될 수 있다.

나는 혼자서 스스로 공부를 했다. 그렇지만 나를 성장할 수 있게 도와준 많은 스승과 동료 학생이 있었다. 그들에게 감사한 마음이다. 나는 스스로가 독립적인 주체임을 선언했지만, 그럼에도 나는 다른 수많은 사상가로 이루어진 더욱 커다란 어떤 체계의 일부라는 생각이 든다. 나 스스로 온전한 주체라는 느낌은 물론이고, 어떤 공동체의 일원이라는 느낌도 받는다.

아무리 급진적이며 독립적으로 살아가는 사람이라도 나머지 세상과 어느 정도 타협하는 지점이 있기 마련이다. 나 역시 마찬가지였다. 나는 다소 특이하게 생각을 했으며 스스로 고안해낸 방식으로 공부를 했다. 그렇지만 지금의 나는 여전히 나를 고용해준 회사를 위해 일하고, 고객의 마음을 끌기 위해 노력하며, 다른 사람들의 말을 주의 깊게 듣고 그들에게서 배울 수 있다.

나의 성적표

CERTIFICATE OF GRADUATION

This Certifies That

James Bach

Has completed the Course of Study as Prescribed by the Board of Education for the Elementary Grades and is Entitled to this

Diploma

GIVEN AT Alburg E.S THIS 12th DAY OF June 1980

District No.

Superintendent

Form 534N

나는 8학년(한국의 중2) 과정을 이수했다. 내가 가진 졸업장 비슷한 문서는 이것이 유일하다. 나는 숙제를 거의 안 했고, 시험에서는 일부러 틀린 답을 적기도 했다. 그런데도 버몬트주 교육위원회는 내가 수료했다고 인정했다.

고등학교 자퇴

여러분도 알겠지만, 나는 고등학교를 그만두었다.

나의 성적표는 조금 특이하게 보일 수도 있다. 나는 수학을 좋아했다. 어머니가 학교에 이야기해서 9학년 때 기하학과 삼각함수 과목을 들었다. 하지만 나는 이 과목을 이수하지 못했다. 왜냐하면 기말고사를 보는 대신에, 버몬트대학교에 가서 여름 미적분학 강좌를 들었기 때문이다.

Name of Student........Bach, James........

STUDENT ACADEMIC PERMANENT RECORD

1980-81 Gr. 9	FM	CR	R
English	78	1	
Social Studies	84	1	
Physical Science	94	1	
Math 10			
Math 11			
French	70	1	
Physical Education	85	¼	

1981-82 Grade 10	FM	CR	R
English	63		
Social Studies	83	1	
Calculus II	83	1	
Physics	49		
Math 10	91	1	88
Math 11	81	1	72
Physical Ed.	87	¼	

학생 이름 : 제임스 바크

학생 성적 기록표

1980-81학기 9학년	총점	취득학점	비교점수
영어	78	1	
사회	84	1	
과학	94	1	
수학 10			
수학 11			
프랑스어	70	1	
체육	85	¼	
1981-82학기 10학년	**총점**	**취득학점**	**비교점수**
영어	63		
사회	83	1	
미적분학 2	83	1	
물리학	49		
수학 10	91	1	88
수학 11	81	1	72
체육	87	¼	

9학년 때 수학 선생님은 내가 기말고사를 치르지 않자 불같이 화를 내셨다. 하지만 나는 개의치 않았다. 중요한 것은 성적이 아니라

배운다는 것이 아닌가? 당시 나는 성적이라는 걸 완전히 무시했다. 공립학교의 성적 체계가 엉터리인 데다 무의미하다고 생각했다. 내가 괜히 이런 생각을 하게 된 건 아니었다. 내가 뭔가를 배웠다는 느낌이 들지 않았는데도 좋은 성적을 받는 경우도 많았고, 반면에 내가 상당히 뛰어나다고 생각한 과목에서는 최악의 성적을 받는 경우도 있었기 때문이다.

내가 9학년 과학 과목에서 94점을 받은 게 보이는가? 나는 저 수업에 거의 들어가지도 않았다. 과학 수업이 있을 때면 대부분 수업을 빼먹고 컴퓨터실에서 놀았다. 그래도 매주 금요일이면 시험을 치르기 위해 수업에 들어가긴 했는데, 그 시험이라는 것조차 자연의 기초적인 사실에 대하여 여러 단어를 늘어놓고 객관식으로 정답을 고르는 방식이었다. 나는 숙제를 전혀 제출하지 않았지만, 단지 시험을 통과했다는 사실만으로도 좋은 성적을 받기에는 충분했던 것으로 보인다.

반면에 10학년 물리학 과목에서 49점을 받은 게 보이는가? 낮은 점수처럼 보이지 않는가? 하지만 나는 물리학을 좋아했다. 집에서도 공부했다. 나는 우주선의 그림을 그리면서 그것이 얼마나 빠르게 날아갈 수 있는지, 그리고 그걸 타고 가면 알파 센타우리(Alpha Centauri) 항성계까지 얼마나 걸릴지 계산해보기도 했다. 나는 계산자(sliderule)* 사용법을 스스로 익혔고, 우주정거장을 궤도까지 올려다주는 로켓의

---

* 수학의 여러 계산을 위해 사용하는 막대자 형태의 도구.

궤적과 그런 우주정거장의 원심력과 궤도상에서 우주정거장에 부딪힐 수도 있는 유성체의 에너지를 계산했다.

하지만 그런 건 학교에서 내주는 숙제가 아니었다. 당연히 성적에도 반영되지 않았다. 오히려 내가 다닌 학교의 물리학 수업은 학생들이 혹시라도 물리학 과목에서 낙제할 가능성을 최소화하기 위한 방식으로 구성되어 있었다. 따라서 물리학의 실질적인 내용들은 상당 부분 생략되었다. 물리학 과목은 우주의 패턴을 탐구하는 것이 아니라 단순한 관찰과 간단한 계산으로만 진행되었다.

문제는 실험이었다. 우리는 원래 매주 실험을 해야만 했다. 그러나 물리학 수업의 '실험'이라는 것은 교재에 적힌 지시사항을 따라 그곳의 빈칸을 채우는 것이 전부였다. 그렇게 작성한 교재를 선생님에게 제출하면, 선생님은 빈칸에 적힌 숫자가 맞는지 확인했다.

예를 들면 이런 식이었다. "경사가 10도로 기울어진 평면에서 굴린 공이 1미터를 이동하는 데 걸리는 시간은 ___초다."

이런 게 우리에게 주어진 '실험'인데, 그 어디에도 탐구 활동은 없었다. 이것은 그저 성적을 얻기 위한 의식적인 활동이었다. 실제로 일부 학생들은 이런 활동을 훌륭히 수행해 마치 거짓말처럼 정답을 얻어냈다. 그러면 나머지 학생들은 각자의 교재에 그 숫자를 베껴 써넣었다.

나는 이런 실험 때문에 물리학 수업이 엉터리라고 생각했다. 교재의 빈칸을 채워 제출하지 않으면 이 수업을 이수하지 못할 거라는 이야기를 들었다. 그래도 나는 제출하지 않았다. 나의 교재는 그해 내

내 텅 빈 채로 있었다. 당연히 물리학 과목에서는 낙제를 했다. 그렇지만 배움에 대한 나 자신의 원칙을 지켰다는 사실에 대해서는 지금까지도 뿌듯하게 생각한다.

수학 시험을 건너뛴 다음 해인 10학년 말에 기하학과 삼각함수를 담당하던 선생님이 갑자기 나를 찾으셨다. 전년도의 수학을 담당하기도 했던 그 선생님은 내가 기말고사를 보지 않은 사실에 여전히 화가 나 있었다. 선생님은 작년의 기말고사와 똑같은 시험을 치르고 있던 교실에 나를 밀어 넣고는 나에게 시험을 보라고 말씀하셨다. 나는 성적은 전혀 신경 쓰지 않았지만, 수학이 재미있었기 때문에 시키는 대로 했다. 그래서 9학년에 이수했어야 할 수학 10과 수학 11 과목의 성적이 10학년 성적표에 표시되어 있다.

이제 여러분도 나의 고등학교 성적표에 있는 숫자들을 이해할 것이다. 성적표의 숫자들은 명확하고 평범해 보이지만, 그 뒤에 있는 실제의 이야기들은 그렇지 않다. 학교 성적표는 나와 같은 학생들을 제대로 설명해주지 못한다. 점수가 높다고 해서 잘 배웠다는 걸 의미하지는 않는다. 낮은 점수라고 해서 반드시 배움이 형편없었던 것도 아니다. 성적표의 결과는 진정한 가치라고는 거의 반영되지 않은 터무니없는 기록이다.

성적표의 기록만 들여다봐서는 어떤 학생이 학교에서 얼마나 잘 지냈는지 알 수 없다. 이러한 기록은 심지어 어떤 학생이 얼마나 '올바르게 행동했는지'에 대해서도 말해주지 않는다. 왜냐하면 학교의 선생님은 설령 성적이 좋지 못한 학생이 있더라도, 자비심이나 배려를 발휘하거나, 또는 행정적인 부담감 때문에 그 학생이 낙제하는 걸 구제해줄 수도 있기 때문이다. 이런 교육 시스템은 엉망이라고 할 수 있다.

학교를 자퇴한 이후에도 나는 별도의 검정고시를 치르지 않았다. 대학교의 학점도 전혀 취득하지 않았다. 내가 가진 공식 자격증이라고는 자동차 운전면허증, 비행기 조종사 실습생 자격증, 스쿠버다이빙 자격증, 패러글라이딩 1급 조종사 자격증이 전부다.

만약 성적표에 따라 사람을 평가한다면, 나는 아마도 쉽게 무시될 것이다. 그런 평가 기준에 따르면, 나는 투명인간이다.

나의 진짜 성적표

구글에서 '제임스 바크(James Bach)'라고 내 이름을 입력해 검색해보면, 컴퓨터 소프트웨어 테스트와 관련한 내용들이 나타날 것이다.

- 이 책을 쓰고 있는 시점을 기준으로, 나는 컴퓨터 업계에서 24년 동안 종사해왔다.
- 스무 살에 나는 애플 컴퓨터의 품질보증(QA) 부문에서 22명밖에 없는 팀장들 중 한 명이었다. 당시에 해당 부문에서 일하던 엔지니어는 400명이 넘었다. 내 기억으로는 회사 전체에서 내가 가장 나이 어린 팀장이었다. 1987년의 일이다.

- 그 이후로 나는 소프트웨어 개발과 테스트에 대해 여러 권의 책과 수많은 글을 썼다.
- 나는 소프트웨어 테스트와 테스트 교육에 대해 새로운 접근방식들을 개척했다. 1999년에 마이크로소프트(Microsoft)가 발표한 보도자료에는 내 이름이 테스트 전문가로 언급되어 있다.
- 나는 전 세계의 많은 소프트웨어 콘퍼런스에서 기조연설을 했다. 나는 이스라엘, 한국, 싱가포르, 오스트레일리아, 뉴질랜드, 독일, 아일랜드, 스코틀랜드, 잉글랜드, 네덜란드, 스웨덴, 오스트리아, 인도, 캐나다, 미국에서 강연을 했다.
- 나는 로스앨러모스 국립연구소(Los Alamos National Laboratory), 로런스리버모어 국립연구소(Lawrence Livermore National Laboratory), 나사(NASA)의 제트추진연구소(Jet Propulsion Lab) 같은 일류 연구소에서도 강연을 했다. 참석한 청중 대부분이 박사학위를 소지한 콘퍼런스에서도 두 차례 기조연설을 했다.
- 나는 콜로라도대학교(University of Colorado), 플로리다 공과대학교(Florida Institute of Technology), 밀워키 공과대학교(Milwaukee School of Engineering)에서 강연을 했고, 국립과학재단(National Science Foundation)에서는 공적검토위원회(merit review committee) 위원으로 활동했다. 내가 쓴 글들은 매사추세츠 공과대학교(MIT)를 포함하여 많은 대학교의 공학 강의에서 사용되고 있다.
- 1994년, 나는 로체스터 공과대학교(Rochester Institute of Technology)의 소프트웨어 공학 관련 학부과정을 검토하는 산업계의 자문위원으

로 일했다.

- 〈월스트리트저널〉에서는 소프트웨어 테스트 전문가의 이름이 언급되는 일이 거의 없었는데, 내가 바로 그런 사람들 가운데 한 명이었다.

나는 이렇게 인정을 받았지만, 이러한 평가는 내가 돈을 내고 학교에 다닌 후에 내 이름이 인쇄된 졸업장을 따냄으로써 얻어진 것이 아니다. 내가 이런 평가를 받은 건 업계에서 일하며 나름의 경력을 인정받았기 때문이다. 내가 한 일에 대해서는 소프트웨어 개발을 다룬 다른 사람들의 책에서도 논의되었다. 내가 쓴 글들은 인터넷에서 누구라도 찾아볼 수 있다. 나의 실력에 대해서는 다수의 학자를 포함해 많은 사람이 인정해주고 있다.

나처럼 아이디어를 중요하게 여기는 사람에게는 그 사람에 대한 평판이 그 사람의 성적표가 된다. 나의 아이디어가 나의 이름이 된다. 나의 이름이 나의 브랜드가 된다.

지금의 나에게는 이러한 성적표가 영향력을 발휘하고 있다. 이러한 경력은 나에게 특별하며, 스스로를 특별한 인재로 어필할 수 있게 해준다. 나의 개인적인 브랜드를 만들어낸 것이다.

내가 성공할 수 있었던 이유는 다음과 같다.

- 스스로의 배움을 위해 나의 시간과 열정을 투자했다.
- 나의 성향과 사고의 리듬에 적합한 나만의 학습 기법을 만들어냈다.

- 성적표보다는 뛰어난 아이디어와 능력을 중시하는 분야에서 일하고 있다.
- 나 스스로의 자신감을 기르는 데 도움을 준 스승과 동료들을 찾아냈으며, 그러한 자신감은 내가 가진 아이디어를 설득력 있는 방식으로 전달하는 데 도움을 주었다.

누구나 이렇게 할 수 있다.

내가 성공했던 이유는 나에게 힘 있는 친구들이 있다거나 돈이 많아서가 아니었다. 그 이유는 내가 다른 수많은 경쟁자보다 스스로가 가진 역량을 더욱 잘 키웠기 때문이다. 나의 배움이 나의 경쟁력이었다.

캐리비안 해적 스타일의 학생인 나는 자유롭게 생각하며, 특이하면서도 열정적으로 공부하는 사람이다. 다른 사람이 정해놓은 커리큘럼이나 철학에 나의 생각이 제약받지 않는다.

현재 나는 트레이닝과 컨설팅을 하면서 살고 있다. 전통적인 의미의 자격증이 없기 때문에, 스스로를 전통적인 방식으로 홍보하지 않는다. 인터넷을 통해 나의 생각을 올리고, 콘퍼런스에서 강연을 한다. 그러면 누군가는 나의 일과 관련해 연락을 해올 것이라고 믿는다. 나의 비즈니스는 말로 전달되고 인터넷을 통해 홍보가 이루어진다. 상당히 신경을 써야 하는 일이긴 하지만, 나의 진정한 가치는 어떻게든 전달되리라는 믿음을 갖고 있다. 물론 이렇게 인정받기까지 거의 10년이 걸렸다.

나는 한 번 강연할 때마다 많은 보수를 받는다. 수업을 할 때는 수많은 생각을 들려준다. 그런 아이디어들은 어디에서 얻은 것일까? 그런 아이디어들은 거침없고 엉뚱하며 다소 느슨한 배움을 통해 얻은 것이다. 나는 그러한 학습법을 '해적 활동'이라고 부른다.

chapter 03

최초의 캐리비안 해적들

배움에서 중요한 것은
자유로운 영혼과 스스로의 결정권이다.

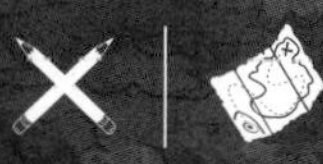

캐리비안의 해적들은 누구였나?

'캐리비안의 해적(버커니어, buccaneer)'이라고 하면 그들도 그냥 똑같은 해적이라고 생각할 수도 있지만, 실제로는 반드시 해적을 의미하지는 않는다. 그들은 1950년대에 개봉한 영화 〈보물섬(Treasure Island)〉에 등장하는 해적들처럼 "여어, 친구!"라고 말하지 않았다. 그리고 안대를 착용하거나, 널빤지 위를 걸어 다니거나, 보물을 숨기는 사람들도 아니었다.

최초의 캐리비안 해적들은 1625년에 세인트키츠(St. Kitts)섬에 정착한 프랑스와 영국의 사냥꾼들과 농부들이었다. 버커니어라는 표현은 그들이 고기를 저장하던 방식인 '버컨(boucan)'에서 유래했다. 고기 저장법을 따서 이름을 붙인 사람들이니 상당히 활기찬 삶을 살았을 거라고 생각할 수도 있지만, 사실 초기에 그들의 생활은 조용한 편이었다. 그러나 1629년이 되자 그들은 스페인 탐험가들에게 거의 몰살당했는데, 그때부터 본격적으로 캐리비안의 해적들이 역사를 써나가기 시작했다.

스페인의 침공 이후, 캐리비안의 해적들은 히스파니올라(Hispaniola)섬과 토르투가(Tortuga)섬으로 피신했다. 그곳에서 그들은 한 가지 아이디어를 떠올렸다. "하루 종일 사냥을 하고 농사를 짓고 고기를 건조하는 대신에, 스페인의 선박과 마을을 강탈하자!" 그래서 그들은 카리브해 주변의 섬과 남아메리카 북부 해변의 스페인 점령지들을 돌아다니며 약탈을 하기 시작했다.

제대로 성공하면 그들은 금은보화를 손에 넣었고, 성대한 축하 파티를 벌였다. 여러 기록에 따르면, 당시의 신세계에서 부자가 되려면 자메이카에서 술집을 여는 것이 가장 좋았다고 한다. 왜냐하면 캐리비안의 해적들이 그곳에서 자신들이 약탈한 것들을 전부 쏟아부었기 때문이다. 그리고 수중에 돈이 떨어지면 그들은 다시 바다로 나갔다.

해적 활동을 시작한 이후에도 그들은 스스로를 버커니어라고 불렀다. 그래서 분명 스페인 사람들은 처음에 이상하다고 생각했을 것이다.

"버커니어들이 옵니다!"

"육포 말려서 먹고 사는 사람들 말이야? 술에 취해 바다를 방랑하면서 바비큐나 굽는 사람들이 우리 배를 쫓아온다고 말하는 건가? 뭐가 문제인지 모르겠군. 그들에게 우리는 이미 점심을 먹었다고 말하게."

버커니어들을 제대로 이해하려면 먼저 스페인을 살펴봐야 한다. 스페인은 신세계를 발견하면, 그곳에 있는 모든 것에 대한 소유권을 주장했다. 교황 알렉산데르 6세(Pope Alexander VI)는 성명서를 통해 이를 승인해주었다. (물론 교황 역시 스페인 사람이다.)

한편에서는 종교개혁이 대대적으로 진행되었다. 이는 영국이나 네덜란드처럼 새롭게 청교도를 따르기로 한 나라들이 더 이상 교황에게 복종하지 않았다는 의미다. 그 결과 스페인은 신세계를 마치 망가진 피냐타(piñata)*처럼 소유하게 되었다. 사탕이 전부 흩어지자 수많은 아이가 그걸 차지하기 위해 뛰어든 것이다.

버커니어 해적들의 전략은 스페인 사람들이 주머니 한가득 사탕을 주워갈 때까지 기다린 다음, 남은 것들을 잽싸게 가져간다는 것이었다.

17세기의 버커니어들은 당시 신세계 개척 과정에서 상당히 중요한 세력이었다. 그들의 자유로움은 물론이고 당시 유럽의 강대국들에 맞선 그들의 영향력이 오늘날의 내가 살아가고 배우는 데 많은 영감을 주었다. 그들에 대해서는 다음과 같은 사실들을 알아야 한다.

- 그들은 노련하며 독립적인 집단이었다. 그들은 어떠한 정부에도 지배받지 않았다. 그들은 자유로운 사람들이었으며, 변방의 땅에

* 과자나 장난감 등을 넣어 만든 커다란 종이 인형으로, 사람들이 눈을 가린 채로 이걸 막대기로 터트린다.

서 스스로의 운명을 개척해나갔다. 그들은 서인도제도라는 진정한 '야생'에서 살아갔다.

- 그들은 영국, 프랑스, 포르투갈, 바스크(Basque)*, 네덜란드, 서인도제도, 아프리카 사람들을 모두 포함하는 초국가적이며 여러 다양한 언어를 사용하는 공동체였다.
- 그들 가운데 신세계에서 태어난 사람은 거의 없었다. 그들은 자유와 부유함, 그리고 신나는 일에 대한 기대감을 갖고 다른 지역에서 이곳으로 이끌려 온 사람들이었다. 숨 막힐 듯한 유럽의 문명에 밀려난 그들은 해적이 되기로 선택했고, 그 선택에 대한 대가를 치렀다.
- 그들은 육지와 바다를 모두 편안하게 생각했으며 다재다능한 사람들이었다. 그들은 사냥을 했고, 작물을 길렀고, 선박을 만들었고, 바다를 항해하면서 전투를 벌였다.
- 버커니어들은 스스로에게 맹세한 것 외에는 그 어떤 약속도 하지 않았다. 그들에게는 가족도 없었고, 정규적인 일자리도 없었다. 그래서 그들은 굳이 집에 머무르지 않아도 되었다. 그들은 자유롭게 항해했다.
- 그들에게는 물질적인 기반시설도 없었다. 그들에게는 배를 만드는 기지도 없었고, 물자 조달을 책임지는 사람도 없었다. 그들에게는 보험도 없었다. 그들의 항해에 비용을 투자하는 사람들은 그들과

* 스페인의 북동부 지역.

마찬가지인 다른 버커니어들뿐이었다.

- 그들은 인원도 그리 많지 않았는데, 기껏해야 모두 합해 천 명 정도였다. 그렇게 살아간다는 건 쉽지 않았다. 그러나 그들은 스페인 세력을 성공적으로 약화시키면서 역사의 흐름을 바꾸었다.
- 그들의 공격 목표는 스페인 함대였다. 스페인은 아메리카 대륙의 원주민들을 잔혹하게 착취하면서 부를 거둬들였다. 17세기의 버커니어들은 스페인 같은 착취 세력을 약탈했다. 그렇게 함으로써 버커니어들은 자신들이 스페인보다 도덕적으로 우월하다고 생각했다.
- 스페인의 경쟁상대인 적대국들은 버커니어들에게 찬사를 보냈다. 그래서 버커니어들이 때로는 프랑스나 영국의 해군과 함께 스페인을 상대로 싸우는 경우도 있었다. 그렇게 어떤 나라의 해군과 함께 움직이는 해적은 사략(私掠, privateer)이라고 불렀다. 다시 말하면, 버커니어들이 때로는 국가에서 정식으로 인정받는 경우도 있었다는 것이다.
- 그들은 마음만 먹으면 나라를 하나 만들 수도 있었을 것이다. 그러나 그들은 언제나 파티를 벌이며 술에 취하고 난장판을 벌였다. 그들은 체계적인 조직의 구성원으로 만들어낼 수 없는 사람들이었다.

이런 사실이 배움과 무슨 관계가 있는가?

이제부터 내가 캐리비안의 해적들에게 매력을 느끼게 된 이유를 이야기하려 한다. 그들은 대담하고 적극적이며, 자유롭게 살았고, 스스로의 지혜에 의지하여 살았다. 그리고 그것이 바로 내가 생각하던 방식이었다.

'해적 활동'이라는 것은 우리가 배우는 방식에 대한 하나의 멋진 비유다. 이 표현은 우리에게 용기와 안정감을 준다. 그래서 마음껏 방랑해도 된다는 생각을, 방랑하지 않고는 도저히 못 견디겠다는 생각이 들게끔 해준다. 사람들은 그런 기질을 가리켜 '주의력 결핍 장애'라고 부르기도 한다. 하지만 나는 그렇게 생각하지 않는다. 그것은 오히려 '멈출 수 없는 호기심'에 더 가깝다.

나는 스스로를 캐리비안 해적 스타일의 학생이라고 부른다. 그리고 나는 창의적인 긴장감 속에서 살아간다. '학생'이라는 단어는 원래 학교에 다니면서 공부하는 사람을 의미한다. '캐리비안의 해적'이라는 단어는 특정한 곳에 소속되지 않은 자유로운 영혼을 연상시킨다. 그래서 나는 학교 아닌 학교에 소속된 사람이라고 할 수 있다.

내가 생각하는 해적 활동의 의미는 다음과 같다.

- 원래 캐리비안의 해적들은 바다에서 배를 타고 항해하는 사람들이었다. 캐리비안 해적 스타일의 학생은 자유로운 사고라는 배를 타고 다니며, 아이디어의 세계에서 항해한다.

- 캐리비안의 해적들은 보물을 찾아 항해에 나섰다. 캐리비안 해적 스타일의 학생은 지식을 찾아 항해에 나선다. 그들은 자기가 배워야 할 커리큘럼을 스스로 만든다.
- 캐리비안의 해적들은 원하는 목표를 성취하기 위해 위협적인 폭력 수단을 활용했다. 캐리비안 해적 스타일의 학생들은 물리적인 폭력을 휘두르지 않는다. 그들의 무기는 대담함과 지식에 대한 열정이다. 그들은 원하는 보물을 차지하기 위해 무시무시한 대포를 쏘는 것이 아니라 불굴의 탐구 정신을 발휘한다.
- 캐리비안의 해적들은 금괴나 보석, 또는 '여덟 개의 조각(piece of eight)'이라고 불리던 스페인의 은화 같은 물질적인 재화를 찾아다녔다. 캐리비안 해적 스타일의 학생들이 찾아나서는 재화는 물질적인 것은 아니지만 가치는 그에 못지않다. 그들은 지식, 기술, 중요한 비결, 다른 사람들과의 유대관계, 더욱 강력한 자기 자신 같은 가치를 추구한다.

여기에서 캐리비안의 해적이라는 비유를 사용하는 이유는, 원래의 해적은 물론이고 오늘날의 해적 스타일 학생은 모두 잠재적으로 위협적인 사람이기 때문이다. 역사 속의 해적은 물리적으로 위협적인 존재였다. 그들은 값나가는 물건을 강탈해감으로써 피해를 입혔다. 캐리비안 해적 스타일의 학생이 위협적이라고 여겨지는 이유는 그들이 생각해낸 새로운 기법과 아이디어들이 기존의 질서를 위협할 수도 있기 때문이다. 그러나 아이디어는 독점할 수 없는 것이다. 이러한 속성을 가진 대상을 경제학자들은 '비경합성(non-rival)' 재화라고 부른다. 내가 다른 사람에게서 무언가를 배운다고 해서, 그 사람에게서 그 지식이 사라지는 것은 아니다. 내가 의과대학에 다니지 않는 상태에서 의학을 공부한다고 해서, 의사들이 더 가난해지는 것은 아니다. 지적인 해적 활동이 때로는 파괴적이며 심지어 공격적일 수도 있지만, 그렇다고 해서 다른 사람을 해치는 것은 아니다. 거기에는 옛날의 해적들이 가진 매서운 위협이 여전히 존재하지만, 물리적인 잔학 행위가 이루어지지는 않는다.

최초의 해적들은 일을 하면서 어쩔 수 없이 물리적인 위험을 마주해야만 했다. 캐리비안 해적 스타일의 학생은 물리적인 위험을 마주하지는 않지만, 거의 그것에 맞먹는 부담감을 갖게 된다. 제국의 규율을 따르지 않는 사람들은 체제가 보장하는 보상이나 자원, 영예들을 기대할 수 없다. 캐리비안 해적 스타일의 학생은, 설령 매우 뛰어난 성취를 이룬다 하더라도 노벨상이나 맥아더 천재상(MacArthur Genius Grant)을 받을 가능성이 거의 없다. 전통적인 사고방식에서는 캐리비안의 해적 스타일을 달가워하지 않는다. 대신에 우리는 자유를 얻는다.

캐리비안의 해적들과 계몽주의

만약 신세계가 없었더라면 캐리비안 해적들의 자유로운 사회는 만들어지지도 않았고 번성하지도 않았을 것이다. 그러나 새로운 대륙의 발견은 심지어 구대륙인 유럽에서조차도 지적으로 자유로운 분위기를 자극했다.

역사 속의 해적들이 활약한 시기가 갈릴레오 갈릴레이(Galileo Galilei)나 르네 데카르트(René Descartes), 프랜시스 베이컨(Francis Bacon) 같은 계몽주의의 위대한 사상가들이 살던 시대와 겹친다는 것은 결코 우연이 아니다. 영국의 왕립학회(Royal Society)도 이 시기에 설립되었다. 과학적으로 사고하는 근대의 '새로운 철학'이 권위를 숭배하는 오래된 스콜라 철학(Scholasticism)을 대체하기 시작했다. 새로운 사고를 중시하면서, 억압되어 있던 모든 것이 풀려났다.

물론 수많은 원인이 있겠지만, 당시에 그런 분위기가 조성된 이유 가운데 하나는 전 세계에서 유럽으로 새로운 식물과 동물, 그리고 새로운 지리 정보와 문화가 유입되었기 때문이다. 세상과 인류에 대한 기존의 추정들은 모두 산산이 부서졌다. 세상이 갑자기 거대하게 확장되면, 다양하면서도 혁신적인 사고방식이 등장하게 마련이다. 캐리비안의 해적들과 그런 스타일의 학생은 모두 혁신적이다. 그들은 또한 혁신의 시대를 살아가기 위한 방법을 알고 있다.

오늘날에는 인터넷이 일종의 신세계다. 인터넷은 우리에게 훨씬 다양한 정보를 제공해주며, 급진적으로 새로운 방식으로 살아가고 배울 수 있게 해준다. 이러한 새로운 세상을 주도하게 될 사람은 유연한 사고방식과 기술을 가진 캐리비안 해적 스타일의 학생이다.

17세기에는 사회체제를 유지하는 것이 매우 중요했다. 사회의 질서는 권력을 지키려는 지배층이 만들어내는 것이다. 당연히 그들은 칼로 질서를 유지했다. 그런데 그들은 선전 전략도 활용했다. 그리하여 역사상 가장 거창한 개념 가운데 하나인 '존재의 대사슬(The Great Chain of Being)'이라는 생각을 대대적으로 선전했다. 존재의 대사슬은 거대한 위계질서다. 신이 맨 위에 있고, 그 바로 밑에는 왕들이 있으며, 다른 모든 것은 그 아래에 존재한다. 세상의 모든 것은 존재의 대사슬 안에서 위치가 정해져 있다. 심지어 흙먼지조차 지정된 위치가 있다. 이 사슬 안에서의 위치가 높을수록 더욱 완벽하며, 신에게 더욱 가깝다는 것을 의미했다. 낮은 위치에 있는 피조물들은 더 높이 있는 존재들에게 복종해야만 했다. 위로 올라갈 수 있는 방법은 없었다. 한 번 태어나면 죽을 때까지 그 자리를 벗어나지 못했다.

당시에는 존재의 대사슬이 평범한 사람들에 대한 억압을 정당화해주던 효과적인 도구였다. 캐리비안의 해적들은 그것을 거부했다. 그들 사회의 뚜렷한 특징은 위계질서를 부정한다는 것이었다. 해적들의 항해는 사람들이 스스로 자원하여 즉석에서 이루어지는 경우가 대부분이었다. 그리고 항해에 필요한 물자와 장비도 스스로 마련했다. 그들은 선장을 직접 선출했고, 필요하다면 언제든 그를 끌어내릴 수 있었다. 선장은 오직 전투를 벌일 때만 권위가 있었다. 캐리비안의 해적들은 존 로크(John Locke)나 토머스 홉스(Thomas Hobbes) 같은 철학자들이 등장하기 이전에 이미 사회적 계약이라는 개념을 도입해 사용하고 있었다.

지금은 그 누구도 존재의 대사슬을 이야기하지 않지만, 현대의 제도교육은 여전히 그 논리를 활용해 스스로를 정당화한다. 현대의 지적인 해적들은 그것을 거부한다. 우리는 그러한 교육기관이나 성적 시스템, 그것이 가진 공허한 영예에 복종하지 않는다. 중요한 것은 우리의 사고방식이다.

물론 캐리비안의 해적들 사이에서도 동료애와 협업, 명성과 존중이라는 개념이 존재한다. 그러나 복종이라는 개념은 존재하지 않는다.

지식의 해적 활동에서는 스스로의 배움이 중요한데, 그것은 학교에서도 이루어질 수 있다. 학교를 좋아하는 사람은 많다. 나도 학교에서 배운 것이 있고, 학교에서 교육받은 사람들에게서도 많은 것을 배웠다. 나는 지식이 있는 곳이라면, 그곳이 어디든 관계없이 기쁘게 지식을 약탈한다.

나는 학교를 파괴하려는 것이 아니다. 내가 해체하려는 건 무언가 다른 것이다. 그것은 바로 훌륭한 교육이 학교를 통해서만 가능하다는 일반적인 믿음이다. 그리고 학교가 제공하는 교육을 수동적으로 받아들이는 아이들이 최고의 학생들이라는 대중적인 인식이다.

이는 기업계로도 확장될 수 있다. 현대의 일터에서는 아이디어가 매우 중요하다. 따라서 우리는 위에서부터 주어지는 교육에만 의지해서는 안 된다. 뛰어난 관리자는 자신의 직원을 단순하고 획일화된 프로세스를 아무런 생각 없이 따르기만 하는 존재로 취급하지 않는다. 오히려 그들은 낮은 직급의 직원들조차 새로운 아이디어를 만들어내고 그것을 발전시켜 조직에 중요한 기여를 할 수 있는 환경을 조성한다. 물론 관리자도 교육과 코칭을 해야 하고, 직원에게 지시도

내려야 한다. 그러나 성공적인 조직은, 그리고 성공적인 사회는 위치에 관계없이 각 구성원을 격려해 창의적인 잠재력을 최대한 발휘할 수 있는 방법을 찾아내는 곳이다. 전통적인 학교 시스템에서는 그것을 할 수 없다.

나는 배움이라는 것에서 자유로운 영혼과 스스로의 결정권이 중요하다고 생각한다. 나는 내 주위의 모든 것에서 배울 수 있다. 그것을 내 것으로 만들기 위해 어느 누구의 허락도 필요하지 않다.

어떤 사람이 캐리비안의 해적이 될 수 있는가?

누구든 캐리비안의 해적이 될 수 있다. 그것은 특별한 사람들의 클럽이 아니라, 삶의 선택과 관련된 것이다. 유일한 자격요건이 있다면, 자신의 사고와 배움을 스스로 책임져야 한다는 것이다. 자기 자신이라는 존재는 다른 사람이 만들어주는 대상이 아니라는 사실을 이해해야 한다. 자기 자신은 스스로 만들어야 한다.

대학교에 다니면서도 동시에 캐리비안 해적 스타일의 학생이 될 수 있다. 심지어 대학 교수도 캐리비안의 해적이 될 수 있다. 실제로 나는 그런 사람을 몇 명 알고 있다. 나는 도서관과 프로젝트와 새로운 아이디어들을 좋아한다. 그리고 대학교에 있는 흥미로운 사람들을 만나는 것도 좋아한다. 대학이라는 조직에서 정치적인 속성들만 없었다면, 나도 학자가 될 수 있었을지도 모른다. 다행히도 요즘에는 대부분의 대학에서 가르치는 많은 자료를 인터넷에서 자유롭게 확인할 수 있다.

대기업에서 일하는 사람도 캐리비안의 해적이 될 수 있다. 나는 다수의 기술 대기업에서 일해봤는데, 지금도 여전히 나 스스로의 배움을 열정적으로 추구하고 있다. 그러한 배움 역시 대부분은 회사에 다니면서 나 스스로 발전시킨 것이다. 그리고 나를 채용한 회사도 나 스스로 더욱 강인한 사람이 되는 것을 좋아했다고 생각한다. 나는 스스로 공부함으로써 새로운 아이디어와 기술들을 만날 수 있었다. 나 스스로 구축한 지식의 도서관은 일터에서 일을 하는 데에도 귀중한 자료의 원천이 되어주었다.

나는 기술 분야의 전문가이지만, 나의 지적인 해적 활동을 컴퓨터와 관련된 분야로만 국한하지는 않는다. 아이를 키우는 부모도 캐리비안의 해적이 될 수 있다. 법조인이나 용접기사 등 그 누구라도 캐리비안의 해적이 될 수 있다. 핵심은 자신의 배움에 스스로 결정권을 갖는 것이다. 제도에 속해서 배우느냐 마느냐는 크게 관계가 없다.

캐리비안 스타일의 배움을 모든 사람이 편하게 느끼는 것은 아니다. 몇 년 전 나는 실리콘밸리에 있는 어느 회사에서 소프트웨어 테스트 팀을 이끈 적이 있다. 당시 나는 팀원들에게 1주일에 하루는 유급 휴가를 준다는 복지정책을 제안했다. 다만 직원들은 그 하루 동안 스스로 자신의 업무와 연관된 무언가를 배워야 한다는 것이 조건이었다. 그런데 나는 충격을 받았다. 직원들 가운데 단 한 명도 그런 방안을 지지하지 않았던 것이다. 나는 직원 두 명을 불러 그처럼 좋은 기회를 왜 활용하려 하지 않는지 물었다. 그러자 그들은 이렇게 말했다. "우리 스스로 공부하라고 한다면, 차라리 수업을 들으러 가겠습니다."

그들은 캐리비안의 해적이 아니었다.

사실 나와 함께 일한 사람들은 물론이고 나의 강연을 들은 사람들 중 대부분은 수동적인 학습이 익숙할 것이다. 사람들에게 만약 자신의 운명을 스스로 개척할 수 있는 시간을 갖게 되었을 때 무엇을 할 것이냐고 물어보면, 대부분은 어떤 선생님이 나타나기를 기다리거나, 또는 시간이나 돈이 충분하다면 이런저런 자격증을 따보겠다고 대답했다. 그들은 해적선이 아니라, 거대한 여객선에 탑승하기를 바라고 있었다. 무언가를 찾아 이리저리 방랑하는 것이 아니라, 안전하고 믿을 수 있는 단체 관광을 하기 위하여 돈을 저축하고 있었다. 그러나 사람들 중에는 나처럼 작은 배를 타고 항구에 들어오는 이들도 존재한다. 그들은 원한다면 언제든지 미지의 세계를 향해 출항할 수 있는 사람들이다.

왜 캐리비안의 해적이 되어야 하는가?

그들은 어쩌면 나처럼 자연스럽게 캐리비안의 해적이 되는 것 같다. 그런 사람들에게 왜 캐리비안의 해적이 되어야 하느냐고 묻는 건 적절하지 않을 수도 있다. 그럼에도 캐리비안의 해적이 되는 것의 장점을 몇 가지 설명하면 다음과 같다.

- 캐리비안 해적 스타일의 배움은 전통적인 교과 과목의 테두리에만 한정되지 않는다. 우리는 그러한 경계를 자유롭게 넘나들며 항해를 한다. 그렇게 하면 더욱 풍부한 아이디어들을 만날 수 있고, 다양한 분야에서 많은 것을 배울 수 있으며, 새롭게 모험하는 것에 대해 좀처럼 겁을 먹지 않도록 만들어준다.
- 캐리비안의 해적들은 삶의 모습, 형태, 관례 같은 것에 대해 다시 생각하는 사람들이다. 우리는 그것들을 뒤섞어 우리 스스로의 삶을 만든다. 우리에게 삶이라는 건 언제나 놀라운 일들이 계속해서 일어나는 과정이다.
- 캐리비안의 해적이라는 개념이 친구들이나 동료들을 대하는 전통적인 사고방식과는 어울리지 않을 수도 있지만, 세상을 바라보는 창의적인 관점을 가질 수 있으며, 곤란한 문제들을 만나더라도 독창적인 해결책을 제시할 수 있게 해준다.
- 우리는 스스로 주체가 되어 생각하는 것을 편안하게 느낀다. 우리는 자학하지 않고, 스스로를 존중한다. 우리는 "말을 잘 듣고 정해진 과정을 따라가라"거나 "해야 할 일을 미루지 말라" 같은 주장을 하지 않는다. 우리 스스로를 채찍질하는 것은 우리가 동기유발을 하는 방식이 아니다.
- 요즘 같은 초연결 사회이자 매체들로 넘쳐나는 세상에서는 빠르게 적응하고 새로운 아이디어들을 금세 익힐 줄 아는 능력이 생존에

서 중요한 역량이 되었다. 캐리비안 스타일의 학생은 무언가를 빠르게 파악하는 능력이 뛰어나다.

- 어떤 사람들은 우리 같은 괴짜를 여전히 두려워하지만, 그래도 그런 우리를 신뢰하는 사람이 점점 더 늘어나고 있다. 왜냐하면 우리는 허울뿐인 권위가 우리에게 사실이라고 말하는 것을 그저 앵무새처럼 따라하지 않기 때문이다.

해적 활동은 자유롭게 이루어진다. 캐리비안 해적 스타일의 학생이 되기 위해서 갖추어야 하는 자격요건 같은 것도 없다. 어떠한 허가나 훈련도 필요하지 않다. 해적 활동은 언제 어디서나 할 수 있다. 성공적인 해적이 되기 위해서는 나름의 요령과 기술이 필요하기는 하지만, 그런 능력들은 한가할 때마다 틈틈이 획득할 수 있다. 그 방법을 이제부터 여러분에게 조언해줄 것이다.

나는 캐리비안의 해적인가?

스스로 진단해보는 캐리비안의 해적 여부 테스트

나는 자유롭게 살아간다.

- **직접 경험해서 지식을 얻는다**

자신의 경험(탐구, 실험, 관찰, 테스트 등)에서 배우는 것과 어떤 권위(수업, 규칙, 시범 등)에서 배우는 것 사이에서 하나를 선택해야 한다면, 나는 언제나 직접 경험하는 것을 선호한다.

- **자기 주도로 학습한다**

내면이 가리키는 방향(충동, 호기심, 직감 등)을 따르거나, 아니면 설령 자신이 직접 세웠다 하더라도 이미 정해진 계획을 따르는 것 사이에서 선택해야 한다면, 나는 언제나 내면이 가리키는 방향을 따른다. 나는 어떤 원칙보다는 직감을 따르는 편이다.

나는 아이디어를 찾아나선다.

- **호기심이 나를 이끌어준다**

만약 장점이 서로 비슷한 아이디어나 행동 사이에서 선택해야 한다면, 나는 전통적인 것과 다르며 덜 익숙한 방식을 선호한다. 나는 참신하고 다양한 아이디어에 이끌리는 편이다.

- **수수께끼가 나를 자극한다**

나는 일상적인 활동이 아니라 수수께끼, 풀리지 않는 문제, 미스터리 등으로 배움에 대한 동기가 유발된다.

- **복잡한 것에도 과감히 도전한다**

다른 사람들이 이미 배운 것이라면, 나 역시 배울 수 있다는 사실을 알고 있다. 아무리 복잡한 문제라도 그것의 체계적인 원칙들을 파악한다면 실제로는 상당히 단순한 구조일 거라고 생각한다.

세상을 스스로 규정하고, 그 속에서 나의 자리를 확보한다.

- **나 자신은 나 스스로 만든다**

나는 주입식 교육을 받아들이지 않는다. 나는 수동적으로 학습하는 기계가 아니다. 나에게 배움이란 단지 사실을 쌓아가는 것이 아니라, 스스로 끊임없이 변화해나가는 과정이다. 나는 스스로를 생각하는 사람이자, 공부하는 사람이자, 나 자신의 선생님이라고 여긴다.

● 나의 명성은 나 스스로 얻어낸다

나는 어떤 직함이나 자격증에 의문을 제기한다. 나는 스스로 찾아낸 아이디어를 통해 나의 명성을 직접 만들고 유지한다. 나는 내가 존경하는 사람들에게서 존경받기를 원한다.

chapter 04

내가 하는 일, 내가 일하는 방식

나는 스스로 학습하기의 11가지 기법을 통해
나 스스로를 만들어낸다.

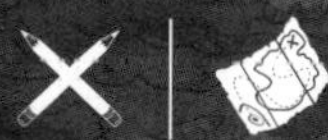

이 책을 쓰고 있던 어느 날, 변호사 한 명이 나에게 전화해 이런 제안을 했다. "당신에게 일을 하나 맡기고 싶습니다. 어떤 소프트웨어 제품이 우리의 특허를 침해했는지 조사해주셨으면 합니다. 당신이 하는 일이 그런 종류 아닌가요?"

나는 이렇게 대답했다. "맞습니다!" 사실 나는 어떤 제품이 특허를 침해했는지는 테스트를 해본 적이 한 번도 없었다. 그렇지만 나는 무엇이든 테스트할 수 있다.

그녀가 물었다. "윈도우 운영체제의 네트워크 스위칭(network switching) 기술에 대해 알고 계시나요?"

나는 이렇게 대답했다. "그럼요!" 사실 나는 그녀가 말하는 것을 알지 못했다. 그렇지만 나는 무엇이든 배울 수 있다.

그녀는 내게 특허 관련 서류를 보내주면서, 해당하는 제품을 조사해달라고 했다. 특허 서류는 다음과 같은 내용으로 시작했다.

1. 상태 정보를 각각 모니터링하는 서로 다른 다수의 병렬 무선 네트워크에서 데이터를 동적으로 라우팅(routing)하는 기법. 이 기법은 다음과 같은 항목을 포함하고 있음. 각 무선 네트워크에 설정된 우선순위를 유지함. 우선순위란 가장 선호하는 경로를 가리킴. 각 무선 네트워크와 관련된 상태 정보를 바탕으로 각 무선 네트워크의 유효성을 판단함. 이는 유효한 것으로 판단된 무선 네트워크들에서 현재 가장 선호하는 네트워크를 확인하는 것을 말함. 이러한 확인은 네트워크의 우선순위를 바탕으로 판단함. 현재 연결된 네트워크가 가장 선호하는 네트워크와 다를 경우, 데이터 전송 과정에서 가장 선호하는 네트워크로 전환함. 그런데 현재 연결된 네트워크와 가장 선호하는 네트워크가 최소한 시간적 연속성을 갖고 있어야 함. 가장 선호하는 네트워크로 전환된 이후에도 일정 기간 동안 현재 연결되어 있던 네트워크의 연결 상태를 유지함.

내용이 이해되는가? 그렇지 않더라도 걱정하지 마시라. 나도 그랬다. 영어로 작성된 글을 이해하기가 얼마나 어려운지 측정하는 플레시-킨케이드 지수(Flesch-Kincaid Index)에 따르면, 이 글의 난이도는 6등급이다. 나는 이 글을 처음 읽었을 때 도저히 이해가 되지 않았다. 이것은 내게 매우 부담스러운 도전이었다.

내가 결국 특허 내용을 전부 읽어야만 했을 때 어떤 기분이 들었을까? 나는 당시에 시간당 300달러를 받으며 일했다. 저 일을 부탁한 변호사는 내가 특허 내용을 읽으면 곧바로 이해할 거라고 예상했을 것이다. 그러나 나는 내용을 이해하지 못했다. 그렇다면 내가 겁을 먹었을까?

아니다. 여러분도 이 책을 다 읽고 나면, 어렵고 복잡한 내용의 글을 마주하더라도 겁을 먹지 않게 될 것이다.

어렵고 복잡하다고 느끼는 건 일종의 착시현상이다. 그것은 정신적 충격으로 인한 착각이다. 캐리비안의 해적들은 정신적 충격을 받는다고 해서 두려움을 느끼지 않는다. 그것은 일시적인 현상이다. 뱃전에 와서 부딪힌 커다란 파도일 뿐이다. 바닷물이 철썩여 내 몸이 물에 젖을 수도 있다. 그러나 배의 키를 잘 붙들고 있으면 된다. 그러면 배는 파도를 헤치고 나아갈 것이다.

처음 읽었을 때 내가 이 프로젝트를 하기에 자격이 있는지 의문이 들었다. 이 특허 소송의 반대편에 있는 전문가는 유명한 대학교의 교수인데, 자신의 상대가 고등학교 중퇴자라는 사실을 알고는 상당히 충격을 받았다.

이 소송에서 과연 누가 이겼을까?

소송이 본격적으로 진행될 때쯤 되자, 나는 이 특허와 관련해 거의 마술사가 되어 있었다. 나는 특허 문서에서 각각의 문장, 구절, 단어를 구별해 분류하는 프로그램을 작성했다. 그리고 세 개의 특허 문건을 수백 시간 동안 분석하면서, 그 내용을 거의 암기하다시피 했다. 네트워크 기술에 대한 책을 열 권 정도 읽었다. 그리고 관련 실험을 할 수 있는 시설을 만들었다. 나는 해당 제품을 실행시키는 기본적인 시스템을 공부했고, 다양한 해킹 도구를 활용해 그것의 작동 원리를 분석했다. 소송에서 나는 반대편의 교수보다 훨씬 더 준비가 잘 되어 있었다. 그는 2~3일 동안 테스트를 해본 것이 전부였다. 나는 비디오 촬영 기사를 불러 내가 테스트하는 장면을 녹화하게 하고, 그것을 여러 방면에 걸쳐 속속들이 테스트했다.

배심원단도 그런 사실을 알아차렸다.

물론 처음부터 상황 자체가 우리에게 유리했다. 이는 법정 소송에서 이기기 위해 중요한 요소다. 그렇지만 핵심은 이것이다. 내가 이 프로젝트를 끝마칠 수 있을 만큼 똑똑한지 알 수 없었는데도 이 프로젝트에 뛰어든 이유는, 내가 그걸 시작할 만큼은 똑똑하다는 것을 알고 있었기 때문이다. 중요한 건 시작하는 것이다. 끝날 때쯤이면 나는 좀 더 똑똑해져 있을 것이다.

캐리비안의 해적이 가진 장점 가운데 하나가 바로 이것이다. 도중에 멈추지 않는 배움 스타일 덕분에, 나는 "미안하지만 저는 자격이 없습니다"라고 말하면서 항로를 돌리지 않는다. 오히려 나의 항로를 개척할 수 있는 기회를 놓치지 않는다.

변호사가 처음 나에게 전화했을 때, 나는 이 책을 쓰기 위한 해적 스타일 공부법의 핵심적인 내용들을 정리하던 중이었다. 이 특허 소송 때문에 책을 쓰는 작업은 15개월 동안 중단되었다. 그리고 보다시

피 나는 다시 책을 쓰고 있다.

또 다른 변호사가 전화를 걸어오기 전에, 해적 스타일 공부법의 핵심적인 내용을 소개하면 다음과 같다.

약탈당한 나룻배(SACKED SCOWS)!

(이건 사실 11개 핵심 요소의 첫 글자를 모아놓은 것이다.)

캐리비안의 해적들도 각자 공부하는 방식이 다르다. 그건 상관없다. 어쨌든 여기에서 소개하는 것은 내가 공부하는 방식이다.

내가 스스로 공부하는 방식의 모든 것은 이렇게 11가지로 요약할 수 있다. 각각의 항목에는 모두 수십여 가지의 기법, 패턴, 도구, 에너지가 포함되어 있다. 이러한 원칙들을 통해 나는 한때 나를 침몰시킬 수도 있었던 세상을 성공적으로 항해하며 헤쳐나가는 중이다.

이제부터 소개하는 내용을 읽어보면서, 여러분 스스로의 학습 방식과 얼마나 잘 맞는지 확인해보기 바란다.

내가 스스로 배울 때 사용하는 11가지 요소

1. 적극적인 탐색(Scouting Obsessively)

적극적으로 탐색한다. 나는 나에게 필요한 자원과 도구를 적극적으로 찾아다닌다. 이건 너무나도 신나는 일이다. 서점을 둘러보고, 책들을 훑어보고, 인터넷을 서핑하고, 사전을 찾아본다. 많은 걸 시도해보고, 효과가 없는 건 버린다. 중요한 걸 빨리 배워야 하는 상황이 되면, 이런 일을 하면서 자료들을 충분히 모은다.

2. 진짜 중요한 문제(Authentic Problems)

나의 마음을 사로잡는 정말 중요한 문제를 파악한다. 정말 중요한 문제란, 다른 사람이 나에게 신경을 써야 한다고 말해주는 것이 아니라, 내가 개인적으로 관심을 갖고 신경을 쓰는 문제를 말하는 것이다.

3. 인지적 요령(Cognitive Savvy)

내 마음의 리듬에 맞게 공부한다. 어떤 것을 억지로 추진하거나 거기에 끌려가기보다는, 나의 마음이 움직이는 패턴과 원칙에 따라 생각한다. 심리학자들은 이를 '메타인지(metacognition)'라고 부른다.

4. 지식을 유발하는 지식(Knowledge Attracts Knowledge)

더 많이 알아갈수록 다른 걸 배우기가 더 쉬워진다. 새로운 지식이 오랫동안 품고 있던 질문들과 연결되어 호기심을 자극하면, 더욱 많은 지식을 향해 나아갈 수 있다.

5. 실험(Experimentation)

실험을 하면 피부에 직접적으로 와닿는 배움을 할 수 있다. 실험이란 어떤 문제에 더욱 가까이 다가가고, 그것에 대해 질문을 던지고, 그것과 함께 놀고, 그것을 이리저리 찔러보는 것을 말한다. 그렇게 해서 발생하는 일에서 배우는 것이다.

6. 마음껏 써도 되는 시간(Disposable Time)

이 시간에는 내가 새로운 걸 시도할 수 있다. 마음껏 써도 되는 시간이란 쓸데없이 낭비해도 되는 시간을 말한다. 내가 가장 뛰어난 성과를 거두는 경우의 거의 대부분은 쓸데없는 생각을 하거나, 게임을 하거나, 텔레비전을 시청하는 등 소위 말하는 시간낭비를 하면서 시작될 때가 많다.

7. 스토리(Stories)

이야기는 내가 무언가를 이해하는 방식이다. 하나의 스토리는 많은 아이디어가 의미 있는 방식으로 가지런히 정렬되어 있는 것이다. 그런 스토리를 만들고, 편집하고, 공유하면서, 또는 다른 이야기에 이의를 제기하면서, 나는 세상에 대한 이해를 더욱 발전시킨다.

8. 아이디어 비교(Contrasting Ideas)

반대로 생각하면 더 나은 아이디어로 이어지기도 한다. 반대로 생각함으로써 내가 갖고 있는 믿음에 의문을 제기해보는 것이다. 이는 이것저것 질문을 던져서 따져보고, 회의적이며 비판적으로 바라보는 습관을 기르는 것이다. 그렇게 함으로써 어디에 있을지 모르는 함정에 빠지거나 속아 넘어가지 않을 수 있다.

9. 다른 사람들의 생각(Other Minds)

이것은 나의 사고를 훈련시키며, 사람들은 내가 무언가를 잘 해내면 박수를 보내기도 한다. 나 자신의 생각은 물론 내가 스스로 만들어야 하지만, 나는 다른 사람들의 말을 귀 기울여 듣고 대화를 나누는 것이 즐거우며 유용하다고 생각한다. 나는 다른 사람들에게서 아이디어를 얻고, 그다음에는 그것을 나 스스로 다시 만들어낸다.

10. 언어와 그림(Words and Pictures)

이것은 나의 생각을 위한 하나의 공간을 만들어준다. 어떤 스토리의 밑바탕에는 이러한 언어와 그림, 기호가 있어서 그것의 의미를 구체화해준다. 나는 강렬한 언어를 찾아내고, 메모를 하고, 거기에 그림을 곁들여 스토리를 만들어낸다.

11. 시스템 사고(Systems Thinking)

이것은 복잡한 내용을 좀 더 단순하게 만들어준다. 시스템 사고는 복잡한 구조를 분석해 그 아래에 있는 단순한 원리를 찾아내는 기법이다. 시스템 사고를 함으로써 나는 더욱 빠르게 학습할 수 있다. 왜냐하면 내가 지금 배우는 것과 이미 알고 있는 내용 사이의 연관성을 발견할 수 있기 때문이다.

1. 적극적인 탐색

나는 나에게 필요한 자원과 도구를 적극적으로 찾아다닌다.

'탐색(scouting)'이란 나의 배움을 더욱 키워줄 수 있는 자원을 찾아 나서는 걸 말한다. 원래 캐리비안의 해적들에게 탐색은 목표물을 찾아 바다 위를 방랑하는 걸 의미한다. 목표물이 지나다닐 가능성이 있는 경로를 따라 항해하는 것이다. 탐색의 목표는 흥미로운 대상을 찾아내는 것이다. 실제로 무언가를 배우는 건 그다음의 일이다.

캐리비안 해적 스타일의 학생은 절대로 탐색을 멈추지 않는다. 나는 그렇게 마주치는 모든 것에 대해 배움을 위한 도구로서의 가치가 어느 정도인지 평가한다. 탐색은 나의 일상 현실을 가득 채우고 있다. 서점이나 도서관을 찾아가는 것도 당연히 탐색 활동이다. 문구점이나 장난감 가게를 돌아다니는 것도 마찬가지다. 웹 서핑이나 텔레비전 시청 역시 그렇다. 아이디어는 어디에서나 발견할 수 있다.

탐색은 주로 호기심에 의해 이끌리는 경우가 많다. 호기심은 무언가를 알고 싶게 만드는 것이다. 설령 그 당시에는 그걸 꼭 알아야 할 필요가 있는지 모른다 하더라도 말이다. 호기심은 스스로의 지혜를 중요시하며 살아가는 나 같은 사람들에게는 생존을 위한 기술이다. 왜냐하면 복잡하면서도 모든 가능성이 열려 있는 세상에서는 무엇을 쉽게 예측할 수 없기 때문에, 당장에 필요성을 모른다 하더라도 결국 나중에는 알아야 할 수도 있다.

나는 스스로를 위해 탐색을 한다. 나의 배움에서 필요한 자료나 도구에 대해 다른 사람들의 의견에만 의존하지 않는다. 물론 다른 사람들의 강의를 주의 깊게 듣거나, 요약한 내용을 읽어보거나, 그 사람들의 생각을 따라가볼 수도 있지만, 나는 다른 사람들은 간과한 부분들도 자세히 살펴본다. 나는 가장 커다란 돛대의 꼭대기에 서서 사방을 둘러본다.

2. 진짜 중요한 문제

나의 마음을 사로잡는 정말 중요한 문제를 파악한다.

그 옛날의 해적들은 이렇게 말했다. "먹이를 노려야 음식을 얻는다." 그들은 자신이 풀어야 할 문제를 알고 있었고, 그 문제를 풀기 위해 필요한 기술이 무엇인지 파악하고 있었다.

문제란 지금의 조건과 필요한 조건 사이에서 차이가 나는 상황이다. 진짜 중요한 문제는 나에게 중요한 문제를 말한다. 다른 사람들이 문제라고 생각하는 것이 반드시 나에게도 문제가 되지는 않는다.

실제 캐리비안의 해적인 피에르 라 그랑(Pierre la Grand)은 진정한 문제가 무엇인지 이해하고 있었다. 그는 공해(open sea)상에서 스페인의 해군 중장이 타고 있는 기함(flagship)을 공격하기 전에 선원들에게 동기를 부여하는 방법을 찾아냈다. 그것은 바로 자신의 배를 침몰시키는 것이었다. 자칫하면 물에 빠져 죽을 수도 있는 위기에 처한 선원들은 목표로 삼은 선박을 거의 아무런 흠집도 내지 않고 순식간에 나포했다. 물론 보물도 함께 말이다.

학교 선생님들이 제시하는 문제들이 나에게 정말로 중요한 경우는 거의 없었다. 그들은 그렇게 무의미한 활동을 개선할 수 있는 방법에 대해서는 전혀 관심이 없었다. 그래서 나도 신경을 쓰지 않았다. 나는 신경을 쓰지 않는 문제에는 더 이상 관심을 두지 않는다. 나의 마음은 마치 나침반의 바늘이 돌아가는 것처럼 나에게 중요한 문제들로 향한다.

어떤 문제가 나에게 중요해지는 건, 그것이 나의 생존이나 행복과 관련된 경우다. 내가 하모니카를 배운 이유도 첫 번째로 일한 회사의 상사에게 깊은 인상을 주고 싶었기 때문인데, 참고로 그 상사는 음악을 하는 사람이었다.(생존) 그다음에는 실력이 상당히 늘어서 내가 연주하는 게 마음에 들었기 때문에 더욱 열심히 하모니카를 배우게 되었다.(행복)

한 사람에게 중요한 문제가 다른 사람에게는 그렇지 않을 수도 있다. 나에게 중요한 문제가 무엇인지 파악하는 게 가장 어려운 부분이다. 그렇게 중요하다고 파악한 문제는 이제 '내가 싸워야 하는 문제'가 된다.

때로는 중요한 문제라고 생각하던 것에 대해 더 이상 흥미가 생기지 않는 경우도 있다. 그러면 스스로에게 이렇게 묻는다. "그렇다면 이건 뭘까?"

만약 이 문제를 해결하지 못한다면 어떻게 될까? 그게 나에게 어떻게 피해를 줄까? 그것이 중요한지 알아보는 좋은 방법은 그 문제를 무시해보는 것이다. 만약에 중요한 문제를 무시한 것이라면, 내가 고통을 겪을 것이다. (예를 들면, 그 결과로 돈이 부족해지거나, 내가 존중하는 사람이 실망하거나, 아니면 지루해지는 것이 있다.) 그걸 무시했는데도 아무런 고통이 없다면, 그것은 중요한 문제가 아닐 수도 있다.

나는 어떤 문제를 지금 당장 해결해야만 할 때 가장 효과적으로 배우는 편이다.

3. 인지적 요령

내 마음의 리듬에 맞게 공부한다.

나의 마음은 바다를 항해하는 한 척의 배다. 그리고 나는 태어나면서부터 항해하는 방법을 모두 알았던 것이 아니다. 배가 곧장 바람을 타고 움직이는 것도 아니다. 그리고 가끔은 각종 장비를 수리하고 선체에 붙은 이물질도 긁어서 떼어내야 한다. 나의 배는 내 마음속의 별자리와 나침반을 따라 항해를 한다.

인지적 요령이란 나의 마음이 작동하는 방식을 파악해, 좀 더 적은 노력으로 내 마음속에서 더욱 많은 것을 얻어내는 능력을 말한다. 과학자들은 이를 메타인지(metacognition)라고 부른다. 사람의 마음에 대해 내가 알아낸 몇 가지 사실은 다음과 같다.

- 사람의 마음은 꾸물거리는 경향이 있다. 제대로 작동하려면 시간이 걸린다. 하지만 우리는 그렇게 꾸물거리는 특성을 이용할 수 있다.
- 사람의 마음은 모든 것을 하나의 스토리로 파악한다. 사람의 마음은 단지 메마른 사실에 의해 움직이는 것이 아니라, 무엇이든 의미와 의의를 부여해 움직인다.
- 사람의 마음은 무언가를 잘 잊어버린다. 뭔가를 잊어버리면, 새로운 아이디어가 나타날 여유 공간이 생긴다. 잘 잊어버리기 때문에 우리는 필요하다면 다시 배워야 한다. 그래서 우리는 더욱 깊게 이

해할 수 있고, 잘못 파악하고 있는 내용을 수정할 수도 있다.

- 사람의 마음은 원래 비합리적이다. 합리성은 공부와 훈련을 통해 얻을 수 있지만, 그것은 부자연스러운 방법이다. 논리적인 규칙을 활용해 단계적인 추론을 끌어내는 방식보다는, 어떤 패턴을 직접 찾아보고 비슷한 점을 유추해내는 과정이 좀 더 자연스러운 방법이다.
- 사람의 마음은 지름길로 가려는 경향이 있다. 따라서 생각을 할 때는 편견에 빠지거나 실수를 하지 않도록 조심해야 한다. 우리가 흔히 범하기 쉬운 논리적 실수의 유형이 무엇인지 공부하면, 일상에서 그런 실수를 줄이는 데 도움이 된다. 그리고 다른 사람들에게 우리의 생각을 검토해달라고 요청할 수도 있다.
- 사람의 마음은 일시적으로 강박관념을 가질 수 있다. 때로는 특정한 아이디어나 생각에 미친 듯이 집착하는 경우도 있지만, 몇 달 뒤에는 열정이 식어버릴 수도 있다. 그러나 그러한 폭풍우가 우리를 휩쓸고 지나가게 함으로써 더 많은 것을 배울 수도 있다. 그리고 그런 폭풍우가 영원히 지속되지는 않는다.
- 우리가 생각하고, 배우고, 행동하고, 기억하는 동안 우리의 마음이 기대어 붙들고 있을 체계가 필요하다. 우리가 훈련을 통해 구축할 수 있는 체계로는, 문제를 해결하는 과정에서 도움을 주는 휴리스틱(heuristic), 기억하는 과정에서 도움이 되는 니모닉(mnemonic), 실제로 학습을 하는 과정에서 도움이 되는 모델(model)이나 스키마(schema) 등이 있다.

- 사람의 마음에는 탐험과 실험과 놀이가 필요하다. 학교에서는 우리에게 학습이란 엄격해야 한다고 가르치는 경우가 많다. 학교에서는 지식이라는 것을 서로 동떨어진 여러 과목으로 나누어 우리를 가르친다. 그들은 우리가 정해진 기간 동안 정해진 내용을 정해진 순서에 따라 배워야 한다고 말한다. 나의 마음은 그런 식으로 움직이지 않는다. 나의 마음은 마치 해적선 위를 이리저리 날아다니는 선원들처럼 여러 수많은 주제 사이를 뛰어다닌다. 여러분은 어떤가?
- 마음은 하나가 아니라 여러 개다. 인간은 다중적인 심리를 가진 생명체다. 다시 말해 인간 두뇌의 다양한 부위는 각자가 마치 독립적인 주체일 수 있다는 의미다. 그런 수많은 주체가 의식(consciousness)이라는 것에 의해 느슨한 형태로 협업하면서 '나'라고 부르는 것을 만든다. 각각의 마음은 의식이라는 한 척의 배 안에서 부딪히고 싸우는 선원들처럼 서로 충돌하며 갈등을 일으킬 수도 있다. 그런 내면의 갈등을 진지하게 받아들이는 방법을 배워야 한다. 그들이 내는 목소리에 귀를 기울여야 한다.
- 만약 우리가 마음의 '선원들'에게 그들이 원하지 않는 무언가를 강제로 시키면, 그들은 폭동을 일으킬 수도 있다. 나에게는 그런 폭동이 심각하게 벌어질 수도 있다. 그런 경우에 나는 무기력과 우울증에 빠진다. 실제로 이런 일을 몇 차례나 겪었다. 그러나 내면의 상태를 느끼고 그걸 존중하는 방법을 배운 뒤로는 더 이상 그러지 않게 되었다.

4. 지식을 유발하는 지식

더 많이 알아갈수록 다른 걸 배우기가 더 쉬워진다.

캐리비안의 해적들에게서 흔하게 이루어지던 관행 가운데 하나는 그들이 타는 배를 '트레이딩 업(trading up)' 하는 것이었다. 이는 작은 배가 더 큰 배를 나포하고, 그 배는 다시 더욱 커다란 배를 나포하는 것을 말한다. 트레이딩 업에 성공하면 더욱 커다란 배를 확보하는 것이기 때문에, 더욱 많은 선원을 모집할 수 있다. 성공은 권력을 만들어주고, 권력은 더욱 많은 성공을 보장해준다.

나는 지식을 사냥하는 해적이다. 내가 약탈하는 것은 지식이고, 탐험을 하면서 그런 지식을 활용하면 더욱 많은 지식을 알게 해준다.

우리가 알고 있는 지식은 우리의 머릿속에서 마치 흩어진 낱알처럼 별개로 존재하는 사실들의 무더기가 아니다. 그것들은 스키마(schema)라고 부르는 유의미한 연관성 속에서 체계적으로 정렬된다. 스키마는 우리의 관심을 이끌어주고, 우리의 생각을 도와주며, 우리의 기억에도 도움을 준다. 그것은 마치 우리 마음속에 존재하는 지식의 지도와도 같은 것이다. 우리의 두뇌는 그런 식으로 작동한다.

예를 들면, 어떤 운전자가 한 번도 운전해본 적이 없는 자동차에 처음 탑승하더라도, 그는 시동을 거는 법이나 차를 움직이는 방법을 금세 파악할 수 있을 것이다. 왜냐하면 모든 자동차는 비슷한 방식으로 설계되어 있기 때문이다. 어떤 자동차를 운전하는 방법을 배우고 나면, 그것이 '자동차에 대한 스키마'가 되어 다른 차량을 운전하는 방법도 가르쳐주게 된다.

그렇게 하나의 스키마를 갖게 되면 내가 이미 알고 있는 것에 대해 더욱 많이 배울 수 있도록 도와주기 때문에, 나는 의도적으로 폭넓고 다양한 주제를 공부하려고 노력한다. 내가 다양한 것에 대해 더욱 많이 알수록, 나는 압박이 심한 상황에서도 특정한 것을 더욱 쉽게 배울 수 있게 된다. 다소 특이한 나의 배움 방식이 그 자체로만 유용한 것은 아니다. 그것은 또한 수평선에 진짜 중요한 문제들이 나타날 때, 나의 지식을 더욱 깊게 만들어준다. 이에 대해서는 '11장-보물지도'에서 좀 더 자세히 이야기하겠다.

5. 실험

실험을 하면 피부에 직접적으로 와닿는 배움을 할 수 있다.

비행기의 조종법을 배우고 싶은가? 그렇다면 진짜 비행기를 타고 하늘을 날든가, 아니면 시뮬레이터로 훈련을 할 수도 있다. 전기가 어떻게 작동하는지 배우고 싶은가? 그렇다면 전기 실험 장치를 마련해 직접 전기회로를 만들어보면 된다. 위대한 물리학자인 마이클 패러데이(Michael Faraday)도 그렇게 했다. 컴퓨터를 배우고 싶은가? 컴퓨터를 마련해 직접 가지고 놀면 된다. 나는 처음 항해 기술을 배운 지

5분 만에 요트에 올랐다. 그리고 10분 뒤에는 바다로 직접 요트를 몰고 나갔다.

그런데 나는 전문적인 과학자들이 엄격한 조건에서 수행하는 정식 실험만을 말하는 것이 아니다. 각자가 편안하게 이것저것 시도해보는 형태도 내가 말하는 실험이 될 수 있다. 넓은 의미에서의 실험은 두 가지 요소만 있으면 된다. 그것은 바로 질문과 관찰이다. 실험을 한다는 건 이것저것 질문을 던지고, 조작하고, 여기저기 손을 보고, 놀이를 하고, 승부를 겨뤄보고, 캐물어보고, 분해하고, 조립하고, 문제점을 바로잡으면서 탐구하려는 주제에 최대한 가까이 다가가는 것을 의미한다. 거기에 뛰어드는 것이다! 나에게 실험이 중요한 이유는, 적어도 직접 행동을 취하기 전까지는 나의 마음이 완전한 능력을 발휘하지 않기 때문이다.

실험은 진짜 중요한 문제를 해결하기 위해 이뤄질 수도 있지만, 일반적인 호기심을 해소하기 위해 수행할 수도 있다.

6. 마음껏 써도 되는 시간

이 시간에는 내가 새로운 걸 시도할 수 있다.

그 옛날 캐리비안의 해적들은 규율이나 일정에 얽매이지 않았다. 그들은 대부분 엄격한 규제를 벗어나고자 하는 욕구에서 해적이 된 사람들이다. 당시에는 해군이나 상선에서 근무할 기회를 얻는 것도 쉽지 않았지만, 그마저도 혹독한 규율을 따라야만 했다.

많은 해적이 배 안에 식량을 충분히 확보하지 않은 상태에서 항해를 나서는 경우가 많았다. 하지만 이들은 대부분 갑판에서 물고기나 거북이를 잡아 올리는 미스키토(Miskito) 인디언 출신의 사냥꾼들을 함께 데리고 다녔기 때문에 먹을거리를 구하는 게 힘들지는 않았다. 거북이 수프를 좋아하지 않는다고? 그러면 육지에 있는 돼지 농장을 습격했다. 오늘은 왠지 약탈을 하고 싶다고? 그러면 배를 나포해 그들의 음식을 먹었다. 캐리비안의 해적들은 그때그때의 상황에 잘 적응했고, 시간은 넘쳐났다. 해적들의 항해는 즉흥적인 일정으로 이루어졌다.

지식을 사냥하는 현대의 해적에게도 적응력은 중요하다. 만약 여정을 시작할 때 세심하게 계획을 세우고 그걸 철저하게 지킨다면, 나는 수많은 배움의 기회를 놓쳤을지도 모른다. 여정을 시작하면서 그 모든 걸 계획한다는 건 너무나도 어려운 일이다. 앞으로 무슨 일이 일어날지 정확히 알 수 없기 때문이다. 자기 주도 학습에서는 대부분의 가치가 바다에 나갔을 때 일어나는 수많은 기회를 활용하면서 얻어진다. 뭔가 흥미로운 것을 발견하면, 바로 그때부터 배움의 과정이 시작된다.

캐리비안의 해적처럼 공부할 때면, 이리저리 방랑하는 것이 단지 호사스러운 선택이 아니라 필수적인 요소다. 제대로 방랑하려면 마음껏 써도 되는 시간이 필요하다. 그 시간은 내가 허비해도 된다는 뜻이다. 나는 특별히 아무런 의미를 찾지 않아도 된다고 스스로에게 허락해주면, 오히려 뭔가 가치 있는 걸 발견하게 되는 경우가 많다는 사실을 알게 되었다.

물론 내 시간을 낭비하는 걸 원하는 게 아니다. 그러나 마음껏 써도 되는 시간이 없다면, 나도 어쩌면 배움이라는 것에 대해 지나치게 보수적이 될지도 모른다. 호기심을 억누르게 될 것이다. 마음껏 써도 되는 시간이 있다면, 나는 리스크를 더욱 기꺼이 감수할 것이다. 그렇게 하다 보면 예상치 못한 보물을 얻게 되는 경우가 많다.

7. 스토리

이야기는 내가 무언가를 이해하는 방식이다.

우리가 말하거나 듣는 모든 설명이나 서술은 하나의 스토리다. 모든 사실은 하나의 이야기이거나, 어떤 이야기 안에 포함되어 있다. 과학도 스토리다. 역사는 당연히 스토리다. 역사 속 해적들의 이야기는 그들에 대한 스토리를 통해, 그들이 스스로에 대해 말한 스토리에 의해, 그들이 남긴 유물에 얽힌 스토리를 통해 우리에게 알려진다. 미국 문화에서 해적들의 스토리는 주로 월트디즈니(Walt Disney)와 피터 팬(Peter Pan)에 의해 널리 알려졌다. 사람들은 해적이라는 말을 들으면 즉시 〈보물섬〉의 롱 존 실버(Long John Silver)나 〈피터 팬〉의 후크 선장(Captain Hook)을 떠올린다.

나의 배움에서 스토리는 아주 중요한 요소다. 나는 다양한 글들을 읽는다. 예를 들면 트랜지스터의 작동 원리, 오리엔트 양탄자의 역사, 고대 메소포타미아의 사르곤 대왕(Sargon of Akkad)이 권세를 얻은 비결 등에 대한 글을 읽는다. 내가 읽는 글들은 사실을 나열한 것이 아니라, 모두가 하나의 스토리다. 현실과는 다르게 스토리는 누군가의 마음속에서 만들어진 생각이다. 내가 어떻게 생각하는지 전혀 신경 쓰지 않는 현실과는 다르게, 스토리는 나를 필요로 한다. 내가 읽는 스토리는 내가 그것을 이해하기 전까지는 아무것도 아니다. 심지어 '객관적인 사실'조차 내가 그걸 통해 무언가를 하고자 한다면 그것에 대한 이해와 해석이 필요하다.

스토리는 하나의 흐름이다. 스토리는 수많은 생각이 서로 연결된 것이다. 스토리를 만든 사람은 그런 수많은 생각 가운데 자신이 적절하다고 믿는 것을 부각하고, 굳이 언급할 필요가 없다고 판단하는 것은 배제하며, 그러한 생각들을 자신이 적절하다고 판단하는 순서에 따라 늘어놓기도 하고 나란히 제시하기도 한다. 그렇게 짜인 이야기의 구조는 그 안에 담긴 생각들을 기억하는 데 도움이 된다.

뉴스 속 이야기, 언론 홍보자료, 제품 광고, 누군가의 주장 등 이야기처럼 보이는 무언가를 이해하고 판단하기 위해서는 비판적으로 사고하는 훈련이 필요하다. 스토리를 분석하는 방법을 알아야 하는 것이다.

다른 사람들을 설득해 신뢰를 얻어내려면, 나 자신이 스토리텔러가 되어야 한다.

앞에서 나는 여러분에게 역사 속 캐리비안의 해적들에 대한 스토리를 이야기했다. 여러분이 알아야 한다고 생각하는 측면들을 강조했고, 그다지 중요하지 않다고 생각하는 나머지 내용들은 생략했다. 그들의 이야기를 최대한 간결하게 요약하려 노력했다. 그러니 만약 여러분이 내가 써놓은 내용들을 직접 조사해본다면 그것이 맞는지 확인할 수 있을 것이다.

그러나 내가 여러분에게 잘못된 내용을 전달했을 수도 있다. 어쩌면 지나치게 단순화했을 수도 있다. 캐리비안의 해적들은 다른 사람이 요약해놓은 내용에 대해서는 일단 의심해보는 태도를 갖고 있다. 그러니 여러분 역시 내가 요약해놓은 내용을 의심해보는 것으로 그런 연습을 시작할 수 있을 것이다. 간단한 연습 방법은 캐리비안의 해적들에 대해 내가 써놓은 글을 읽은 다음, 스스로에게 이렇게 말해보는 것이다. "이것은 캐리비안의 해적들에 대한 제임스 바크의 생각을 적어놓은 스토리야. 지금 당장은 넘어가지만, 그렇다고 내가 이 스토리를 전부 믿는 건 아니야."

나는 스토리가 가진 아주 강력한 사실을 하나 발견했다. 스토리가 단지 정보를 전달하는 것만이 아니라는 점이다. 스토리를 통해 말하게 되면, 심지어 나의 마음속에서 스스로에게 이야기를 들려주는 것이더라도 내가 그것을 더욱 잘 이해하도록 도와준다. 다시 말해 내가 어떤 경험을 통해 '한 가지 교훈을 배웠다'고 하더라도, 내가 그것을 정말로 배운 것은 아닐 수도 있다. 나는 단지 그러한 교훈을 '받은 것'

에 불과할 수도 있다. 진정한 배움이 되려면 그것이 어떻게 나의 안으로 들어오게 되었는지, 그리고 어떻게 내 지혜의 일부가 되었는지 곰곰이 생각해보고 그것에 대해 스스로에게 이야기를 해야 한다.

8. 아이디어 비교

반대로 생각하면 더 나은 아이디어로 이어지기도 한다.

나는 많은 것이 서로 부딪히는 것을 좋아한다. 은하, 자동차, 바위, 원자는 물론이고, 아이디어도 마찬가지다. 어떤 아이디어를 이해하려면 그것을 다른 아이디어와 서로 부딪혀 무슨 일이 벌어지는지 살펴봐야 할 때도 있다. 사냥개를 풀어주어라! 나는 사회생활의 대부분을 소프트웨어 테스터로 일하면서 보냈는데, 그러면서 특이한 데이터를 입력해 소프트웨어를 박살낼 수 있는 다양한 방법을 생각하게 되었다.

캐리비안의 해적들은 수없이 많이 부딪혔다. 내가 스스로를 캐리비안의 해적과 같은 영혼의 소유자로 생각한 이유도 아마 그 때문일 것이다. 나는 다양한 생각과 아이디어가 마치 활극처럼 역동적으로 부딪히는 것을 좋아한다.

어떤 생각에 반대되는 아이디어를 맞붙이는 방식을 우리는 '변증법적' 학습이라고 부른다. 다양한 아이디어끼리 조화를 이루는 것도 역시 중요하다. 그리고 그것이 바로 스토리의 존재 이유다. 그러나 훌륭한 과학자라면 알고 있듯이, 아이디어는 다치지 않게 소중히 아끼기보다는 그것에 도전하면서 적극적으로 문제를 제기할 때 더욱 발전시킬 수 있다.

내가 생각한 아이디어들이 아주 훌륭하지 않다면, 나는 그것들이 서로 부딪치게 만드는 걸 좋아한다. 다른 사람들이 그것의 결함을 알아차리기보다는, 내가 먼저 찾아내려고 노력한다. 그리고 그런 일에서 도움이 되는 사람들을 친구로 만든다.

그런데 이런 과정은 '아이디어를 비교하는 것'이라는 동사적인 방식으로 해석할 수도 있고, '비교되는 아이디어'처럼 명사적인 방식으로 받아들일 수도 있다. 어떤 방식이든 내가 단편적인 사고방식에서 벗어나는 데 도움이 된다. 나는 어떤 아이디어에 대해 들으면, 다른 아이디어들을 생각해 그것들을 서로 비교해보고 싶은 마음이 든다. 두 가지 사이에서 선택해야 하는 상황이 되면, 나의 직감은 더욱 많은 옵션을, 더욱 많은 차이점을, 더욱 많은 비교 항목을 찾아내고 싶어진다. 그렇게 하는 한 가지 방법은 혹시라도 간과한 부분이 있는지 살펴보는 것이다. 오른쪽이나 왼쪽 둘 중 한쪽으로만 가야 한다고? 위쪽으로 넘어가는 건 어떨까? 아니면 아래를 통과해서 가는 건? 절반은 왼쪽으로 가고, 절반은 오른쪽으로 가는 건? 그냥 기다리는 건 어떨까?

내가 아이디어를 비교할 때 사용하는 중요한 기법을 몇 가지 소개하면 다음과 같다.

• **회의적 태도**(Skepticism)

이는 확실한 건 없다고 생각하면서 탐구하는 자세를 갖는 것이다. 많은 사람이 회의적인 태도와 비웃음을 혼동한다. 비웃음은 어떤 아이디어를 그냥 무시하며 거부하는 것이다. 그러나 진정으로 회의적인 태도는 터무니없게 들리는 생각에 대해서도 개방적인 자세를 유지하는 것이다. 회의적 태도는 풍부한 가능성을 의미한다. 회의적인 태도를 진지하게 받아들인 대표적인 인물은 엘리스의 피론(Pyrrho of Elis)이다. 그는 고대 그리스의 철학자인데, 많이 알려진 사람은 아니다. 피론은 우리가 어떤 것을 잠정적으로만 알 수 있을 뿐이고, 무엇이든 확실하게 알 수는 없다고 생각했다. 우리의 감각은 신뢰할 수 없고, 사람들 각자의 견해는 다양하며, 심지어 수학에서도 오류가 발생할 수 있다. 피론은 우리에게 어떠한 믿음에 대한 강한 확신을 경계해야 한다고 조언했다. 건강한 태도를 가진 회의주의자들은 이렇게 말한다. "나는 그것을 안다고 생각하지만, 내가 아는 것은 틀릴 수도 있어. 그러니 계속해서 탐구해야 해."

• **비판적 사고**(Critical Thinking)

이는 어떤 아이디어가 가진 문제점을 찾아내려고 노력하는 것이다. 나는 어떤 결론을 마주하면 그것을 뒷받침하는 근거들을 추적해 그러한 근거들이 틀릴 가능성은 없는지, 또는 다른 가능성을 무시한 것은 아닌지 생각한다. 그리고 혹시라도 있을 수 있는 편견이나 결점들을 생각해본다.

• **수평적 사고**(Lateral Thinking)

이는 다른 대안적인 아이디어들을 고려함으로써 표면적으로 드러나는 것의 이면에 숨겨져 있을지도 모르는 가능성을 떠올리는 기법이다. 나는 수평적 사고에 대해 생각해볼 수 있는 책들을 읽으면서 나의 사고력을 더욱 날카롭게 유지한다.

● **시스템 사고**(Systems Thinking)

이는 어떤 것이 작동하는 방식에 대해 체계적으로 생각하는 것을 말한다. 특히 기계 장치나 사람들 또는 조직처럼 복잡한 것을 대할 때, 겉으로 보이는 모습을 꿰뚫고 들어가서 그것이 보이는 특정한 패턴을 파악하는 것이다. 이에 대해 좀 더 자세한 내용은 다음의 11번 항목을 참조하라.

여러분도 이러한 사고를 어떻게 하는지는 이미 알고 있을 것이다. 그러나 이러한 사고방식을 제대로 활용하는 법을 배운다는 건 상당히 다른 문제다. 우리는 그것을 위해 평생 동안 끊임없이 노력해야 한다.

9. 다른 사람들의 생각

다른 사람들의 생각은 나의 사고를 훈련시키며, 사람들은 내가 무언가를 잘 해내면 박수를 보내기도 한다.

역사 속의 해적들은 외톨이가 아니었다. 한 배에 탄 선원들은 모두 형제였으며, 여러 척의 해적선이 함께 협업해 마을을 습격하거나 섬을 함락하는 경우도 많았다.

나는 혼자서 공부하는 사람이다. 그러나 캐리비안의 해적들과 마찬가지로 나 역시 사회적인 동물이다. 나는 드넓은 바다를 방랑하는 사람들끼리 느슨하게 연결되어 이루어진 공동체의 일원이다. 그들은 나의 작업에서 실수를 찾아내는 데 도움을 주며, 나의 기분을 상하지 않게 하면서 지적하는 방법을 알고 있다. 그들은 나의 작업과 연관된 책들에 대해 이야기를 해주고, 중요한 자료를 발견하면 나에게 링크를 보내준다. 그리고 자신이 쓴 글을 검토해달라고 내게 보내주고, 내가 쓴 글을 검토해준다. 우리는 서로를 평가하고, 서로의 평가에도 귀를 기울인다. 왜냐하면 우리는 서로를 존중하기 때문이다. 우리는 그렇게 서로를 더욱 똑똑하게 만들어준다.

나는 무언가를 읽거나 보거나 행하는 것만으로 배우는 것이 아니다. 나는 또한 다른 사람들에게 무언가를 가르쳐주면서 배우기도 한다. 무언가를 설명하고 입증해 보인다는 것은 엄청나게 효과적인 훈련 방식이다. 그런 활동은 나의 마음에도 상당히 다르게 작용해서, 관련 내용이 이미 익숙한 주제라 하더라도 더욱 깊이까지 파고들 수 있게 해준다.

언젠가 나는 소프트웨어의 품질을 측정하는 방법에 대한 기술적인 글을 작성하다가 슬럼프에 빠져 괴로워한 적이 있다. 그러자 동생 조나단(Jonathan)*이 갑자기 자신이 가진 '무식의 힘(power of ignorance)'을 이용해 내가 글 쓰는 걸 도와주겠다고 나섰다. 당시에 동생은 접시닦이로 일하고 있었고, 소프트웨어 산업에서는 아무런 경험이 없었다. 그런데 내가 쓴 글의 내용에 대해 동생이 내게 질문을 던지고 그 내용을 내가 동생에게 가르쳐주려고 노력하는 것만으로도, 내가 그것을 설명할 수 있는 새로운 방법을 찾아내는 데 많은 도움이 되었다. 덕분에 나는 금세 그 글의 작성을 끝마칠 수 있었다.

나에게는 신뢰할 수 있는 동료가 많지는 않다. 아마 20명 정도 될 것이다. 신뢰는 천천히 자라기 마련이다. 그렇게 소수의 사람이 나의 열정을 유지해주고, 뛰어난 결과물을 내놓을 수 있도록 도와준다. 그 외에도 가까운 동료들보다 거리는 좀 더 멀지만, 이리저리 떠다니면서 나에게 영향을 주는 사람들이 있다. 그들은 가끔 나에게 도움을 주기도 하고, 때로는 나에게 도움을 요청하는 경우도 있다. 그리고 나는 나에게 돈을 지불하는 고객에게서도 배우고, 나에게 이메일을 보내 질문하는 낯선 사람에게서도 얼마든지 배울 수 있다.

내가 어떤 사람을 공동체의 일원으로 생각하게 되는 이유는 무엇일까? 그 사람의 평판이다. 평판은 매우 중요한 것이다. '해적들의 제독' 헨리 모건 경(Sir Henry Morgan)이 1671년에 파나마시티(Panama City)를 침공하기 위해 선원들을 모집할 때도 그의 평판이 중요한 역할을 했다. 나에게 여행경비를 지원해주며 스웨덴에서 강연해달라고 요청

* 조나단이라는 이름은 그들의 아버지인 리처드 바크가 쓴 《갈매기 조나단》의 제목을 따서 지었다고 한다.

한 주최 측도 마찬가지였다. 건강한 평판은 사람들의 관심을 끄는 일종의 자석과도 같다. 평판에 따라 적합하지 않은 사람을 밀어내기도 하고, 훌륭한 사람에게는 자동으로 이끌리게 만들기 때문이다.

나는 다른 사람들이 생각하기에 훌륭히 일을 해왔기 때문에 나름의 평판을 쌓을 수 있었다. 나는 직접 쓴 글을 온라인에 올린다. 블로그를 운영하며, 여러 매체와 인터뷰도 진행한다. 관련 동영상도 온라인에 올린다. 구글의 검색 엔진을 통해 누구라도 나라는 사람과 나의 아이디어를 찾아볼 수 있다. 인터넷이 등장하기 이전에는 사람들이 개인의 인맥을 관리하기 위해 열심히 노력했고, 다른 사람들과 관계를 맺으려면 거대한 협회의 일원이 되어야 했다. 요즘에는 다른 사람들을 아주 간단하게 찾아볼 수 있다.

10. 언어와 그림

이것은 나의 생각을 위한 하나의 공간을 만들어준다.

아이디어란 굳이 어떤 언어나 그림으로 설명하지 않아도 존재할 수는 있다. 그러나 언어와 그림은 배움을 위한 강력한 도구다. 언어와 그림은 어떤 생각의 핵심을 보여준다. 캐리비안의 해적들이 단검을 휘두르는 것처럼, 나도 나만의 언어를 열심히 연습하면서 가다듬는다. 나는 온라인 영어사전을 언제나 가까이 두고 지낸다. 영어사전은 내가 사용하는 단어의 정확한 의미를 파악하는 데 도움을 준다.

만약 여러분이 내가 공부하는 과정을 지켜본다면, 가장 눈에 띄는 요소는 아마도 언어와 그림일 것이다. 나는 집을 나설 때면 언제나 (세계 최고의 노트라고 생각하는) 몰스킨(Moleskine) 노트와 (펜 중의 왕자라고 생각하는) 샤피(Sharpie) 캘리그라피 펜을 갖고 나간다. 그래서 어떤 문제가 떠오르면 언제 어디에서든 노트에 그와 관련된 단어를 적고, 그 문제를 설명할 수 있는 그림을 그린다.

단어들을 신중하게 고르면 경각심을 줄 수도 있고, 그 문제가 매력적으로 보일 수도 있고, 약간 들뜨는 느낌을 표현할 수도 있다. 어떤 새로운 주제나 기술을 배운다는 것은 그 분야의 전문적인 어휘를 배우는 것으로 시작되는 경우가 많다. 때로는 하나의 단어가 거대한 차이를 만들어내기도 한다. 나는 주로 탐구, 휴리스틱, 인지라는 단어를 마치 해적들이 쏘는 대포알처럼 사용하는 경우가 많다. 그런 표현은 상황을 뒤흔들어놓는다. 왜냐하면 그런 단어들은 소프트웨어 엔지니어들 사이에서 흔히 사용하는 일반적인 용어가 아니라, 오히려 익숙하지 않아서 전혀 다른 사고방식을 촉발하기 때문이다.

훌륭한 해적은 새로운 단어를 접한다고 해서 좀처럼 겁을 먹지 않는다.

낯선 언어에 겁을 먹지 않는 방법은 여러 가지가 있다. 그중 하나는 어깨를 으쓱하면서 그런 표현이 형편없다고 말하는 것이다. 참고로 나의 영웅들 가운데 한 명인 버크민스터 풀러(Buckminster Fuller)는 이런 문장을 썼다.

"우주가 비동시적이고 오직 부분만 중복이며, 미시적-거시적이고, 항시적이며 모든 곳이 변형적이고, 물리적이고 형이상학적이며, 모든 것이 상호보완적이지만 동일하지 않은 사건들이라는 것을 포함시킬 수 있을 정도로 과학적이고 철저하게 우주를 성공적으로 규정했다는 기록을 우리는 아직까지 찾아내지 못했다."

풀러는 똑똑한 사람이지만, 안타깝게도 글쓰기 실력은 끔찍했다. 그가 하고 싶은 말을 간단히 요약하면, "우주에 대한 어떠한 설명도 지나치게 단순화된 것이다" 정도가 될 것이다.

내가 스스로 학습할 때 하는 또 하나의 행동은 나의 무식함을 정상이라고 생각하는 것이다. 나는 스스로에게 이렇게 말한다. "다른 수많은 사람도 이것의 의미를 모를 거야." 세상에 알아야 할 것이 그렇게나 많은데, 내가 그 모든 걸 아직까지 모른다고 해서 굳이 속상해해야 할까? 그리고 어떤 글을 작성한 사람이라고 해서 정말로 그 내용을 완전히 이해하고 쓴 것이라고 믿어야 할 이유가 있을까? 덕분에 나는 무언가를 배우는 과정에서 쉽게 이해되지 않아 다소 혼란스러움을 느끼더라도 활기찬 상태를 유지할 수 있다.

마지막으로 내가 어려운 단어를 마주했을 때 그것을 나의 것으로 받아들이기 위해 활용하는 기술이 있다. 바로 오늘만 하더라도 나는 미국 기상청(NWS)의 일기도를 해석하는 방법을 배웠다. 거대한 눈보라가 다가오고 있었기 때문에, 이것은 (앞에서 말한) 진짜 중요한 문제였다. 그런데 일기예보에서 '1000~850hPa 범위의 대기 두께에 대한 예상 일기도'라는 표현을 발견했다. 상당히 전문적인 내용처럼 보이지만, 구글에서 'hPa'과 '대기 두께(atmospheric thickness)'라는 단어를 검색해 그것의 의미를 몇 분 만에 파악할 수 있었다. (대기 두께란 지표면으로부터 특정한 기압에 해당하는 부분까지의 높이를 말하는 것으로, 대기층의 평균 온도와 밀접하게 관련이 있기 때문에 일기도에서 아주 중요한 항목이다.)

그리고 기압에 대한 글을 읽으면서 '등압선(isobar)'이라는 단어도 마주쳤는데, 등압선이 수치가 같은 점들을 연결하는 등치선(isopleth)의 일종이라는 사실을 배웠다. 그런데 그 표현들이 상당히 재미있다고 느껴졌다. 그래서 온라인 영어사전에 접속해 '등(iso-)'으로 시작하는 단어들을 찾아보았다. (나에게는 마음껏 써도 되는 시간이었기 때문에 그럴 수 있었다.)

하나의 지식은 다른 지식을 유발하기 때문에, 더욱 많이 알아갈수록 새로운 걸 배우기가 더욱 쉬워진다.

11. 시스템 사고

이것은 복잡한 내용을 좀 더 단순하게 만들어준다.

마지막 항목은, 다시 말해 배움이라는 나의 배를 움직이는 데 필요한 마지막 도구는 복잡한 시스템의 작동 원리를 이해하는 기술이다. 나에게는 어떤 시스템을 지나치게 단순화하지 않고도 그것의 기본적인 원리를 최대한 단순하게 파악하는 능력이 필요했다. 그리고 이런 기법을 일반적 시스템 사고(GST, general systems thinking)라고 부른다.

GST는 복잡하면서도 역동적인 시스템을 일반화해주는 과학적 기법이다. 기본적으로 시스템이란 다양한 부분이 모여 상호작용을 하는 체계다. 컴퓨터 시스템, 건축, 날씨, 언어, 사람들, 해적선도 모두 시스템의 사례다. 시스템은 우리 주위에 널려 있다. 단세포 생물에서부터 우주에 이르기까지, 일반적 시스템 사고는 어떤 목적에서 무엇이 중요한지 파악하게 해주고, 그렇지 않은 것은 무시하게 해주며, 그 이유도 설명해준다. 시스템 사고는 내가 여러 다양한 아이디어를 비교할 때도 도움을 주고, 기존의 지식을 통해 새로운 지식을 끌어들이는 데도 더욱 큰 도움이 된다.

무언가를 간단하게 정리하려면, 먼저 그것을 이해해야 한다. 나는 종종 스스로에게 이렇게 말한다. 어떤 대상이 마치 정교한 양탄자처럼 짜여서 매우 복잡하게 보이더라도, 그것은 모두 한 가닥의 실들이 모여 만들어낸 것이라고 말이다. 그래서 그것이 만들어내는 패턴을 이해할 수 있을 것이라고 말한다. 설령 내가 틀렸더라도, 그것을 파악할 때쯤이면 나는 훨씬 더 많은 것을 배웠을 것이다.

만약 자동차 레이싱에서 승리하려면, 가장 빠르게 달리면 된다. 그러나 자동차가 하나의 시스템이라는 것을 이해한다면, 때로는 속도를 늦추기도 하고 필요하다면 멈춰 서서 연료를 채워 넣는 드라이버들이 결국엔 시합에서 우승한다는 사실도 이해할 수 있을 것이다. 레이스에서 승리할 수 있는 전략을 찾으려면 시스템 사고가 필요하다.

- **모델링**(Modeling)

모델이란 우리가 어떤 생각을 연구하거나 실험하기 위하여 만드는 하나의 모형이나 아이디어 체계다. 예를 들면 건축가는 건물이 지어지면 어떻게 보이는지 보여주기 위해 모형을 만든다. 엔지니어는 교량 위에 하중이 걸리면 어떻게 반응하는지 계산하기 위해 수학적인 모델을 만든다. 모델은 시스템 사고의 핵심이다. 우리는 어떤 것의 원리를 밝혀내기 위해 시스템의 모델을 만든다. 모델은 어떤 것들이 얼마나 비슷한지, 아니면 얼마나 다른지 파악하게 해준다. 모델을 통해 우리는 유사점을 찾아낼 수 있고, 문제점을 진단할 수 있으며, 해결책을 만들어낼 수 있다. 그리고 우리가 파악하고자 하는 대상이나 습성에 대해 유용한 표식을 부여할 수 있다.

- **역학관계**(Dynamics)

역학관계란 무엇이 어떻게 변화하며 서로 어떻게 영향을 미치는지를 말하는 것이다. 시스템 사고 체계에서 역학관계를 파악한다는 것은 시스템이 안정적이거나 불안정한 이유가 무엇인지, 피드백 루프(feedback loop)가 어떻게 작동하는지, 왜 어떤 시스템들은 예측하거나 통제하기가 특별히 어려운지, 규모가 작은 것이 더욱 커지면 무슨 일이 발생하는지 살펴보는 걸 의미한다.

- **관찰**(Observation)

관찰은 우리가 시스템을 파악할 수 있는 것, 그리고 우리가 그것을 밝혀내는 방식과 관련이 있다. 제대로 관찰하기 위해서는 어떤 시스템이 다른 사람의 입장이나 기존과는 다른 관점에서 바라보면 다르게 보일 수 있다는 점을 알아야 한다. 겉으로는 간단하게 보이는 것이라도, 실제로는 매우 복잡할 수도 있다는 사실을 이해해야 한다. 물론 그 반대의 경우도 명심해야 한다.

- **시너지**(Synergy)

시너지란 여러 부분을 단순히 모아놓은 것보다 더욱 많은 무언가를 가지는 상태를 말한다. 우리는 시스템 사고를 하면서 어떤 시스템과 그것을 이루는 부분들의 상호작용이 어떻게 예상치 못한 결과를 만들어낼 수 있는지 더욱 특별하게 관심을 기울인다.

- **오류 및 실패**(Error and Failure)

때로는 일이 잘 풀리지 않을 수도 있다. 그렇기 때문에 시스템 사고란 어떤 시스템을 다룰 때 그것이 어떻게 실패하는지, 왜 실수가 일어나는지 살펴보는 것이기도 하다. 여기에는 우리가 복잡한 시스템을 어떻게 해서 지나치게 단순화했는지, 어째서 그러한 결과가 나오리라는 것을 예측하지 못했는지 파악하는 것도 포함된다. 또한 시스템이 어떻게 붕괴하는지, 그것이 어떻게 오용되거나 남용될 수 있는지 연구하는 것도 포함한다.

사람들은 모두 어느 정도는 시스템 사고를 한다. 그러나 대부분의 사람이 알지 못하는 것은, 그것을 체계적으로 학습해야 한다는 사실이다.

본격 가동 : 휴리스틱, 그리고 중요한 비결

지금까지 소개한 11가지 '약탈당한 나룻배(SACKED SCOWS)' 기법은 내가 무언가를 배울 때 사용하는 기술, 활동, 개념, 도구라고 할 수 있다. 나는 이러한 기법을 통해 나 스스로를 만들어낸다. 그런데 나는 실제로 이런 기법들을 어떻게 실천하고 있을까? 그 마지막 비밀을 해적들에 대한 비유로 설명하면 다음과 같다.

• 바람 : 나는 매일 내가 느끼는 기분을 따른다

나는 하루의 일과를 자세하게 계획하지 않는다. 오히려 나의 열정을 적극 활용하며, 설령 그러한 열정이 사라지더라도 나 자신을 다그치지 않고, 조용한 분위기에서 휴식을 취한다.

• 배 : 나는 매일 나 스스로를 만들어간다

나는 나 자신이 누구인지 되돌아보고 새롭게 마음을 다진다. 나는 나 스스로를 설명하는 방법을 연습한다. 나는 매일 조금씩 더 강해지고 더욱 회복력을 키워간다.

• 바다 : 나는 매일 세상 속에서의 내 이야기를 만들어간다

내가 바다를 항해하는 동안에는 그곳이 세상이며, 그곳에서 나는 새로운 지식을 더하고 나의 잘못을 바로잡는다. 세상이란 나와는 독립적으로 존재하지만, 그것의 의미를 의식하는 것은 나 자신이다. 그리고 세상에서 나에게 무엇이 중요하고 그렇지 않은지는 오직 나의 머릿속에 존재하는 것이다.

● **항해 : 나는 규칙을 따르지 않고, 휴리스틱(heuristics)* 기법을 사용한다**

항해와 마찬가지로 배움이라는 것도 수많은 선택과 다양한 가능성으로 가득한 활동이다. 하지만 나는 휴리스틱을 적용하는 가장 좋은 방법이 무엇인지 말할 수 없다. 심지어 나 스스로에 대한 문제에서도 마찬가지다. 그래서 내가 소개한 11가지 항목도 엄격하게 지켜야 하는 규칙이 아니라 휴리스틱이라고 할 수 있다. 그런데 휴리스틱이란 무엇일까? 간단히 말하면, 어떤 문제에 대한 확실하지 않은 해결 방안이라고 할 수 있다. 마치 하나의 제안과도 같은 것이다. 휴리스틱은 도움이 될 수도 있고, 그렇지 않을 수도 있다. 휴리스틱 기법을 활용하면 규칙과 비슷한 무언가를 가지면서도, 그것에 지배되지 않도록 해준다.

내가 휴리스틱을 활용하는 이유는 무언가를 구축하는 데 확실한 방법을 제공하지 않기 때문이다.

진정한 배움은 모두 휴리스틱이다. 그러나 사람들이 아무런 의심 없이 자신의 방식이 언제나 효과가 있다고 믿는 영역에서도, 나는 경계심을 늦추지 않는다. 나는 휴리스틱의 원칙을 따르는 것이 아니라, 그것의 방법론을 적용하는 것이다. 오히려 휴리스틱이 나를 따라다닌다고 할 수 있다. 그것을 어떻게 활용할지는 내가 결정한다. 그리고 적절한 휴리스틱의 적용법을 만들어내고, 상황에 맞게 그것을 변

* 직접 부딪혀 체험을 통해 배우는 학습 방법.

경한다. 그리고 그것이 실제로 도움이 되는지 지켜본다. 만약 그렇지 않다면, 다른 방식을 시도한다.

- **보물 : 나는 언제나 중요한 비결을 찾으려 노력한다**

  '중요한 비결'이란 내가 생각하는 것, 내가 일하는 방식, 나라는 사람을 바꿔주는 아이디어를 부르는 개념이다. 중요한 비결은 혼란스러움을 없애주고, 나의 힘을 더욱 키워준다. 중요한 비결은 어떤 단어나 도구, 표현, 모델일 수도 있다. 예를 들어 나는 한때 사람은 어떤 규칙이나 제도를 따라서 일할 수 있다고 믿었다. 그러다가 휴리스틱을 알게 되었고, 기존의 규칙이 아니라 제3의 유연한 방식이 있다는 사실을 깨달았다. 나에게는 휴리스틱이 중요한 비결이다.

앞에서 말한 특허 소송을 기억하는가? 나는 '약탈당한 나룻배(SACKED SCOWS)' 기법을 사용해 나의 고객이 승소하도록 도와주었다. 나는 소송 과정 전반에서 **적극적인 탐색**을 하면서, 네트워크 기술에 대한 유용한 책들을 찾아보고 수많은 웹사이트를 샅샅이 뒤졌다. 이 모든 것은 나에게 **진짜 중요한 문제**였는데, 왜냐하면 내가 최선을 다하느냐의 여부에 따라 수백만 달러의 돈과 수많은 사람의 일자리가 달려 있었기 때문이다. 나는 특허와 관련된 내용들을 한꺼번에 전부 이해하려고 스스로를 밀어붙이지 않고, 내가 가진 **인지적 요령**을 적용해 조금씩 차근차근 파악해나갔다. 나는 **지식을 유발하는 지식**을 활용해 컴퓨터 및 네트워크 기술에 대해 내가 이미 알고 있던 지식을 통해 이 소송에서 필요한 전문적인 지식을 빠르게 흡수할 수 있었다. 나는 (**마음껏 써도 되는 시간**에) 이 소송에서 논란이 되는 제품을 다양한 방식으로 광범위하게 **실험**했는데, 이를 통해 해당 제품에 대해 놀라운 사실들을 발견할 수 있었다. 나는 이 소송의 전체적인 과정이 증거자료들에 대하여 진실한 **스토리**들을 만들어내고, 증언대에 서서 그 이야기들을 말해주는 작업이라는 사실을 알게 되었다. 물론 나는 반대편에서 주장할 내용이 무엇인지 예측하기 위하여 수많은 **아이디어를 비교**하고 따져봐야만 했다. 그리고 의뢰인이 나를 도와주기 위해 영입한 전문가 등 **다른 사람들의 생각**에서 많은 도움을 받았는데, 그들과 수백 시간 동안 대화를 나누면서 특허법에 대해 좀 더 자세히 알게 되었다. 이 소송이 중요했던 이유는, 소송 자료에 있는 **언어와 그림**들이 매우 명확하면서도 결정적인 의미들을 갖고 있었기 때문이다. 우리는 수많은 회의를 통해 그런 언어들에 대해 토론했고, 배심원단에게 제시할 그림들을 준비했다. 마지막으로 나는 소송 과정 내내 **시스템 사고**를 하면서 특허를 받은 기술에 대해 체계적으로 생각했고, 그 특허가 논쟁이 되는 제품과 어떻게 연관되어 있는지 파악하려 노력했다.

'약탈당한 나룻배(SACKED SCOWS)' 기법은 단지 거대한 프로젝트만이 아니라, 나의 일상생활에도 도움이 된다. 다음은 내가 최근 일주일 동안 실제로 수행한 배움 활동들이다.

- 내 아들 올리버(Oliver)와 함께 약 50개의 논리적인 문제를 풀었다.

(인지적 요령, 마음껏 써도 되는 시간)

- 동료 한 명이 버그가 있는 소프트웨어에 대해 테스트해야 할 항목들을 스프레드시트로 작성해서 보냈다. 그래서 나는 그 버그를 조사한 다음, 테스트 절차에 대해 하나씩 자세하게 문서로 작성했다. (진짜 중요한 문제, 실험, 다른 사람들의 생각, 스토리, 마음껏 써도 되는 시간)
- 테스트를 수행하기 위한 프로그램을 하나 작성했다. (실험, 시스템 사고, 마음껏 써도 되는 시간)
- 스도쿠(sudoku) 게임을 푸는 훈련을 했다. (인지적 요령, 마음껏 써도 되는 시간)
- 조건부 확률(conditional probability)을 가진 문제들의 작동원리를 새롭게 상기시키기 위하여 간단한 문제를 풀어보았다. (진짜 중요한 문제, 지식을 유발하는 지식, 마음껏 써도 되는 시간)
- 소프트웨어 테스트의 역사를 좀 더 제대로 파악하기 위해 1986년에 출간된 관련 서적을 읽었다. (지식을 유발하는 지식, 시스템 사고, 다른 사람들의 생각)
- 뉴멕시코에서 우주로 로켓을 발사했다는 이야기를 들었는데, 만약에 내가 있는 버지니아에서 그걸 관측하려면 로켓이 얼마나 높이까지 올라가야 하는지 궁금했다.* 그래서 눈높이를 기준으로 로켓이 지평선 위로 솟아오르는 높이를 계산해보았다. 삼각함수를 배

* 버지니아주와 뉴멕시코주 사이의 거리는 약 2,500km이며 지구는 둥글기 때문에 사람의 눈높이를 기준으로 보면 뉴멕시코는 버지니아의 아래쪽에 있다.

운 지 오래됐기 때문에 쉽지 않았지만, 그래도 사인(sine)과 코사인(cosine)을 실제 현실에 적용해보니 상당히 재미있었다. (진짜 중요한 문제, 마음껏 써도 되는 시간, 지식을 유발하는 지식, 실험, 언어와 그림)

- 신플라톤주의(Neoplatonism)처럼 생소하게 들리는 개념을 포함해서, 중세시대의 철학 사조에 대한 방송강의를 몇 시간 동안 청취했다. (지식을 유발하는 지식, 적극적인 탐색, 아이디어 비교, 시스템 사고, 마음껏 써도 되는 시간)
- '메타인지'라는 개념을 조사하면서 발견한 6~7개의 글을 간단히 살펴보았다. 참고로 나는 평소의 테스트 방식을 분석하고 개선하는 데 도움이 될 거라고 생각해 이런저런 자료들을 찾고 있었다. (지식을 유발하는 지식, 아이디어 비교, 적극적인 탐색, 마음껏 써도 되는 시간)
- 와인 잔을 연구하던 나는 얼마 전에 친구 한 명에게 "와인 잔을 검사해야 할 때 그것과 관련이 있다고 생각하는 모든 사항을 기술하시오"라는 연습문제를 하나 보냈는데, 그 친구에게서 아주 훌륭한 답안을 받았다. 덕분에 나는 그 답변을 바탕으로 더 나은 연습문제를 만들어낼 수 있었다. 그런 다음에는 같은 주제를 연구하고 있던 또 다른 친구에게 이 문제를 보내 역시나 유용한 정보를 얻어냈다. (다른 사람들의 생각, 스토리, 아이디어 비교)
- 내 블로그의 구독자들이 테스트 기법과 관련하여 보낸 많은 질문에 답변을 했다. (다른 사람들의 생각, 언어와 그림, 스토리)

선생님이 없다고 해서 두려워하지 마라

나는 어렸을 때부터 일찌감치 학교 공부에서 소외되었다. 나는 스스로를 탓하면서 에너지를 소진했다. 왜냐하면 학교 선생님이 말해주는 대로 해봤자 효과가 없었기 때문이다. 그러다가 소위 말하는 '나쁜 버릇들'이 오히려 나 자신의 배움에 더욱 효과가 뛰어나다는 사실을 발견했다. 그래서 나는 선생님들을 버렸다.

어렸을 때 나는 혼란스러웠고 어찌할 줄을 몰랐다. 학교에서 배우는 복잡한 과목들은 나를 겁먹게 했다. 실패에 대한 두려움이 나를 꼼짝 못 하게 만들었다. 그럼에도 지금의 나는 한 사람의 지식인으로 살아가고 있다. 나의 일은 생각하는 것이다. 나는 예전에 마주한 복잡한 문제들을 이겨내진 못했지만, 그것을 헤쳐나가는 방법을 배웠다. 나는 배움에 대한 두려움을 떨쳐냈다.

나는 스스로의 학습에 필요한 대부분의 기법을 우연히 찾아냈다. 그 모든 건 몇 년에 걸쳐 나의 마음속에서 자연스럽게 모습을 드러냈다. 나는 그런 방법들을 의도적으로 활용하기 오래전부터 이미 무의식적으로 사용하고 있었다. 나는 배움이 일어나는 놀라운 방법들을 깨닫게 되었으며, 그렇게 살아가면서 나를 발전시키고 성공할 수 있었다. 다른 누구라도 이렇게 할 수 있다. 나의 마음이 애초에 생각한 것과는 상당히 다르게 움직였지만, 내가 게으르고 버릇없다는 두려움을 떨쳐낼 수 있었다.

chapter 05

마음의 반란

다르게 생각하는 것이
내가 가진 경쟁력이다.

시작은 베드린 선생님이었다. 만약에 으르거나 달래는 방식이었다면 상황을 바꾸지 못했을 것이다. 선생님은 자존감을 강조하셨다. 나는 버몬트주에 있는 페이스턴 초등학교(Fayston Elementary school)에 다녔는데, 조지 베드린(George Bedrin)은 내가 6학년일 때 선생님이다. 당시에 나는 열한 살이었으며, 어른스런 의식이 서서히 깨어나고 있었다.

선생님의 수업은 상당히 흥미로웠다. 바다라고는 보이지 않는 그린산맥(Green Mountains)의 한가운데에서, 우리는 바다에 대해 공부했다. 그리고 다 함께 사과를 수확해 주스를 짜낸 다음, 그것을 갤런(gallon, 약 3.8리터) 단위로 팔았다. 그렇게 번 돈으로 매사추세츠의 해안까지 일종의 수학여행을 떠났다.* 거기에서 우리는 바다가 어떤 것인

* 버몬트주와 매사추세츠주는 서로 인접해 있으며, 매사추세츠의 해안에 소재한 대표적인 도시로는 보스턴이 있다.

지 잠시나마 경험할 수 있었다. 베드린 선생님은 흥미로운 사람들을 데려와 우리와 이야기를 나누게 해주었다. 나는 지금도 뱀 전문가를 만났을 때를 생생히 기억하는데, 그분은 날카로운 눈으로 우리를 쳐다보면서 긴장감이 도는 목소리로 살모사 이야기를 들려주었다.

내가 다닌 학교는 전교생이 66명밖에 안 되는 작은 곳이었다. 베드린 선생님은 4학년부터 6학년까지의 학생을 모두 같은 교실에 모아놓고 가르치셨다. 여러 학년에 걸쳐 다양한 학생이 섞여 있었기 때문에, 우리가 사용하는 교재들도 모두 달랐다. 우리는 각자의 속도에 맞게 교재를 공부했다. 일반적인 방식의 수업은 많지 않았다. 우리는 문제를 수립해서 해결하는 과정으로 구성된 프로젝트를 수행하면서 공부를 했다. 버몬트의 삼림 지대에서 살았기 때문에, 우리는 숲에서도 많은 시간을 보냈다. 숙제나 시험도 거의 없었고, 하루 일과는 아주 다양한 활동으로 가득했다.

베드린 선생님이 정말로 돋보인 점은 그분이 우리를 대하는 방식이었다. 그의 스타일은 우리의 위에 있기보다는 우리와 함께 있는 방식이었다. 그는 어떠한 지시나 명령도 하지 않았고, 무언가를 해달라고 우리에게 부탁했다. 그분의 교육 방식은 나에게 충실함이라는 걸 가르쳐주었다. 6학년 시절의 나는 학교를 좋아했다.

여느 어린아이처럼 나 역시 존중받기를 무척이나 원했다. 그건 나에게 깨끗한 햇살 같은 것이었다. 존중이라는 햇볕을 쬐고 있으면, 내가 가치 있는 사람이라는 느낌이 들었다. 그러나 내가 미시건, 매사추세츠, 버몬트, 뉴욕 등지의 공공교육 시스템에서 마주친 대부분의 선생님이 따르는 학생 관리 시스템은 상당히 달랐다. 그들이 학생을 대하는 방식은 우스꽝스럽고, 엉터리였다. 그들의 예측은 끔찍했고, 교육방식에는 이미 수많은 문제점이 내재되어 있었다. 게다가 그들은 사회적으로 강한 압박을 받고 있었다. 조지 베드린 선생님은 자존감을 가르쳤지만, 다른 대부분의 선생님은 분노를 가르쳤다.

이듬해부터는 적대적인 분위기가 시작되었다. 페이스턴 초등학교는 6학년까지만 가르쳤기 때문이다. 그보다 나이가 많은 학생들은 버스를 타고 인근의 더욱 커다란 학교로 통학했다. 내가 다닌 하우드 유니언 고등학교(Harwood Union High School)는 중등 과정과 고등 과정이 통합된 학교인데, 여러 가지 측면에서 페이스턴 초등학교와는 정반대였다. 그곳은 〈스타워즈〉에 나오는 데스 스타(Death Star, 죽음의 별)라는 인공위성을 연상시켰다. (학교는 인공위성이 아니라, 아이들이 공부하는 장소다!) 심지어 오리엔테이션 수업도 끔찍했다. 나는 7학년이 된 동급생들과 함께 강당에 앉아 있었는데, 얼굴을 잔뜩 찌푸린 선생님 한 분이 교단 위를 오르락내리락하면서 우리에게 고함을 쳤다. 베드린 선생님의 교실에서는 상상도 할 수 없는 기이한 광경이었다.

그러다 갑자기 잔뜩 화가 난 그 남자가 이렇게 말했다. "우리는 이제부터 너희들을 한 명의 성인으로 간주하겠다. 그러니 그에 맞게 처신하기를 바란다." 그것은 마치 자신의 집으로 손님을 초대해놓고는 "당신이 아무것도 훔쳐가지 않기를 바랍니다"라고 말하는 것 같았다. 실제 도둑이 찾아온 게 아니라면, 그 누구도 그렇게 말하지는 않을 것이다. 나는 끝없이 물속으로 가라앉는 느낌이 들었다.

학생들에게 무언가를 강요하는 게 아니라 그들을 마치 초대해서 찾아온 손님으로 대한다면, 심지어 나와 같은 사람에게도 학교가 제 역할을 할 것이다. 그러나 한꺼번에 수백 명의 신입생이 입학하는 커다란 공립학교에서는 초대라는 개념이 성립하기 쉽지 않다. 거대한 관료사회나 대기업도 마찬가지다. 그러한 교육제도의 관점에서 보면, 나는 문제아였으며 소위 말하는 '부진학생'이었다. 그러나 나의 관점에서 보면, 학교는 교도소였다.

도무지 이해할 수 없는 그곳의 어두운 구석에서 나는 학교를 탈출하기 위한 궁리를 시작했다.

1단계 : 독립을 선언하다

학기가 시작되자마자 나는 미국의 수정헌법 제13조를 찾아봤다.

> 미합중국의 영토 및 그 사법권이 미치는 지역 내에서는, 당사자가 정식으로 기소되어 적법한 절차에 의해 형벌이 확정된 경우가 아닌 이상, 어떠한 노예제도나 강제노역도 존재할 수 없다.
>
> – 미합중국 헌법, 제13조

그렇다! 학교 공부가 만약에 강제로 하는 노역이라면, 그것은 불법이다. 그러나 선생님들은 저 조항이 학교에 다니는 아이들에게는 적용되지 않는다고 말했다. 당시의 나는 그런 주장에 적절하게 항변할 수 있는 지혜나 언변을 갖추지 못했다.

만약 지금의 내가 당시의 어린 나 자신에게 귓속말을 해줄 수 있다면, 이렇게 말했을 것이다. "수정헌법의 검은색 글자들은 노역을 강제하면 안 된다고 분명하게 표현하고 있어. 만약 연방대법원에서 이 조항이 어떤 경우에는 적용되지 않는다고 판결했다면, 그러한 결정을 따라도 좋아. 하지만 만약에 그렇다 하더라도, 나는 여전히 그것의 도덕적인 근거에 의문을 제기하고 싶어. 대법원은 아이들의 입장을 좀처럼 대변하지 않아. 그리고 노예 계층의 사람들이 때로는 스스로 들고일어나서 자신들을 옭아매고 있던 쇠사슬을 끊어냈다는 사실을 너도 알고 있잖아? 그게 바로 학교에서 선생님들이 너에게 가르쳐준 역사적 사실 아니야?"

그렇지만 열두 살의 나는 이렇게 말하는 방법을 알지 못했다. 마음속으로는 그런 비슷한 생각을 한 것으로 기억하지만, 선생님의 강압적인 시선 아래에서는 감히 저런 생각을 말로 표현할 수 없었다. 내가 입 밖으로 꺼낸 말이라고는 "아이들에게도 적용된다고요" 같은 중얼거림뿐이었다.

비록 내가 말로는 명확하게 표현하지 못했지만, 비언어적으로는 학교교육의 실존적 필요성(existential imperative)에 대해 강력하게 질문을 던졌다.

장 폴 사르트르(Jean-Paul Sartre)는 언젠가 이런 글을 썼다. "우리는 자유로운 운명을 선고받았다." 나는 이 표현을 어렸을 때 영어 수업 시간에 들은 것으로 기억한다. 이 말을 들으면서 학교가 나의 마음을 통제할 수 없다고 생각했다. 그전까지 내가 학교의 말에 따른 것은 순전히 나의 선택이었다. 그에 따른 결과를 받아들이기만 한다면, 학교의 말을 들을지 아니면 거부할지는 나의 자유였다.

중요한 비결

나의 마음은 자유롭다.

당연히 학교 관계자들과 선생님들은 나의 이런 행동에 응분의 조치로 대응했다. 좀 더 폭력적인 사회였다면, 아마도 물리적인 폭력의 형태로 체벌이 이루어졌을 것이다. 그러나 버몬트주에서는 학교 관계자들이 문제가 있는 아이들을 마음대로 체벌할 수 없었기 때문에, 대신 그들은 부모들에게 협조를 요청했다.

그러나 나의 부모님에게는 그것이 전혀 먹혀들지 않았다. 나는 아버지가 거의 없는 거나 마찬가지였고*, 어머니는 중립적인 입장이셨다. 선생님들을 상대하는 책임은 오롯이 나에게 있었다.

* 저자의 부모는 그가 세 살이던 1970년에 이혼했고, 이후에 그와 형제들은 어머니와 함께 살면서 아버지를 거의 만나지 못했다.

(여러분은 내가 진짜 문제아였을 수도 있다고 생각할 것이다. 뭐, 그다지 틀린 말은 아니다! 하지만 아기들이 넘어진다고 해서 뭐라고 하지는 않잖은가? 당시의 나는 자아와 성격이 발달하고 있던 어린아이였다. 당시의 나는 마음이 혼란스러웠을 수도 있고, 이런저런 생각들을 하고 있었을 것이다. 만약 내가 지금 알고 있는 지식들을 가진 상태에서 당시의 그 상황에 다시 처하게 된다면, 나는 좀 더 예의 바르게 행동했을 거라고 생각한다. 하지만 학교 당국의 권위에 대한 거부감은 훨씬 더 강했을 수도 있다.)

2단계 : 숙제를 거부하다

나는 숙제를 싫어했다.

나는 집에서도 이미 너무나도 바빴다. 나는 판타지 소설을 열심히 읽었다. 우주선을 상상하면서 그림을 그렸고, 집 주변의 숲을 돌아다니면서 별들을 관찰했다. 돌을 수집했고, 새를 길러보기도 했다. 텔레비전도 많이 봤다. 그러나 내가 그렇게 보내는 시간이 다른 사람들에게는 쓸데없는 것으로 보였나 보다. 그러나 나는 내 시간이 내 것이라고 생각했다. 강제로 해야 하는 숙제가 내 시간을 빼앗아간다고 느꼈다.

나는 배움에는 실존적 필요성이 있어야 한다고 생각했다. 그래서 숙제를 거부했다. 그러자 학교에서는 예상하던 반응들이 쏟아졌다. 학교는 나를 비웃었고, 고함을 쳤고, 정학 처분을 내렸다. 학부모와 교사들의 간담회도 이어졌다.

3단계 : 일부러 시험을 망치다

나는 시험을 좋아한다. 심지어 시험을 잘 치른다. 그래서 시험을 일부러 망친다는 생각이 처음에는 괴로웠다. 그렇지만 점수를 얻으려면 시험을 치러야만 했다. 당시에는 나를 강제로 책상에 앉힐 수는 있어도, 나의 마음만은 자유롭다고 생각했다.

내가 선생님들을 욕보인 것이라고 생각할 수도 있다. 실제로 선생님은 불같이 화를 내셨다. 학교의 모든 선생님이 마치 화가 난 벌떼처럼 모여들었다. 급하게 또 한 차례 학부모 간담회가 소집되었다.

그리고 나는 급우들 사이에서 반란을 조장하려고 시도하기도 했다. 하지만 성공하진 못했다. 학교 건물에 불을 지르거나 훼손하는 것도 생각해봤지만, 범죄자로 낙인찍히면 미래가 없을 것으로 보였다. 도망을 가볼까도 생각했지만, 갈 데가 없었다. 한때는 심지어 자살을 생각해보기도 했다.

그럼에도 학교는 끊임없이 나를 억압해왔다.

4단계 : 스스로 폭발하다

그러한 억압은 효과가 있었다. 7학년 말이 되자, 나는 결국 항복했다. 학교는 나를 굴복시켰고, 사람들은 나를 노려보았다. 나는 비웃음의 대상이 되어 따돌림을 당했다. 결국 나는 숙제를 잘 하고 시험을 제대로 치르기로 했다.

나는 진심으로 노력했다. 그러나 아무것도 바뀌지 않았다.

오히려 나는 아무런 생각이 없는 괴물이 되어 있었다. 그저 책을 펴고 바라보기만 했다. 나의 두 눈은 글자들을 따라갔지만, 그런 글자들은 머릿속에 잠시 떠올랐을 뿐, 아무런 기억도 남기지 못하고 금세 사라져버렸다. 최악은 나의 마음이 나를 떠났을지도 모른다는 생각이었다.

그 당시에 나의 마음이 어디로 사라졌으며 내가 왜 그렇게 황폐해졌는지 묻는다면, 나의 대답은 간단했다. "잘 모르겠다."

얼마나 황당한가! 얼마나 웃긴가! 나의 마음과 나의 자아가 똑같은 두뇌를 공유하고 있을 뿐, 별개의 완전히 다른 인격체로 분리되어 있었다. 언제나 내가 온전한 하나의 인간이라고 생각했지만, 당시의 나는 정신분열 환자와 다름없다는 사실을 알고 있었다. 만약 나의 이성을 한 척의 배에 비유한다면, 당시에는 그 배가 뒤집혀 있었다고 할 수 있다. 그리고 나의 자아는 그렇게 혼란스러운 바닷속에서 무기력하게 흔들리고 있었다.

나는 완전히 상심했다. 며칠 동안 무기력한 상태로 지냈다. 그러다 문득 이런 생각이 들었다. 어떻게 하더라도 내 마음대로 생각할 수 없다면 그런 생각을 아예 하지 말고, 나 자신이 쉽게 물러서지 않는 반항아로 인정받으면 어떨까 하고 말이다. 그래서 결국 나는 계속해서 반항을 했다. 이제야 드는 생각인데, 당시의 나 자신은 학교라는 시스템과 나의 마음이 서로 벌이는 전쟁을 지켜보는 방관자 입장 같았다.

그때는 내 인생에서 최악의 시기였다. 열두 살의 아이라면 한창 싹을 틔우며 자라야 할 나이일 것이다. 그러나 나는 스스로를 폭발시켰다. 나는 끔찍한 우울증에 빠져 있었다. 7학년을 마치고 난 후의 여름방학 동안에도, 극심한 절망감에 빠져 하루하루를 괴로워하며 보냈다. 수많은 사람의 목소리가 구름처럼 나타나서 내가 쓸모없는 사람이라고 말했다. 불쌍한 나의 가족들도 나를 홀로 내버려두었다. 그해 여름방학 기간 내내 하릴없이 텔레비전만 시청했다. 나는 수많은 사람의 목소리에 숨이 막혀 죽을 것만 같았다.

여름방학이 끝날 무렵에는 어머니와 함께 차를 타고 마을을 이리저리 돌아다녔다. 그때의 나는 또 한 차례 절망감이 몰아쳐서 괴로워하고 있었다. 그러다 문득 차창 밖을 내다보았는데, 도로 위에 굽은 길이 나타났다. 그렇게 굽은 길로 가까워지던 장면이 지금도 생생하게 떠오른다. 바로 그때 머릿속에서 이런 생각이 떠올랐기 때문이다. '이번을 마지막으로 더 이상은 이런 느낌을 받지 않을 거야!' 이런 생각이 머릿속에 갑자기 떠올랐다고 말하는 이유는, 그것이 평범한 생각이라고 느껴지지 않았기 때문이다. 그것은 심지어 나의 마음속에서 흘러나온 말이 아닌 것 같았다. 그 순간 이런 의문이 들었다. 지금의 우울증이 사라지리라는 것을 내가 어떻게 알았을까? 내가 스스로에게 그런 말을 한다는 것이 너무나도 신기했다.

그런데 실제로 그것이 마지막이었다. 마음속에서 나를 꽉 물고 놓아주지 않던 거대한 사냥개가 마침내 나를 놓아주던 순간이었다!

그렇게 나는 인생의 바닥을 쳤고, 다시 위쪽으로 올라가는 느낌이 들기 시작했다. 그런데 동시에 이런 생각이 들었다. 이제부터 어떻게 해야 할까? 앞으로 내 마음은 어떻게 움직일까? 어떻게 하면 나에게 도움이 되는 방향으로 생각하게 만들 수 있을까? 나의 마음이 원하는 건 무엇일까? 나의 마음이 나를 다시 떠나지는 않을까?

중요한 비결

나의 마음은 자유롭다, 심지어 나 스스로부터도 자유롭다.

나의 마음은 마치 유령선처럼 물 위에서 흔들리며 항구로 되돌아왔다. 나는 다시 생각할 수 있게 되었다. 그러나 나 자신을 밀어붙이는 건 여전히 두려웠다.

나의 삶을 규정하는 중요한 원칙도 바로 이때 형성되었다. 나는 한 명의 지식인으로서 살아가고 있지만, 스스로를 혹독하게 다그치지는 않는다. 나는 내 안에 살아 숨 쉬는 학습과 사고의 리듬을 따라 스스로를 발전시키기로 했다. 나의 마음이 어떻게 움직여야 하는지는 다른 사람들이 생각하는 방식에 억지로 맞추지 않기로 했다. 나의 마음은 강제로 방향을 바꿔서 몰고 갈 수 있는 모터보트가 아니다. 아마 다른 사람들은 그럴 수 있을지도 모른다. 그러나 나는 그렇지 않았다. 나의 마음은 바람을 타고 움직이는 요트다.

나의 의지와 나의 마음 사이에 차이가 있기 때문에, 때로는 나의 마음이 방랑하는 경우가 자주 발생한다. 이것이 어쩌면 제약조건처럼 보일 수도 있다. 나도 그럴 수 있다고 생각한다. 그러나 오히려 그러한 방랑을 통해 유용하며 가치 있는 것들을 우연히 발견하게 되는 경우도 많다. 지금의 나는 정확히 이렇게 살아가고 있다. 다르게 생각하는 것이 내가 가진 경쟁력이다.

chapter 06

조개들의 침묵*

내가 쏜 화살이 어디에 맞든,
나는 그 자리에 과녁을 그려 넣는다.

* 소설이자 영화 제목인 〈양들의 침묵(The Silence of the Lambs)〉을 패러디했다.

몇 년 전 8월의 어느 날 아침, 나는 워싱턴주 이스트사운드(Eastsound)에 있는 갯벌을 거닐고 있었다. 이 갯벌은 고급 호텔과 레스토랑이 마주 보이는 중심가의 건너편 해변에 있었다. 바닷물은 높이로 따지면 밀물이 올라왔을 때보다 거의 3미터는 빠져나갔고, 그래서 질척거리는 갯벌의 바닥이 거대하게 드러나 있었다. 기록을 찾아보니 썰물이 이렇게까지 낮게 빠져나간 경우는 보기 드문 사례라고 했다. 그래서 글쓰기를 잠시 미뤄두고 산책을 나서기에는 아주 완벽한 시간이었다.

그렇다. 나는 글쓰기를 잠시 미뤄두었다. 예정대로라면 나는 어떤 책을 한 권 쓰려는 노력을 마지막으로 시도하려던 참이었다. 그것은 바로 지금 여러분이 읽고 있는 이 책이다. 이 책의 원래 제목은 '학교가 아이들을 죽인다'였다. 이 책을 써보라고 처음 권유한 사람은 나의 아버지다. 그것도 벌써 22년 전의 일이다. 그 이후로 나는 책을 써

| 2004년 8월 2일~2004년 8월 5일, 조수간만 기록 |

워싱턴주, 오르카스섬, 이스트사운드, 로사리오

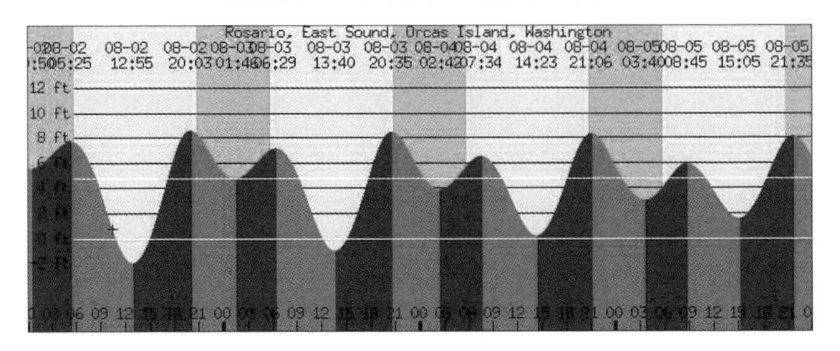

보려고 두 차례나 엄청나게 노력했다. 하지만 잘되지 않았다. 나는 학교에 대해 너무도 화가 나 있었기 때문에, 도저히 그곳에 대한 글을 쓸 수 없었다.

그날 아침은 내가 마지막으로 이 책의 집필을 시도한 이후로 무려 14년이 흐른 시점이었다. 나는 이제야 정말로 준비가 됐다는 생각이 들었고, 본격적으로 종이에 글을 적어보기로 결심했다. 실제로 나는 바로 전날 밤에 아버지에게 글을 써보겠다고 약속하는 이메일을 보냈다. 그래서 아버지는 내가 집필 작업을 하고 있는 줄로 알았을 것이다.

나는 노트북 컴퓨터를 열었다. 그런데 갑자기 나의 마음이 무언가 강력한 신호를 보냈다. '산책을 나가! 썰물이라고! 해안가의 웅덩이를 좋아하잖아!' 나의 마음은 그렇게 나를 부추기고 있었다. 그렇게 잔소리를 들으며 앉아 있을 수는 없었다. 나는 한숨을 쉬었다.

이쯤에서 다시 살펴보는 '약탈당한 나룻배(SACKED SCOWS)'

• 나는 하려던 일을 잠시 미뤄두고 자연에 대해 무언가를 배워보기로 했다. 그럼으로써 나는 머릿속에서 글쓰기를 위한 아이디어들이 샘솟을 수 있는 기회를 주었다. 이렇게 미뤄둔 다른 활동이 결국엔 이 책의 글쓰기를 위한 재료가 되었다. (인지적 요령)

• 전날 밤에 나는 아버지께 이번에는 정말로 뭔가를 보여주겠다고 약속했다. 이런 방식은 자기 자신을 부드럽게 압박하기 위한 '거드름 피우기(Bold Boast)' 기법이라고 부른다. (진짜 중요한 문제)

• 나는 먼저 조수간만 일정을 검색했다. 예전의 해적들이 돛대 위에 서서 날카로운 시선으로 주변을 둘러봤다면, 요즘의 해적들은 인터넷을 잘 다루어야 한다. (적극적인 탐색)

몇 분 뒤에 나는 녹색 해조류로 뒤덮인 드넓은 갯벌 위를 걸어가고 있었다. 그리고 그곳에는 수백만 개의 부서진 조개껍데기가 널려 있었다. 나는 그 많은 조개껍데기가 어디에서 왔는지 궁금해졌다. 조개들은 대부분 잘게 부서져 있었기 때문에 죽어 있었을 것이다. 새들이 어딘가에서 이걸 물어왔을까? 아니면 파도에 밀려왔을까? 그곳은 파도가 들이치지 않는 작은 만이기 때문에, 그럴 것 같지는 않았다. 나는 수많은 조개껍데기 가운데 최소한 몇 마리는 살아 있는 조개가 있을 거라고 생각했다. 아직까지 발견하지는 못했지만 말이다.

내가 그렇게 부서진 조개껍데기에 대해 생각하고 있을 때, 갯벌 속에서 갑자기 분수 같은 것이 터져 나왔다. 그것은 공중으로 1미터 이상 솟아오르는 가는 물줄기였다. 저게 뭐지? 그 물줄기는 내가 곁을 지나가는 바로 그 순간에 솟아났다. 나는 그 우연의 일치에 놀랐다. 내가 갯벌의 생물들을 놀라게 한 것일까? 그런데 나는 오징어나 아마존의 물총고기(archer fish) 말고는 그렇게 물을 쏘는 생물이 있다는 이야기는 들어본 적이 없었다. 물줄기가 터져 나온 지점에서도 아무런 생명체의 흔적이 없었고, 다만 갯벌과 진흙만이 있을 뿐이었다.

그러다 문득 시선을 들어 수십 미터 앞쪽의 해변을 바라보았는데, 갑자기 수많은 분수가 연달아 터져 올랐다. 동시에 십여 개씩 말이다! 갯벌은 마치 거대한 분수광장이 되어 있었다. 이런 일이 벌어지는 걸 왜 알아차리지 못했을까? 조금 전에도 나는 그쪽 방향을 바라본 적이 있지만, 그때는 특이한 것이 아무것도 없었다. 그러나 이제는 분명하게 보였다. 그러다 갑자기 나의 발 바로 옆에서 또 한 차례 물줄기가 솟아올랐다. 그리고 바로 그 지점에서 짙은 색의 기다란 막대기처럼 생긴 형체 하나가 갯벌 속으로 들어가는 게 보였다. 저것도 조개일까?

이쯤에서 다시 살펴보는 '약탈당한 나룻배(SACKED SCOWS)'

• 갯벌에 대해 알아보기 위해, 나는 '하나씩 세세하게 따져보기(Question Each Detail)'라는 휴리스틱 기법을 적용했다. 이것은 주어진 문제에서 어떤 패턴을 찾아내는 걸 의미한다. 앞의 사례에서 내가 찾아낸 패턴은 죽어 있는 조개껍데기들이고, 그러한 패턴이 어떻게 만들어졌을지 스스로에게 질문을 던졌다. 나는 여러 가지 가능성을 상상해보았다. (인지적 요령, 아이디어 비교, 실험, 시스템 사고, 지식을 유발하는 지식)

• 수많은 물줄기가 터져 나온다는 사실을 알아채고 나자, 나는 '부주의 맹시(inattentional blindness)'라는 현상을 겪고 있었다는 걸 깨달았다. 이것은 다른 무언가에 주의력을 뺏긴 나머지, 눈앞에 빤히 보이는 것을 보지 못하는 현상을 말한다. (인지적 요령)

나는 도로 위로 올라가서 마을로 돌아왔다. 한 블록 정도 걸었을 때 우연히 다빌 서점(Darvill's Bookstore)이라는 곳이 나타났다. 그래서 나는 서점으로 들어갔다. 책을 둘러보며 찾아보는 건 내가 아주 좋아하는 소일거리 가운데 하나다. 나는 서점 안의 진열장을 샅샅이 살폈다. 그러면서 나에게 지혜를 주거나, 어떤 문제를 풀게 해주거나, 골치 아픈 미스터리를 해결하는 데 도움이 되는 책이 있는지 찾아보았다.

먼저 《과학사 대논쟁 10가지(Great Feuds in Science)》라는 책이 있기에 쭉 훑어보았다. 그 책은 뉴턴 대 라이프니츠, 홉스 대 월리스, 갈릴레이 대 교황의 맞대결을 다룬 책이었다. 흥미로운 주제였지만, 나의 궁금증을 해결하기 위해 당장에 필요해 보이진 않았다.

그런데 또 한 권의 책이 나의 눈길을 끌었다. 그것은 바로 웨이드(J. D. Wade)가 쓴 《늘 푸른 태평양 – 조개류 안내서 : 워싱턴 및 오리건 바다의 게잡이 수역 및 해변 지도와 함께 제공되는 조개류 완벽 안내서》라는 책이었다. 아하! 조개다! 그렇다, 나는 조개에 대해 알고 싶었다.

나는 평소 생물학에는 크게 관심이 없었다. 그러나 책을 펼치자마자 나의 흥미를 사로잡는 내용들이 있었는데, 저자 역시 조개류에 대해 아주 신나게 말하는 것처럼 보였다. 무언가에 대한 다른 사람의 열정이 나의 관심사에도 불을 지피는 경우는 자주 있는 일이다.

나는 품고 있던 질문을 떠올려보았다. '조개들이 공중에 물을 내뿜을까?' 그 책에 따르면, 대답은 '그렇다'였다. 특히 말조개(horse clam)가 그렇다고 했다. 궁금증이 풀렸다. 조개는 모래 속 깊숙한 곳에서 산다. 표면에 나와 있는 건 오직 죽은 조개뿐이라고 했다. 조개들은 기다란 목이 있다. 놀라웠다. 나는 조개들이 오직 껍데기 안에서만 살아갈 거라고 생각했다. 이렇게나 오랫동안 살아왔으면서 어떻게 나는 조개에 대해서는 아는 것이 거의 없었을까?

이쯤에서 다시 살펴보는 '약탈당한 나룻배(SACKED SCOWS)'

- 다른 특정한 목표는 염두에 두지 않은 채 열심히 책들을 살펴봤다. 이것은 나의 오랜 습관이다. (적극적인 탐색)
- 내가 품고 있던 질문을 떠올린 후, 《조개류 안내서》라는 책에서 그에 대한 해답을 찾았다. (실험)
- 나는 가끔 다른 사람이 열정을 보이는 것에서 무언가를 배우고 싶은 마음이 드는 경우가 많다. 책의 저자는 자신이 가진 풍부한 지식으로 나의 흥미를 유발시켰다. 그래서 나는 책을 계속 읽었다. (진짜 중요한 문제)
- 캐리비안의 해적들은 알 수 없는 수수께끼에 흥미를 느낀다. 나는 스스로 설명이 안 되는 걸 발견하면, 그걸 배우고 싶어진다. 이런 경우에도 호기심이 발동하는 것이다. (진짜 중요한 문제)

갯벌에서 모험을 하고 며칠 후, 나는 그때의 경험이 나의 공부 방식에 대해 곰곰이 생각해볼 수 있는 기회가 되었다는 사실을 깨달았다. 그렇다면 내가 발견해낸 내용들은 그것이 무엇이든 나의 책을 쓰는데 도움이 될 수 있었다. 나는 갯벌에 나가 산책을 하느라 글쓰기를 미뤄두었다고 느꼈지만, 다시 생각해보니 전혀 그렇지 않았다.

나는 그 책을 서점에서 10분 정도 살펴본 것이 전부였다. 그런데 조개류에 대한 이런저런 생각이 마치 황록색 꽃게의 새끼들처럼 나의 머릿속을 돌아다녔다. 참고로 황록색 꽃게의 새끼는 하루에 8km를 이동할 수 있으며, 북아메리카의 태평양 북부에 사는 던지니스 게(Dungeness crab) 같은 토종 게들을 원래 살던 지역에서 쫓아낸다고 한다. 그런데 나는 다빌 서점에서 잠깐 훑어본 이후로는 그 책을 다시 들춰본 적은 없다. 그러다 문득 한 가지 실험을 하고 싶어졌다. 내가 그 책의 내용을 얼마나 많이 기억하고 있을까?

나는 몇 분 동안 기억을 떠올려보면서 조개류에 대해 생각나는 모든 내용을 표로 작성해보았다. (아래 표 참조) 그리고 다시 그 서점으로 달려가 그 책을 구입했다. 그리고 나의 점수를 매겨보았다. 표의 왼쪽에 있는 것이 내가 기억한 것이고, 오른쪽은 책의 내용과 비교했을 때의 결과를 정리한 것이다.

조개에 대해 기억나는 내용	사실 여부
조개류에는 새조개, 맛조개, 말조개, 백합조개 등이 있다.	**사실**
맛조개는 '빠르게' 움직인다. 적어도 수직 방향으로는 그렇다. 그러나 걱정하지 마시라. 그들이 당신을 물지는 않을 것이다.	**사실**. 책에 있는 정확한 표현은 "맛조개가 당신을 물지는 않을 것이다"였다.
'조개 튜브' 또는 삽을 이용해 게를 잡을 수 있다. 조개 튜브는 원통형 모양이며, 위에는 손잡이가 달려 있다.	**사실**. 조개 튜브에 대한 정확한 설명은 이렇다. "길이 60cm, 직경 10cm 정도의 속이 텅 비어 있는 금속이다. 한쪽 끝은 열려 있고, 반대쪽 끝은 닫혀 있다. 그리고 1.5cm 크기의 숨구멍이 있고, 손잡이가 달려 있다."
조개를 먹으면 (이름은 기억나지 않지만) 마비 증세에 걸릴 수 있다. 그 이유는 조개류가 주변의 바닷물에서 독성 물질들을 끌어모으기 때문이다. 따뜻한 남쪽의 바다에서는 그럴 위험이 더 크다. 적조 현상이 있을 때는 특히 조심해야 한다.	**사실**. 정확히는 '마비성 패류 중독(paralytic shellfish poisoning)'이라는 증세다. 그러나 같은 문단에서 언급된 '기억상실성 패류 중독(amnestic shellfish poisoning)'도 잊어서는 안 된다.
말조개는 특히나 물을 멀리까지 내뿜을 수 있다.	**사실**

조개에 대해 기억나는 내용	사실 여부
말조개는 스튜에 넣는 경우를 빼면 그다지 맛있지는 않다.	정확히는 "말조개는 차우더(chowder) 스프로 요리하면 풍미가 아주 좋다."
백합조개와 말조개는 껍데기 안으로 완전히 몸을 숨길 수 없다.	**사실**
말조개는 최대 20cm까지 자란다.	**사실**
올림픽 굴은 다른 종류의 굴보다 크기가 작다.	**사실.** 그러나 다른 모든 종류의 굴보다 작은 건 아닐 수도 있다. "올림피아 굴(olympia oyster)은 4cm 넘게 자라는 경우가 거의 없다. 반면에 태평양 연안에 사는 더 큰 종류의 굴들은 최대 18cm까지 자라기도 한다."
올림픽 전복은 거의 멸종된 상태다. 이들에 대한 어획 금지는 2010년까지만 지속되었다.	책에서 언급한 정확한 종의 이름은 북쪽 전복(northern abalone)이다. 북쪽의 철자에서 n이 대문자가 아니어서, 저게 정식 명칭인지는 확실히 모르겠다. 책에서는 멸종에 대한 언급은 없고, 개체수가 줄어들었다고만 되어 있다. 그래도 연도는 정확히 맞혔다.
굴은 다른 죽은 굴 껍데기에 들러붙는 걸 좋아한다. 그래서 굴을 잡을 때는 해변에서 껍데기를 까서 그곳에 버리는 것이 좋다.	**사실**
조개를 발견하려면, 조개가 모래에 남긴 구멍을 찾아야 한다. 구멍이 클수록 조개가 표면 가까이에 있다.	부분적으로 사실. 구멍이 클수록 조개가 더 크다. 조개가 표면 가까이에 있으면, 구멍 주위에는 테두리가 나타난다.
말조개 같은 일부 조개들은 모래 아래 45cm까지 들어갈 수 있다.	**사실**
일부 조개들은 물속 18m 깊이에서만 발견된다.	가리비의 경우에는 사실이지만, 책에서는 조개에 대하여 그런 언급을 하지 않았다.
북아메리카의 태평양 북부 해안에서 법적으로 조개 채취가 가능한 지역은 몇 군데뿐이다. 워싱턴주 이스트사운드 지역은 해당되지 않는다.	실제로는 이스트사운드도 지도에 포함되어 있지만, 너무 작아서 처음 봤을 때는 알아차리지 못했다.
폭우가 내려 평소보다 하수가 많이 흘러넘치면, 조개의 독성이 더 심해질 수 있다.	**사실**
조개들은 4년마다 성별을 바꾼다.	굴의 경우에는 사실이다. 책에서는 조개의 성별에 대해서는 언급하지 않았다.
백합조개의 머리만 채취하는 것은 불법이다. 껍데기와 몸통도 함께 채취해야 한다.	**사실**
조개들은 밀물과 썰물의 중간 지역에 산다.	**사실.** 그리고 그 밖의 지역에서도 산다.
다랑조개에게는 특별한 점이 있다.	**사실.** 정확히는 동쪽 다랑조개에 뭔가 특별한 점이 있다.
황록색 꽃게는 껍데기의 앞쪽에 다섯 개의 바늘이 있다.	정확히는 "껍데기 앞쪽의 양쪽에 다섯 개의 가시가 있다." (내 눈에는 바늘처럼 보였다.) 따라서 모두 10개가 있다.
황록색 꽃게를 발견하더라도, 물속에 다시 던져 넣으면 안 된다.	**사실**

조개에 대해 기억나는 내용	사실 여부
황록색 꽃게는 나쁜 종이다.	**사실**. 가리비 양식 산업과 다른 종의 게들을 위협한다는 점에서 나쁘다는 것이다.
일부 황록색을 띈 꽃게라도 실제로는 황록색 꽃게가 아닐 수도 있다.	**사실**
암컷 조개들은 배의 덮개가 더 넓다.	**사실**
조개의 생애 단계 중에는 '세트(set)'라고 부르는 시기가 있다.	굴의 경우에는 사실이다. 조개의 생애주기에 대한 내용은 없었다.

보다시피 나의 기억은 완벽하지 않았다. 혼동한 것도 있고, 세부적인 사항을 잊어버린 경우도 있다. (예를 들면 굴과 조개를 헷갈리기도 했다.) 이 책의 분량이 90페이지에 불과했다는 점을 고려하면, 나는 그 책의 내용을 1퍼센트도 흡수하지 못한 것이다. 그렇지만 나는 기분이 좋았다. 한 가지 이유는 예상한 것보다 내가 더 많이 알고 있었기 때문이다. 처음 표를 작성할 때만 하더라도, 내가 사실대로 기억하는 건 6개 이하일 거라고 생각했다. 내가 서점에서 책을 훑어본 시간이 10분밖에 되지 않았다는 점을 떠올려보라. 그런데 막상 표를 작성하다 보니, 마치 조개의 요정들이 나에게 속삭이기라도 하듯이, 여러 가지 생각이 저절로 머릿속에서 떠올랐다.

탐색 활동을 할 때 중요한 것은 사실이 아니라 스키마(schema)다. 책을 쭉 훑어보는 이유는 간단한 스키마(인식체계)를 구축하거나, 또는 기존에 내가 알고 있는 지식과 연결하기 위해서다. 다시 말해 나는 마음속에 조개에 대한 스토리의 뼈대를 만든 다음, 구체적인 사실들을 거기에 붙인 것이다. 내가 예상보다 더 많은 사실을 기억하고 있는 걸 보면, 그 스키마가 뿌리를 내린 것이 틀림없었다. 그렇지 않았더라면 나는 거의 아무것도 기억하지 못했을 것이다.

그 책을 훑어본 것만으로도 해양생물에 대하여 기존에 나의 머릿속에 있던 허술한 스키마를 더욱 확대해주었다. 그래서 이제는 퓨젯 사운드(Puget Sound)에 있는 해변들 가운데 어디가 조개를 채취하기에 좋은지, 그리고 어떻게 요리하는 것이 좋은지에 대한 정보까지 알게 되었다. 나는 생물들의 거주환경에 대한 새로운 유형을 알게 되었다. 그리고 사람들의 취미활동에 대한 나의 사고체계에서도 새로운 항목이 추가되었다.

조개에 대한 전설이 나의 인생을 바꾸다

조개에 대한 일화로 '좋은 가치'를 설명하면, 거기에는 다음처럼 네 가지 차원이 있다.

1. 조개에 대해 배우는 것의 가치
2. 무엇에 대해서든 배우는 것의 가치
3. 내가 배우는 방식에 대해 생각해보는 것의 가치
4. 다른 사람에게 이야기해주는 것의 가치

가치의 차원을 이렇게 네 가지로 정리할 수 있다는 것은, 조금은 꾸물거리기도 했지만 배움이라는 것에 대한 나의 철학이 어느 정도는 체계를 갖추었음을 의미한다.

1. 조개에 대해 배우는 것의 가치

조개에 대해 배우는 것이 나에게 구체적으로 어떤 의미가 있는지는 아직도 모른다. 아마도 언젠가 외딴 섬에 혼자 남게 된다면 조개에 대해 알고 있는 이런저런 상식이 생존에 도움이 될 수도 있을 것이다.

2. 무엇에 대해서든 배우는 것의 가치

조개에 대한 것을 포함해 무엇에 대해서든 배우면 나의 지식을 조금은 더 확장해주고, 향후에 내가 다른 주제를 공부하는 것에도 도움이 된다. 새로운 지식들은 내가 이미 알고 있는 것과 연결될 때 좀 더 잘 기억된다. 홍합의 수염이 거칠게 몰아치는 파도 속에서도 단단히 바위를 붙들고 있게 해주는 것처럼, 조개에 대한 지식도 내가 알고 있는 전체적인 지식들을 더욱 끈끈하게 엮어 더욱 쉽게 이용할 수 있도록 도와줄 것이다.

이는 단지 조개에 대한 지식에 뭔가 특별한 점이 있어서 그런 것은 아니다. 이러한 특성은 내가 이미 알고 있는 것과는 다른 지식이나 새로운 무언가를 배울 때면 언제나 적용되는 사실이다. 지금은 한 가지 예를 들어 조개에 대해 이야기하고 있지만, 나는 이러한 유형의 배움을 일상적으로 경험하고 있다. 실제로 새로운 배움은 나의 지식을 배가해주고 서로 긴밀하게 연결해준다.

나는 시스템 사고를 하는 혼합주의자(syncretist)다. 나는 다양한 대상들 사이의 연관성을 찾는다. 나는 유추하는 것을 좋아한다. 한 가지 사실이 또 다른 사실을 이끌어낸다. 나는 이 문단을 쓰기 시작할 때, 혼합주의(syncretism)라는 단어의 뜻을 찾아봤다. 그러자 나의 머릿속에서는 유명한 혼합주의자 조지프 캠벨(Joseph Campbell)과 그가 좋아한 책인 제임스 조이스(James Joyce)의 《율리시즈(Ulysses)》가 떠올랐다. 《율리시즈》는 인류 역사상 가장 난해한 책 중 하나로 여겨진다. 이 책은 인터넷에서 찾아볼 수 있기 때문에, 첫 부분을 읽어본 적이 있다. 그런데 거기에서 버크 멀리건(Buck Mulligan)이라는 인물이 호메로스(Homer)의 작품을 그리스어 원전으로 읽는 것의 중요성을 말했다. 나는 한때 그리스어를 공부한 적이 있는데, 그래서 내가 이 책에서 언급하는 다른 모든 배움 방식이 한꺼번에 떠올랐다. 어쨌든 겨우겨우 이 문단 하나를 끝마칠 수 있었다. 휴!

(참고로 이 책의 편집자는 내게 앞의 문단이 전체적인 흐름에서 벗어나기 때문에 삭제하는 것이 좋겠다고 제안했다. 나는 안 된다고 말했다. 설령 옆길로 새는 것처럼 보여도, 어떤 생각이 다른 생각들과 어떻게 연결되는지 잘 보여주는 사례다. 마치 마음의 파도타기를 하는 것처럼 말이다!)

나에게 세계는 수많은 것의 연결이고, 그것들이 서로를 반영한다. 세계는 프랙털(fractal)* 이며, 수많은 요소가 자기유사성을 갖고 있다. 내가 그렇게 생각하는 이유 중 하나는, 세상이란 내가 어찌할 수 없

---

* 유사한 특성이 반복되는 기하학적인 구조.

는 것이기 때문이다. 나의 마음은 용골(배의 뼈대)의 깊이가 얕고 방향타는 짧지만, 수많은 돛이 달린 배라고 할 수 있다. 그러나 그런 구조가 아이디어의 세계에서는 내게 특별한 장점을 가져다준다. 일반적으로 생각하는 사람들은 가격을 두고 경쟁을 벌인다. 왜냐하면 그들이 만들어내는 제품은 기본적으로 다른 모든 것과 동일하기 때문이다. 그러나 나는 독특함을 내세워 경쟁을 한다.

이런 특성을 가장 쉽게 설명하면 이렇다. 예를 들어 조개라는 도전 과제가 마음속에 떠오르면, 나는 아무 주제나 임의로 선정해 그것이 조개와 관련된 사실이 무엇인지 찾아본다.

그러나 이와 관련해서 첫 번째 문제는 주제를 어떻게 임의로 선정하느냐는 것이다. 나는 오래전에 탐색 활동을 하면서 브리태니커 백과사전에 '지식의 개요(Outline of Knowledge)'라는 부분이 있던 것을 기억한다. 그것은 거의 모든 일반 지식을 아우르는 주제들을 간결하게 정리해놓은 목록이다. 그래서 구글로 검색해보니, 인터넷에서도 그 내용을 찾아볼 수 있었다.

나는 그 지식의 개요에서 임의로 주제를 고를 수 있는 간단한 프로그램을 만들었다. 그리고 그 프로그램을 실행했더니 '인조 섬유(artificial fiber)'라는 주제가 나왔다. 그렇다면 조개와 인조 섬유가 어떤 관련이 있을까? 조개는 연체동물이다. 그런데 몇 분 동안 조사해보니, 특정한 연체동물에서 발견되는 '족사(byssus)'라는 물질이 '바다의 비단(sea silk)'이라고 부르는 고급 섬유를 만드는 데 사용된다는 사실을 알게 되었다. 그리고 이탈리아의 사르데냐(Sardegna)섬에 사는 주민 몇 명은 여전히 족사를 채취해 바다의 비단을 만든다고 했다.

조사하다 보니 1997년에 발표된 다음의 과학 논문을 발견했다.

> 연구진은 홍합이 바위는 물론이고 석유굴착기에 이르기까지 거의 모든 것의 표면에 강력하게 흡착하도록 해주는 매우 강력한 콜라겐을 생성하는 단백질을 분리해냈다. 이 연구를 후원해준 미국국립보건원(NIH)에 속해 있는 국립치의학연구소(NIDR)의 해럴드 슬라브킨(Harold Slavkin) 소장은 족사 섬유를 더욱 잘 이해하게 된다면, 그것이 가진 놀라운 특성들을 활용하여 과학자들이 바이오소재(biomaterial)를 만들어내는 데 도움을 줄 수도 있을 것이라고 말한다.
>
> "족사를 매우 강하면서도 유연하게 만들어주는 분자 구조를 파악하게 된다면, 예를 들어 더욱 편안하고 부드러운 인조 섬유를 만들어내는 방법을 찾아낼 수도 있다."

멋지지 않은가? 연결점을 찾으려는 나의 노력이 성과를 얻어낸 것이다. 이러한 성과는 나의 자신감을 더욱 키워준다. 그 주제가 무엇이든 관계없이, 무언가를 배웠다는 느낌은 그 자체로 엄청난 힘이 된다. 그것은 강인함을 보여주는 것이고, 정신력을 확인해주는 것이다. 그것은 미래에도 내가 새로운 것을 선택할 수 있는 자신감의 근거가 된다. 나에게 조개와 관련된 일화는 단지 조개에 대한 이야기만이 아니었다. 그 이야기는 배움이 일어나는 바로 그 순간에 그것을 제대로 포착하고 그것의 수준을 더욱 높이는 과정을 보여준 사례다.

3. 내가 배우는 방식에 대해 생각해보는 것의 가치

힘을 가졌다는 느낌보다 더 나은 것은 무엇일까? 그것은 바로 메타파워(metapower)다. 메타파워는 더욱 많은 힘을 얻게 해주는 힘을 말한다. 조개를 공부하는 과정을 분석하고 그와 관련된 이야기를 적어나가면서, 내가 배움을 대하는 접근법에 대해서도 더욱 명확히 알게 되었다. 이렇게 해보는 걸 강력하게 추천한다. 나는 이번 장의 첫 부분을 3년 전에 썼는데, 그것이 바로 이 책 전체에서 처음으로 쓴 내용이다. 그렇게 글쓰기가 시작되자 나의 학습 기법을 점점 더 깊이 생각해보게 되었다. 그렇게 모든 요소를 풀어내기까지 3년이 걸렸다. 그리고 자기학습 관련 세미나를 개설하는 데에도 도움이 되었다. (이건 조금 모순적인가?) 또한 이렇게 분석적인 학습 방식을 소프트웨어 테스트 전문가로서의 업무에도 적용할 수 있게 용기를 주었다. 그러니까 이 모든 것은 조개와 함께 시작되었다.

4. 다른 사람에게 이야기해주는 것의 가치

이 책은 나에게는 하나의 귀중한 자산이다. 그러나 다른 누군가가 이 책을 읽고 자극을 받아 이러한 생각들을 좀 더 발전시킨다면 그것이 더욱 가치 있는 일이 될 것이다.

주변부적인 지혜의 원칙

조개를 관찰하러 나선 일에 대해 혹시라도 아쉬운 점이 있지는 않을까? 나는 별다른 이유도 없이 쓸모도 없어 보이는 주제에 대해 아주 약간의 지식을 배웠을 뿐이다. 하지만 덕분에 다른 좋은 결과들을 얻어냈다. 지금도 그때 한 그 선택에서 여전히 혜택을 받고 있다.

그날 내가 원래 하려고 계획한 일에서부터 시작하여 그것과는 별개로 일어난 그 모든 일을 생각해보라. 내가 원래 하려던 일이 무엇이었는지 기억하는가? 나는 이 책의 원고를 써보려고 노력하고 있었다. 그러다 그걸 잠시 미뤄두고 갯벌로 산책을 나갔다.

중요한 비결

나의 배움은 대부분 부수적으로 일어나는 것이다.

주변부적인 지혜의 원칙이란 우리가 배우는 것의 대부분은 우리가 뭔가 다른 걸 시도하는 과정에서 일어나는 부수적인 효과라는 것이다.

이 원칙이 효과가 있는 이유는 삶의 경험이 단지 그것 하나만의 교훈을 주지 않고, 동시에 수많은 가르침을 주기 때문이다. 현실은 매순간 다양한 방식으로 그 모습을 드러낸다. 그것은 마치 라디오의 주파수가 특정한 채널에 맞추어 있든 말든 라디오 방송의 전파는 모든 방향으로 퍼져나가는 것과 같다. 그러한 과정에서 우리가 무엇을 배우느냐는 오직 우리의 상상력과 동기에 달려 있다.

나 자신의 경험을 분석하고 그것이 주는 가르침을 파악하는 일에 더욱 능숙해질수록, 그러한 경험에서 나는 더욱 많은 것을 얻게 된다. 심지어 나는 이따금 일부러 무언가를 경험하려고 시도하는데, 그 과정에서 예상하지 못한 수많은 가르침을 얻을 가능성이 높다는 사실을 알고 있을 때 특히 그렇다. 그런 가르침은 대부분 부수적으로 얻어지는 것이더라도, 결국엔 유용한 교훈인 경우가 많다.

기대하지 못한 걸 배우리라고 예상함으로써, 나는 그것이 주는 교훈의 가치를 더욱 높일 수 있다. 그러면 나의 삶을 더욱 잘 통제하게 되었다는 생각이 든다. 왜냐하면 살아가는 과정에서 무슨 일이 일어나든, 그것을 생산적인 배움의 과정으로 만들 수 있다는 생각이 들기 때문이다. 심지어 처음 보기에는 달갑지 않거나 유쾌하지 않은 것이라고 해도 마찬가지다.

주변부적인 지혜를 얻는 방법은 다음과 같다.

- 자신이 알고 있는 모든 것을 제대로 이해하려면, 의도한 것을 얻는 선에서 공부를 멈추면 안 된다. 또한 굳이 알려고 하지 않았지만 새롭게 배운 사실도 눈여겨보아야 한다.
- 어떤 교육적인 경험을 평가할 때는, 단지 예상한 결과만이 아니라 그것에서 얻은 뜻밖의 놀라운 경험들까지 살펴봐야 한다.
- 만약 끔찍할 정도로 당황스러운 경험을 하더라도, 며칠이나 몇 년

이 지난 시점에서 그 사건을 가만히 생각해보는 것도 좋다. 그러면 그때의 경험이 자신에게 가르침을 준 재미있는 이야기로 여겨질 수도 있다. 만약 그 이야기를 당신이 가르치는 학생들에게 말한다면, 아이들은 이렇게 말할 것이다. "선생님도 그런 경우가 있어요? 그럼 우리에게도 희망이 있겠네요!"

- 만약 계획하던 공부가 뜻대로 되지 않거나 더 이상 진행되지 않고 가로막힌다면, 이렇게 물어보자. "내가 원래 선택한 것은 아니더라도, 이런 상황에서 내가 다른 무언가를 배울 수는 없을까?" (이에 대한 자세한 설명은 이번 장의 뒤편에 있는 '에너지를 따르기 휴리스틱'과 '자유롭게 풀어주기 휴리스틱' 부분을 참조하라.)

예를 들어 내가 만약 어떤 단어의 기원을 배우려고 했지만, 실제로 알게 된 것은 뜨개질의 원리라 하더라도(실제로 내가 지난달에 경험한 일이다), 나는 전혀 실망하지 않는다. 오히려 뜨개질 전문가들이 구사하는 고급 기술을 알게 되었다는 사실을 즐겁게 받아들인다. 내가 쏜 화살이 어디에 맞든, 나는 그 자리에 과녁을 그려 넣는다.

상황이 어려울 때도 얻을 수 있는 주변부적인 지혜

무슨 일이 일어나든 관계없이, 내가 그러한 경험에서 무엇이든 배우려 한다는 건 진심이다. 물론 나도 불쾌한 경험을 좋아하지는 않는다. 그렇지만 그런 일은 일어나기 마련이다. 그래서 나는 그럴 때면 그런 경험에서 얻을 수 있는 교훈을 최대한 얻어내려고 노력한다. 나는 가족들과 친구들이 모두 안전하고 건강하기를 바란다. 그런데 내 여동생이 자동차 사고로 세상을 떠나고 말았다.* 그때 슬픔을 안고 살아가는 법을 배웠다. 그리고 나는 평소에 문단속을 철저히 하는 편이다. 그러나 나의 아파트가 도둑에게 털린 적이 있다. 그때 범죄심리학과 사법체계를 알게 되었다.

나의 아내 레노어(Lenore)가 응급 수술을 받으러 병원에 간 적이 있는데, 의료진은 그녀에게 암이 있을지도 모른다고 판단했다. 그때 나는 우리의 결혼 생활이 얼마나 큰 힘이 되었는지 깨달았다. 그리고 병원이 어떻게 움직이는지 알게 되었다. 내가 가족들과 친구들에게 많이 의지한다는 사실을 실감했다. 불행 중 다행으로 아내의 병명은 자궁내막증으로 밝혀졌다. 그러자 나는 그 병을 집중적으로 공부했다. 그리고 의사들이 환자들에게 너무나도 기쁜 소식을 말해주면서도 웃음을 짓지 않는 이유가 무엇인지 알게 되었다. (그 이유는 대기실에 있는 다른 환자와 가족에게는 나쁜 소식을 전달해야 하기 때문이다.) 나는 아내의 병실에서 매일 밤을 보냈다. 의자에서 잠을 청했고, 매일 시애틀에 있는 서점들을 돌아다녔다.

무슨 일이 일어나든 그것에서 배운다는 자세는 우리에게 언제라

* 저자의 여동생이자 리처드 바크의 막내딸인 베서니(Bethany)는 1985년 자동차 사고로 15세에 세상을 떠났다.

도 닥칠 수밖에 없는 불행한 사건들에 대한 일종의 복수라고 할 수 있다. 나는 이런 태도를 아주 어렸을 때 아버지에게서 배웠다. 그리고 아버지가 나에게 그걸 가르쳐주었듯이, 나도 아들에게 마찬가지로 영향을 줄 거라는 사실을 알고 있다.

지금 레노어는 자신이 병원으로 급히 실려 가서 거의 죽을 뻔한 경험을 한 게 다행이라고 말한다. 그 일에서 자신만의 지혜를 얻은 것이다. 그 일로 나는 모든 일정을 취소하고 집으로 급히 돌아와야만 했는데, 덕분에 이 책을 마무리할 여유 시간이 생겼다.

교대순환의 원칙

숨쉬기에 대해 생각해보자. 숨을 들이쉬어야 다시 숨을 내쉴 수 있다. 그리고 숨을 내쉬어야 다시 숨을 들이쉴 수 있다. 이는 상호의존적인 작용이다. 우리의 숨쉬기는 번갈아 되풀이되는 순환과정이지만, 그렇다고 아무런 의미 없는 순환은 아니다. 왜냐하면 숨을 쉬어야 혈액에 산소가 공급되기 때문이다. 이것은 우리를 살아갈 수 있게 해주는 순환이다. 숨쉬기는 내가 교대순환의 원칙이라고 부르는 것을 잘 보여주는 사례다.

교대순환의 원칙이란 어떤 활동을 더 많이 할수록 그것의 가치는 줄어드는 반면, 그것을 보완하는 다른 활동의 가치가 점점 더 증가하는 것을 의미한다. 우리는 다양한 활동을 번갈아 수행함으로써 더욱

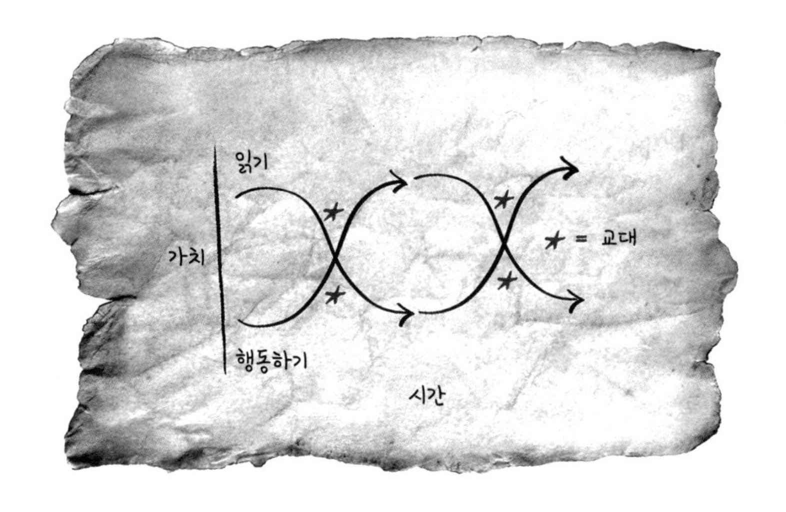

발전할 수 있다. 교대순환은 캐리비안 해적 스타일의 공부법 가운데에서 아이디어 비교 항목의 일부를 이루는 원칙이기도 하다.

이 원칙은 나의 배움에서 커다란 부분을 차지한다. 나는 일반적으로 상호 보완적인 학습 활동을 섞어서 진행하는데, 때로는 그러한 활동들끼리 서로 빠르게 교대하기도 한다. 예를 들어 어떤 기술을 배울 때, 그 기술에 대한 자료를 읽는 것과 그것을 직접 시험해보는 활동을 서로 빠르게 교대해가면서 학습을 한다.

조개에 대한 일화에서, 내가 여러 가지 활동 사이를 이리저리 오간 것을 떠올려보라. 나는 글을 써보려고 노력하다가, 그다음에는 산책을 나가서 조개들이 물을 내뿜는 걸 경험했다. 그러고 나서는 우연히 발견한 서점에서 조개류에 대한 책을 살펴보다가 서점을 나왔다. 그리고 글쓰기 작업으로 복귀했다가, 또다시 조개류 서적으로 돌아갔다. 그다음에는 다시 글쓰기로 되돌아왔다. 이런 과정을 거쳐 그 사건에 대해 쓴 글을 2년 동안 그대로 묵혀두었다가 이 책을 편집하는 과정에서 다시 한 번 들여다보았다.

나는 교대순환의 과정을 이해하고 받아들였기 때문에, 나의 마음이 점점 더 피곤함을 느끼는 배움 활동에 대해서는 굳이 결론을 내기 위해 더 이상의 에너지를 소모하지 않는다. 그리고 그것을 더 이상 문제로 생각하지 않고, 그렇다고 실패로 여기지도 않는다. 그것은 그저 나의 마음이 다른 주제로 교대해야 한다는 신호를 보내온 것에 불과하다. 그것은 오랫동안 신경 쓴 것에 대해 지쳤다는 것만이 아니라, 나의 마음이 뭔가 새로운 것을 원한다는 신호이기도 하다.

이러한 교대순환의 시스템은 다음처럼 다양한 방식으로 나타날 수 있다.

- A를 하고, 그다음에는 B를 한다. 그리고 다시 A를 하고, 그다음에는 또 B를 한다. (계속)
- A를 하고, 그다음에는 B를 한다. 그리고 C를 했다가, 그다음에는 D를 한다. 그리고 다시 A를 한다. (계속)
- A를 하고, 그다음에는 A가 아닌 다른 무엇이든 한다. 그리고 다시 A를 한다. (계속)
- A를 하고, 다시 A를 반복한다. 그다음에는 또다시 A를 반복한다. (계속)

교대순환은 너그럽게 놓아주는 것이다. 나는 너그러운 걸 좋아한다. 만약 어떤 흐름을 놓쳤더라도, 너무 걱정하지 말고 다음에 오는 흐름을 기다리면 된다. 그런 식으로 생각하면 너그러움이라는 것도 순환의 일부분이며, 따라서 학습에서도 중요한 요소다. 내가 스스로를 너그럽게 용서한다는 것은, 굳이 그것에 얽매이지 않으면서도 지나간 과거를 받아들이는 것이다. 나는 좋지 않은 기억들을 배움의 재료로 만든다.

호기심을 중요하게 생각하는 학습에서는 이러한 교대순환의 원칙들을 많이 활용한다. 이제부터 자세히 살펴보자.

에너지를 따르기 휴리스틱

나는 지금까지 살아온 대부분의 시기 동안 교대순환의 원칙을 활용해왔다. 그리고 참담한 느낌도 많이 받았다. 그런 느낌이 든다는 건 나의 마음이 힘들어한다는 신호로 받아들인다. 배움을 위한 가장 좋은 방법은 한 번 집중했을 때 한 권의 책에 있는 모든 내용을 이해한 다음에 다른 책으로 넘어가는 것이라고 생각한다. 일단 시작하면 끝을 내는 것이다. 만약 책상 위에 책 10권이 한꺼번에 있다면, 그건 나의 집중력이 약해졌음을 의미하는 것이다.

나는 예전에 학습이라는 것이 일종의 '채널'에 갇혀 이루어진다는 개념을 이해하지 못했다. 이것은 낡은 생각인데, 간단히 소개하면 이런 개념이다. 교사는 지식을 갖고 있다. 그래서 교사는 지식을 포장해 단어와 문장으로 이루어진 '배송 트럭'에 실어 보낸다. 트럭은 그 포장 상자를 학생들의 두뇌로 배송한다. 그러면 학생들의 두뇌에서는 그 트럭에서 물건을 내리고, 자신의 머릿속 보관함에 지식을 보관한다. 그리고 다음 트럭이 도착하기를 기다린다.

이런 개념에서는 지식이란 모든 학생에게 똑같은 것이다. 지식은 그것을 받아 기억하는 훈련에 의해 이루어진다. 이런 관점에서 바라보면, 나의 학습 스타일은 말도 안 되는 것이다. 트럭들이 한꺼번에 몰려들지만, 물건을 제대로 내려놓지도 못한 채 돌려보내지기 때문이다. 나의 경우에는 마치 수많은 트럭과 화물이 갑작스런 홍수에 휩쓸리기라도 한 듯 지식이 여기저기 흩어져 있었고, 아무런 경고나 이유도 없이 반송 요청을 하는 경우도 다반사였다.

1995년에 상황이 바뀌었다. 나는 탐구적 사고와 휴리스틱에 의한 추론, 그리고 놀이가 학습에 미치는 영향을 공부하기 시작했다. 복잡한 지식을 탐구하고 학습할 수 있는 좀 더 체계적인 방식을 찾았다. 그러면서 놀라운 사실을 발견했다. 놀이에도 이미 나름의 체계가 있었기 때문이다. 탐구 역시 나름의 질서에 따라 이루어진다는 사실을 깨달았다.

채널에 갇혀 이루어지는 교육은 맞춤법 학습 같은 단순한 기억을 위해서는 효과적일 수도 있다. 그러나 그것은 내가 원하는 유형의 교육이 아니었다. 다행스럽게도 채널이라는 것보다는 더 나은 개념이 존재한다. 그것은 바로 '건함(建艦)', 다시 말해 배를 만드는 일이다. 지식이란 단순히 암기하는 것이 아니라, 오히려 나의 경험을 통해 적극적으로 무언가를 만드는 활동이다. 그제야 비로소 변덕이 심한 나의 학습 스타일이 이해가 되었다. 해적들에게 해적선은 바다를 항해하는 수단이자, 그들이 세상을 대하는 방식이었다. 까다롭고 변덕스러워 보이는 나의 학습 활동은 나의 마음이 필요로 하는 특별한 재료들을 찾아낸 다음 그것들을 하나씩 맞추어 해적선의 부품들을 하나하나 만들어내는 과정이었다. 그런 다음에는 그것들을 이용해 더욱 정교하면서도 튼튼한 구조의 배를 만들어내는 것이다.

중요한 비결

혼란스럽게 보이는 것도 나름의 체계를 갖추고 있지만,
다만 내가 아직까지 이해하지 못하는 것일 수도 있다.

해적들의 철학에서 배움이란 '건함'과 비슷한 의미였다. 그런 관점에서 배움이라는 것을 생각해보면서, 나는 수동적으로 받아들이는 것이 아니라 적극적인 '사냥(hunting)'이 매우 중요하다는 사실을 깨닫게 되었다. 그러자 호기심의 배후에서 그것을 충동질하는 교활한 지능의 정체가 보이기 시작했다. 호기심은 그저 나의 마음이 사냥을 위해 사용하는 하나의 수단이었다. 나는 학교에서 '주의가 산만하다'는 이야기를 들었지만, 실제로는 그렇지 않을 수도 있었다. 오히려 정반대였다. 나의 집중력은 너무도 강력해서 나의 자아를 완전히 지배하고 있었던 것이다. 나의 마음은 레스토랑 안에 들이닥친 코뿔소였다. 그것은 테이블을 뒤엎고, 음식물에 정신없이 코를 비비며, 샐러드바의 음식을 게걸스럽게 먹어치우는 짐승이었다. 반면에 나의 의식은 화들짝 놀라 냅킨을 흔들며 진정하라고 간청하는 지배인이었다.

지금의 나는 내가 학습하는 방식이 무엇인지 알고 있다. 나의 배움이란 교대순환과 혼란스러움을 통해 방랑하는 과정이다. 그 과정에서 나는 수많은 생각을 하고 새로운 아이디어를 추구한다. 그중에서는 많은 것을 버려야 한다는 지혜도 얻게 되었다. 주변부적인 지혜들도 가벼이 여기지 않아야 한다는 점을 깨달았다. 내 의식의 역할은 이런 과정을 원활하게 진행하는 것이다.

그렇다면 나는 어떻게 해서 교대순환 방식이 통제를 벗어나지 않게 할 수 있었을까? 나의 에너지를 따라갔기 때문이다. 나의 에너지가 그런 탈선행위를 알려주는 고자질쟁이였다.

내가 지금 당장 해야 하는 일이 무엇인지 어떻게 알 수 있을까? 나의 기분에게 물어본다. 내가 다양한 선택지를 제시하면, 나의 기분은 시큰둥한 표정을 짓거나, 또는 열렬한 반응을 보인다. 기분이란 미묘한 것일 수 있다. 기분이 보내는 메시지를 감지하기 위해 가만히 앉아 있어야 할 수도 있다. 때로는 기분이 전혀 미묘하지 않을 때도 있는데, 그럴 때는 내가 '유예하기의 반발력'이라고 부르는 현상이 나타나기도 한다. 이에 대해서는 7장에서 자세히 논의하겠다. 아무튼 에너지를 따라가면 내가 언제 교대순환을 해야 하는지 알 수 있다. 나는 졸리면 굳이 참지 않는다. 지루함을 느낀다고 해서 스스로에게 고함을 지르지 않는다. 단지 나의 마음이 원하는 다른 걸 하게 놔둘 따름이다. 이에 대해서는 뒤에서 좀 더 자세히 다루겠다.

나의 에너지를 무시한다는 건, 마치 해적들이 바람을 무시하는 것처럼 터무니없는 일이다.

에너지를 따라가면 내 안에서 날뛰는 코뿔소를 관찰할 수 있고, 그 코뿔소가 샐러드바에서 뭔가를 더 먹고 싶어 한다는 사실을 알 수 있다. 그러고 나면 그 짐승이 주방으로 돌진해 난장판을 만들기 전에 서둘러 그 코뿔소에게 다가가 원하는 것을 제공한다.

공부할 때 사용하던 해적 활동을 직장에서 처음 연습할 당시에도 나의 의식이 아주 중요한 역할을 한다. 나의 의식은 나의 마음이 조용히 앉아 있을 공간을 마련해주고 나의 마음이 필요한 자원을 제공해주기 위해 부단히 협상을 벌인다. 그 결과 나는 창의적으로 일을 할 수 있다. 내가 만들어내는 지적 재산들은 독특하면서도 가치가 있으며, 나의 고객들과 동료들은 그런 결과를 기쁘게 받아들인다.

자유롭게 풀어주기 휴리스틱

만약 여러분이 배워야 할 가치가 있는 것이라면 무엇이든 집중할 수 있는 정말로 강력한 의지와 능력을 갖고 있다면 어떻게 하겠는가? 사실은 나 자신이 가끔 그런 상태가 된다. 그렇게 되면 이제 코뿔소는 사라지고, 작고 귀여운 강아지가 나타난다. 셔틀랜드 쉽독이나

잭 러셀 테리어 같은 종을 생각하면 된다.

내가 나의 마음에 명령을 내릴 수 있게 되면, 너무 과도하게 명령을 내리지 않도록 세심하게 주의를 기울인다. 나는 내 마음을 작은 강아지처럼 다룬다. 그것은 마치 강아지를 데리고 숲속을 산책시키는 것과 같다. 나는 언제나 산책로를 따라가려 애를 쓰지만, 강아지는 언제나 옆길로 새면서 덤불 속을 조사하려 하기 때문이다. 강아지에게 "이리와!"라고 말하거나 줄을 끌어당길 수도 있지만, 그러기보다는 오히려 줄을 길게 풀어주는 방식을 사용한다.

줄을 길게 풀어준다는 건 나의 마음이 어느 정도는 마음껏 방랑할 수 있게 허용한다는 걸 의미한다. 그러나 (내가 마음껏 써도 되는 시간이 얼마나 되느냐에 따라서) 10분 또는 1시간마다 '줄'을 잡아당겨 다시 원래의 일로 복귀하게 만들어야 한다. 그렇게 한동안 해야 할 일을 하다가, 다시 나의 마음이 뛰어놀 수 있게 풀어준다. 이런 과정의 반복이다.

자유롭게 풀어주기의 본질은 산만함을 기꺼이 허용하는 것이다. 그렇게 나는 책임질 수 있는 산만함이라는 능력을 길렀다.

이런 호기심 활동이 나에게 어떤 식으로 도움이 될까? 나의 일을 원만하게 끝내도록 해주면서도, 우연한 행운을 통해 그 결과를 더욱 뛰어나게 만들도록 도와준다. 자유롭게 풀어주기는 주변부적인 지혜를 얻기 위한 휴리스틱 기법의 일환이다.

생산적인 방황을 위해 자유롭게 풀어주기 기법이 유용하다는 사실을 처음 발견했을 당시, 나는 이 방법을 실험하기 위해 15분마다 알람이 울리도록 시계를 맞춰두었다. 그리고 알람이 울리면, 다른 생각을 하다가도 다시 원래 하던 일로 돌아갔다.

며칠 동안 그렇게 실험하고 나자, 15분짜리 알람시계가 나의 머릿속에 새겨졌다는 사실을 알게 되었다. 그래서 나는 자동적으로 원래 하던 일에 다시 집중할 수 있게 되었다. 그렇게 해서 더 이상 알람시계는 필요없게 되었다.

때로는 나의 작은 강아지가 갑자기 거대한 코뿔소로 변하기도 해서 스스로 놀라기도 한다. 그 코뿔소가 숲속으로 마구 돌진하고, 나는 무기력하게 끌려간다. 바로 그 시점에는 에너지를 따라야 한다는 원칙을 다시금 깨닫는다. 다시 말해 실행하고자 하는 자아와 분석하고자 하는 자아 사이에서 적절하게 잘 통제하는 것이 중요하다는 것이다. 참고로 나는 실행하고자 하는 자아를 나의 자아, 의지, 거대하고 강력한 '나 자신', 또는 캐리비안의 해적이라고 부른다. 반면에 분석하고자 하는 자아를 나의 마음, 생각하려는 자아, 또는 나의 해적선이라고 부른다.

에너지에 맞서 싸우지 않고, 그것을 잘 안내해 데려가는 방법을 배워야 한다.

중요한 비결

나는 의도적으로 뭔가를 배울 수도 있고,
우연한 기회를 통해 가르침을 얻을 수도 있다.
나는 두 가지 방식을 모두 사용한다!

chapter 07

즐겁게 공부하렴, 제임스!

무언가를 하고 싶다면
그냥 시작하면 된다.

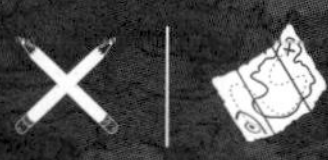

열네 살 때, 아버지가 나에게 컴퓨터를 한 대 보내주셨다. 애플 2 플러스(Apple II Plus) 모델이었고, 메모리는 48K바이트였다. 48K바이트란 0 또는 1로 된 정보(비트, bit)가 39만 3,216개 있다는 의미다.* 다시 말해 메모리는 비트로 이루어진 하나의 도시다. 당시에는 이게 상당히 많은 것처럼 보였다. 또한 중앙처리장치(CPU)의 속도는 1메가헤르츠(MHz, megahertz)였다. 1초에 100만 번의 연산을 수행한다는 의미다.

거액의 복권에 당첨된 사람이 산더미처럼 쌓인 돈다발 속에 파묻히는 일을 상상하듯이, 나는 컴퓨터의 비트와 헤르츠 속으로 기꺼이 몸을 던지고 싶었다.

그런데 사실 그보다 며칠 전에 아버지는 이상한 매뉴얼을 하나 보

---

* 48 × 1024(K) × 8(bit) = 393,126(bit)

내주셨다. 나는 애플의 아름다운 로고가 새겨진 그 매뉴얼의 냄새를 지금도 기억한다. 마치 오즈의 마법사가 살고 있는 세상에 떨어진 도로시(Dorothy)가 된 기분이 들었다. 나는 그 매뉴얼을 정신없이 탐독했다. 그건 내가 힘들게 생각하던 학교 숙제와는 전혀 다른 것이었다. 학교 공부는 머릿속에 들어가자마자 금세 사라져버렸다. 그러나 컴퓨터의 매뉴얼은 마치 내 마음속에서 불꽃놀이처럼 터졌다. 매뉴얼의 내용을 읽고 그것을 이해하고 나면, 그것의 의미와 사용법이 불꽃을 일으키며 폭발했다.

그리고 며칠 뒤에 동생 조나단이 우리 집 차고에서 이상한 상자들이 놓여 있는 걸 발견했다. 각각의 상자에는 애플 컴퓨터의 로고가 선명하게 새겨져 있었다. 누군가 나에게 알리지 않고 그걸 가져다놓은 것이다! 우리는 그 상자들을 집 안으로 날랐다. "조심해, 조심해, 조심하라고!" 그리고 모든 걸 풀어헤쳤다.

세상에! 마치 미래에서 온 듯한 회색 플라스틱 물체들이 있었다. 무뚝뚝하지만 똑똑해 보이는 흑백의 모니터와 수많은 버튼으로 가득한 키보드도 있었다. 각각의 버튼을 누르면 분명히 어떤 동작을 하는 게 분명했다.

나는 이렇게 상상했다. 각각의 버튼은 컴퓨터의 두뇌에 보내는 고유한 메시지이며, 그걸 통해 나의 생각과 바람을 컴퓨터에 전달할 수 있을 거라고 말이다.

표면에 눈금이 매겨져 있고 전자펜이 달린 그래픽스 태블릿(graphics tablet)도 있었다. 그리고 '디스크 드라이브(disk drive)'라고 부르는 상자가 컴퓨터에 연결되어 있었다. 이건 뭘 하는 걸까? 이걸 어떻게 작동시키는 거지? 납작하고 네모난 이걸 여기 안쪽에 넣는 걸까? 매뉴얼을 찾아볼까? 그럴 시간이 없어! 나는 케이블을 집어 들어 맞는 위치에 끼워 넣었다. 디스크라고 부르는 납작하고 네모난 걸 디스크 드라이브라고 하는 곳에 밀어 넣었다. 그런데 들어가지 않기에 살펴보니, 방향이 반대였다. 그래서 다시 올바른 방향으로 밀어 넣었다. 전원을 켰다. 이렇게 덜그럭거리는 소리가 나는 게 맞는 건가?

전원이 켜진 건가? 뭐라도 해보자! 키보드 자판을 하나씩 눌러봤다. 게임용 패들(paddle)* 도 만지작거렸다. 키보드로 'RUN(실행)'이라고 쳐보았다. 'CATALOG(카탈로그)'라고 쳐보았다. 'LIST(리스트)'라고 쳐보았다.

어린 남자아이들에 대해 생각해보라. 나와 같은 소년들은 각자가 생각하는 우주의 지배자가 되기를 원한다. 그래서 우리가 만화책과 롤플레잉 게임과 액션영화를 좋아하는 것이다. 컴퓨터는 하나의 우주였다. 그것은 독립적이며 완전한 우주였다. 대부분의 해커가 남성인 것도 이해가 된다. 컴퓨터는 뭔가 심오한 욕망을 충족시키기 때문이다. 고대인들은 소년들을 내보내 동굴곰(cave bear)** 을 상대하게 했다. 오늘날 우리는 마이크로소프트의 제품들과 맞서고 있다.

당시의 나에게 이런 욕구가 더욱 절실했던 이유는, 내가 나 자신의

---

* 조이스틱(joystick)처럼 생긴 조작 도구.

** 선사시대에 주로 동굴에서 서식하던 대형 곰.

삶을 거의 통제하지 못한다고 생각했기 때문이다. 나는 내 삶에서 마주치는 거의 모든 어른과 냉전을 치르고 있었다. 나의 아버지만은 예외였는데, 당시에 나의 곁에 살지 않았기 때문이다. 그리고 내 또래의 수많은 아이와도 마찬가지였다. 그런 상황에서 컴퓨터는 나에게 거의 마약처럼 매력적으로 다가왔다. 마치 코카인처럼, 밤에도 나를 잠들지 못하게 했다. 마치 LSD처럼, 나에게 환각을 보여주었다. 마치 모르핀처럼, 나의 고통을 없애주었다.

리스트(LIST)

그것은 내가 컴퓨터와 사랑에 빠지게 만든 단어였다. 아버지가 나에게 컴퓨터를 보내주기 네 달 전, 나는 '버몬트 아마추어 망원경 제작자 대회'에 참석했다. 당시에 나는 새아버지의 친구인 슈위텍(Schwittek) 씨와 그곳에 함께 갔는데, 그는 IBM에서 일하고 있었다. 우리는 수백 개의 나무 원통과 유리 렌즈들 사이를 걸어 다녔다. 아쉽게도 그 망원경들 가운데 내 것은 없었다. 그리고 우리는 그걸 만질 수도 없었고 사용해볼 수도 없었기 때문에, 나는 점점 더 지루해졌다. 그러다 우리는 어떤 테이블 위에 덩그러니 놓여 있던 컴퓨터를 한 대 발견했다. 그리고 화면의 구석에서는 흰색의 작은 사각형이 깜빡거렸다. 놀랍게도 슈위텍 씨가 그걸 다루는 법을 알고 있었다. 그는 컴퓨터 앞으로 걸어가더니, 마치

〈스타 트렉(Star Trek)〉 시리즈에 등장하는 스팍(Spock)처럼 키보드를 만지작거렸다. 그러자 컴퓨터가 즉시 깨어났다. 의미를 알 수 없는 수천 개의 단어와 기호들이 화면의 아래쪽에서부터 마치 모닥불처럼 피어오르더니 화면의 위쪽으로 흘러서 사라졌다.
나는 놀라서 물었다. "어떻게 하신 거예요?"
그가 대답했다. "아, 리스트(list)라고 입력한 거야. 그건 현재 메모리에 올라와 있는 프로그램들의 목록을 디스플레이하라는 명령어란다."
명령어! 디스플레이! 프로그램! 바로 그 순간, 나는 컴퓨터의 왕이 되고 싶었다.

폭풍 공부

나는 완전히 정신을 빼앗겼다.

내가 이렇게 황홀감을 느낀 어린 시절에 작성한 소프트웨어를 지금도 갖고 있으면 참 좋을 거라고 생각한다. 나는 프로그램을 하나 만들 때마다 뭔가 새로운 것들을 시도했다.

내가 만든 첫 번째 프로그램은 태양 주위를 도는 행성의 궤적을 그리기 위한 것이었다. 먼저 종이에 그 프로그램에 대한 구상안을 적어보았다. 그때는 매뉴얼을 먼저 받아보고 컴퓨터가 도착하기를 기다리면서 무척 안달하고 있을 때였다. 나는 진땀을 흘리면서 그 작업에 완전히 매달렸다. 그 프로그램의 구상안을 깨끗한 종이에 몇 번이나 적고 또 적었다. 그것을 머릿속에서 상상하고, 그것의 문제점을 발견해내고, 문제가 있다면 수정했다. 당시에 내가 사용한 컴퓨터 언어는 '애플소프트 베이직(Applesoft BASIC)'으로, 애플 2 컴퓨터에 내장되어 있었다. 그것은 마치 컴퓨터가 자신만의 신비한 언어로 말을 하는 것이라고 생각했다. 그리고 컴퓨터가 도착하자 나는 마침내 프로그램을 직접 입력할 수 있게 되었다. 매뉴얼의 내용을 하나하나 따라가면서, 컴퓨터의 눈부신 시스템 안으로 프로그램을 입력해 넣었다. 그리고 그것은 완벽하게 작동했다. 그것은 내가 이제껏 작성한 모든 프로그램 가운데에서도, 첫 번째 시도 만에 내가 의도한 대로 정확하게 작동한 몇 안 되는 프로그램들 가운데 하나로 남아 있다.

행성들을 가지고 노는 것 외에도, 나는 〈어드벤처(Adventure)〉라는 컴퓨터 게임을 구입했다. 이 게임은 텍스트로 작은 세계를 구현해놓은 것이다. 게임에서는 내가 지금 어디에 있는지, 그리고 무슨 일이 일어나는지 말해주었다. 그러면 나는 '북쪽으로 가' 또는 '검을 집어' 같은 명령어를 입력했다. 처음 이 게임을 시작했을 때, 나는 그 안에서 일어날 수 있는 수많은 가능성 때문에 너무나도 혼란스러웠다. 게임이 나를 처음 안내한 곳은 작은 집 안에 있는 어떤 방이었다. 그리고 그 방에 대한 설명이 나왔다. 그렇게 나는 명령어를 입력하기 시작했다.

일주일 뒤에도 나는 똑같은 방 안에 머물러 있었다. 그때까지도 그곳을 빠져나가지 못한 것이다! 나는 '밖으로 나가', '남쪽으로 가', '방을 떠나', '문을 열어', '문을 부숴', '벽을 파괴해' 등 내가 생각할 수 있는 모든 명령어를 시도해봤다. 그러다 결국 넌더리를 내며 게임 프로그램을 해킹해서 처음 시작하는 방의 북쪽 벽에 구멍이 있는 것으로 프로그램을 바꾸었다. 그리고 게임을 다시 실행한 다음, '북쪽으로 가'라는 명령어를 넣어 그곳을 탈출했다. 나는 내가 영리하다고 생각했다. 그런데 나중에 그 방을 나가는 정확한 방법을 알고는 그 생각을 바꾸었다. 정확한 명령어는 그냥 '나가(EXIT)'였기 때문이다.

그렇게도 융통성이 없다니! 너무나도 멍청한 프로그램이 아닌가! 아무튼 그때쯤이 되자 나는 이미 내 컴퓨터가 가진 많은 한계점을 파악하고 있었다. 나의 꿈은 너무나도 원대했지만, 나의 컴퓨터는 매일 매일 더 느려지고 더 작아지는 것 같았다.

나는 컴퓨터를 더욱 빠르게 통제하고 더욱 완전하게 장악하고 싶었다. 그리고 마침, 그럴 수 있는 방법이 하나 있었다. 내 컴퓨터에는 애플소프트의 언어 외에도, 그 컴퓨터를 훨씬 더 빠르고 더욱 완벽하게 통제할 수 있는 또 다른 언어가 있었다. 그것은 바로 어셈블리(Assembly)라는 프로그래밍 언어였다. 어셈블리는 컴퓨터의 마이크로프로세서가 직접 말하는 언어였다. 그것은 컴퓨터의 가장 안쪽에 있는 생각들을 표현하는 언어였다.

나의 컴퓨터라는 세계를 좀 더 완전하게 통제하고 싶었지만, 나는 어셈블리 언어가 무서웠다. 왜냐하면 나에게 컴퓨터의 명령어를 처음 알려준 IBM에 다니던 그 아저씨가 이렇게 말했기 때문이다. "어셈블리는 아주 어려운 언어야. 가장 똑똑한 프로그래머들만 그걸 사용할 수 있단다." 그래서 만약 내가 어셈블리 언어를 배웠다가 잘 안 되면, 내가 너무 멍청해서 컴퓨터 박사가 될 수 없다는 사실이 드러날 것만 같았다.

우리 아버지는 전혀 거리낌이 없었다. 아버지는 평생 컴퓨터 프로그램이라는 걸 해본 적이 없지만, 컴퓨터가 사용하는 언어를 배운다는 게 쉬울 거라고 생각했다. 아버지는 《6502 어셈블리 언어 프로그래밍(6502 Assembly Language Programming)》이라는 책을 찾아서 나에게 보내주셨다. 그런 게 아버지의 스타일이었다. 아버지는 가끔 마치 한 마리의 나비처럼 가볍다. 현실적인 어려움은 그다지 신경 쓰지 않는다. 무언가를 하고 싶다면, 그냥 시작하면 되는 것이다.

나의 인생을 바꾼 실험

그런데 그 책은 나에게 처치 곤란한 물건이 되었다. 나는 그걸 버릴 수 없었다. 아버지가 준 선물이었기 때문이다. 그렇다고 읽어볼 엄두도 나지 않았다. 왜냐하면 내가 바보라는 사실이 들통날 것 같았기 때문이다. 그래서 그 책은 여섯 달 동안이나 들춰보지도 않은 채, 내 방의 잡동사니들 속에 그대로 파묻혀 있었다.

그러나 열네 살의 어느 봄날, 방 안에서 더러운 빨랫감들을 치우다

침대 밑에서 고개를 내밀고 있는 그 책을 발견했다. 나는 아직까지도 그 책을 읽지 않았다는 사실에 죄책감이 밀려왔다. 익숙한 감정이었다. 그때 뭔가 이상한 일이 일어났다. 어떤 이미지가 내 머릿속에 흘러들어온 것이다. 나는《6502 어셈블리 언어 프로그래밍》에 있는 문장들이 마치 급류를 가로지르며 놓여 있는 징검다리라는 생각이 들었다. 책에 있는 각각의 아이디어들은 그 길 위에 있는 하나하나의 돌이었고, 한 개의 문장이 끝나면 그다음 문장으로 이어지는 것이었다. 어셈블리 언어를 배우려면, 나는 그 과정에 가로놓인 징검다리의 돌을 하나씩 건너가야만 했다. 만약 책의 내용이 너무 어렵다면, 징검다리의 간격이 너무 넓어 건너뛰기 힘든 지점들도 분명히 있을 것이다. 그런 지점은 어떤 문장이나 어떤 단어, 아니면 문장부호가 될 수도 있었다.

어쩌면 내가 아주 신중하게 잘 건너뛴다면, 그 징검다리를 무사히 건너갈 수도 있을 것이다. 그래서 한 가지 실험을 해보기로 했다. 우선 첫 번째 장을 천천히 읽어보는 것이었다. 한 번에 문장 하나씩 읽고, 그림도 하나씩 살펴보면서 말이다. 일단 내가 더 이상 이해할 수 없는 지점까지 그 징검다리를 건너가보기로 했다. 징검다리의 간격을 조사하다 보면, 그걸 건너갈 수 있는 방법을 찾을지도 모른다는 생각이 들었다. 내가《6502 어셈블리 언어 프로그래밍》이라는 책을 이해하지 못할 수도 있지만, 그래도 왜 그걸 이해할 수 없는지는 알 수 있을 거라는 생각이 들었다.

그런데 막상 책의 표지를 넘기는 것부터 쉽지 않았다. 나는 표지를

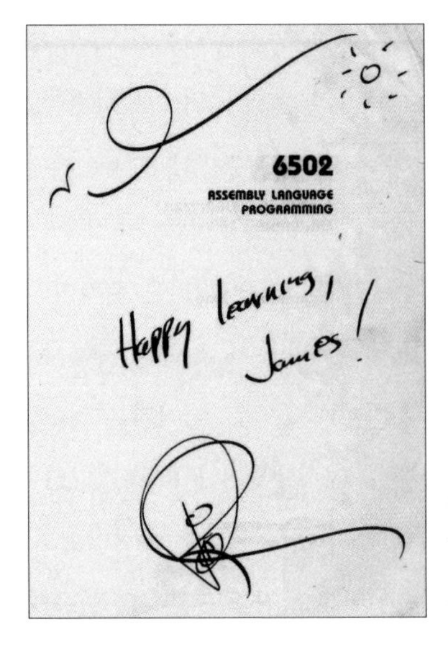

아버지가 선물한 책 《6502 어셈블리 언어 프로그래밍》. 태양이 빛나는 하늘을 날아가는 갈매기 그림과 함께 "즐겁게 공부하렴, 제임스!"라고 써 있다.

한참 동안이나 가만히 바라보았다. 마침내 표지를 넘겼는데, 아버지가 적어놓은 메모가 있어서 깜짝 놀랐다. "즐겁게 공부하렴, 제임스!" 아버지는 마치 내가 이 실험을 시작하길 기다린 것 같았다.

그렇게 나는 본격적으로 첫 페이지를 펼치고 읽어나가기 시작했다. 예상한 대로 첫 부분은 쉬웠다. 그런데 그다음 내용은 더 쉬웠다. 저자는 컴퓨터가 무엇인지 설명했다. 거의 유치원 수준이었다. 불과 2분도 지나지 않아 한 문장씩 읽으려던 작전을 포기하고 좀 더 어려운 내용을 찾아 훑어나갔다. 분명히 어려운 내용이 있을 거라고 생각했다.

그러다 다음과 같은 내용을 발견했고, 그 구절이 모든 것을 바꾸어 놓았다.

> 프로그래밍이 처음인 사람에게는 강의 교재가 두렵게 느껴지는 경우가 많다. 그러나 어떤 한 가지를 배우는 과정에 포함되어 있는 수많은 작업을 각각 별개로 분리해서 하나씩 실행하다 보면, 그 내용을 따라하기가 좀 더 쉬워진다. 이번 장의 목적은 그러한 작업들을 분리해서 설명하는 것이다.
>
> – 랜스 레벤탈(Lance Leventhal), 《6502 어셈블리 언어 프로그래밍》

마치 눈보라 속을 빠져나온 것 같았다. 나의 영혼을 위해 마련해놓은 따뜻한 코코아 한 잔처럼 느껴졌다. 나는 이 구절을 읽고, 이런 생각이 들었다. '그래, 나도 어셈블리 언어로 프로그래밍하는 걸 배울 수 있어!' 저자는 내가 걱정할 것을 예측하고 있었다. 그는 불안감을 느끼는 게 정상이며, 이런 불안감을 지나갈 거라고 말했다.

그러자 갑자기 약간의 혼란스러움 정도는 두렵게 느껴지지 않았다. 이봐요 레벤탈 씨, 좀 더 어려운 내용을 가져와보라고요. 하지만 그 책을 통틀어 정말로 어려운 건 없었다. 모든 내용이 체계적으로 설명되어 있었다. 각각의 지점은 다음 부분으로 쉽게 이어졌고, 거기에 그림까지 더해져 텍스트의 내용을 보강해주었다. 그래서 나는 어셈블리 언어로 간단한 프로그램을 하나 작성했다. 제대로 작동됐다. 그래서 이번에는 좀 더 용량이 큰 프로그램을 작성했다.

결국 나는 해냈다. 그 강물을 건넌 것이다. 그리고 불과 2년도 되지 않아 나는 컴퓨터 게임을 개발하는 일을 하게 되었다. 내가 그 일자리를 얻어낼 수 있었던 이유는, 어셈블리 언어를 알고 있었기 때문이다.

결국 아버지가 옳았다. 그것은 즐거운 공부였다. 나는 내가 영리하다고 느꼈다. 내가 영리하다는 느낌이 들면, 나는 더욱 많은 에너지를 배움에 쏟아부었고, 그러면 나는 더욱 발전했다. 그래서 내가 좀 더 영리해졌다고 느낀다면, 실제로 나는 더 영리해진 것이다.

중요한 비결

멀리에서 바라보면,
재미있게 배울 수 있는 것도 두려워 보일 수 있다.

이것이 바로 내가 어린 시절에 인지적 요령과 관련하여 가장 처음 경험한 일들 가운데 하나다. 강압적인 의지력으로 '모든 걸 짓누르고 공부하는 것'에만 매진하지 않고, 나는 다음처럼 부드러운 손길로 다독였다.

- 스스로 준비가 되었다는 신호가 있기 전까지, 나의 마음이 그 책을 멀리하게 해주었다. 그 신호는 그 책에 대한 순수한 호기심의 감정으로 찾아왔다. 그러자 두려움이 누그러졌다.
- 프로그래밍 학습 과정을 하나의 실험으로 간주함으로써, 나 자신을 보호했다. 설령 그 실험의 결과가 아무리 형편없더라도, 스스로

에게 이렇게 말할 수 있었다. "그냥 실험일 뿐이잖아." 그런 태도가 그 실험에 대한 결과에서 정서적인 거리를 두게 해주었다.

- '정서적인 거리'를 둠으로써, 나는 '인지적인 거리'를 없앨 수 있었다. 내가 구할 수 있는 자료에 최대한 가까이 다가갔다. 책에 있는 모든 단어를 빠짐없이 읽었고, 그 내용을 확실히 이해했는지 확인한 후에야 다음으로 넘어갔다. 나는 '정신없이 뛰어들었고' 놀랍게도 그 책에 몰입하는 것이 애초에 걱정하던 것보다도 훨씬 더 즐겁다는 사실을 깨달았다. 멀리서는 어렵게만 보였지만, 막상 도망가는 걸 그만두자 쉬운 것으로 변해 있었다.
- 나는 스스로에게 탈출구를 마련해주었다. 언제든 빠져나갈 수 있는 길을 갖게 되면, 좀 더 용기를 갖고 뛰어들 수 있다.
- 나는 직접 프로그램을 작성하면서 실제로 활용해보았고, 그것이 작동하는 걸 눈으로 확인했다.

순환식 학습

징검다리라는 이미지가 나에게 도움이 된 건 사실이지만, 나에게 그러한 도움이 필요한 이유는 내가 순환식 학습(cyclic learning)이라는 개념을 알지 못했기 때문이다. 그전까지 나는 지식이라는 것이 연속선 위에 놓여 있는 사실들을 배우는 것이라고 믿었다. 그런 연속성을 어긴다면 제대로 배우지 못하거나, 아니면 얕은 수준의 지식만을 갖게 될 거라고 생각했다.

징검다리 방식의 배움이라는 아이디어는 너무나 단순하다. 징검다리의 디딤돌은 듬성듬성 놓여 있다. 따라서 그것은 반듯한 연속선 위에 놓여 있는 사실들을 배우는 방식이 아니다. 마찬가지로 순환식 학습이란 지식의 빈틈이 있다면 그것을 적극적으로 채워나가고 미진한 부분을 해결해나가는 과정이다. 그리고 순환식 학습은 여러 방면의 폭넓은 단계에 걸쳐 이루어진다. 하지만 그러한 단계들은 사전에 미리 규정된 것도 아니고, 엄격한 연속선 위에 놓여 있는 것도 아니다.

순환식 학습이 작동하는 방식은 다음과 같다.

1. 첫 번째 시도

자료를 처음 접하고, 그걸 이해하려 노력한다. 일부는 이해가 될 것이고, 일부는 이해되지 않을 것이다. 그러나 걱정하지 마시라! 웃으면서 마음을 편안하게 갖는다. 만약 혼란스러움을 느끼더라도, 마치 아무것도 잘못되지 않은 것처럼 일단은 계속해서 진행한다.

2. 내가 알게 된 것을 점검한다

진도를 나간 것을 자랑스럽게 여긴다. 왜냐하면 내가 모든 것을 이해하지 못했다고 해서, 내가 그걸 완전히 무시한 것은 아니기 때문이다. 혼란스러운 부분이 있더라도 그것은 감점 요인이 아니다. 그것은 오히려 내가 다시 찾아보기 위해서 표시를 해놓은 것이다. 그래서 내가 아직까지 제대로 이해하지 못한 부분이 어디인지 알려준다.

3. 잠시 멈추고, 뭔가 다른 일을 한다

이런 멈춤은 아주 잠깐이 될 수도 있고, 몇 년이 될 수도 있다.

4. 다음 번 시도

그 자료를 다시 철저히 살펴본다. 이전에 혼란스러웠던 내용이 혹시 자연스럽게 해결되었는지 알아본다. 만약 그렇지 않다면, 아직 빈틈이 있는 부분을 하나 골라 그 문제를 연구한다. 나는 이 과정에서 구글로 검색을 하거나, 다른 사람과 이야기를 나누거나, 다른 책을 찾아보거나, 누군가에게 물어보거나, 실험을 해보기도 한다.

5. 다시 멈춤

순환식 학습은 내 마음속의 형상을 적극적으로 조각해나가는 과정이다. 처음에는 비록 대충 다듬는 것으로 시작했지만, 새로운 정보들을 습득하면서 나의 지식을 더욱 정교하게 다듬어나가는 것이다. 순환식 학습이 교대순환의 원칙을 어떻게 구현했는지 살펴보기 바란다. 그리고 이런 과정을 관리하는 데 호기심의 에너지를 따르고 그것을 자유롭게 풀어준다는 기법이 어떻게 활용되었는지도 살펴보기 바란다.

순환식 학습이 성공하는 데 핵심은 자아비판을 멈추고, 이해하지 못해서 혼란스러워하는 상황을 허용하는 것이다. 그런데 나도 아주 어렸을 때는 그렇게 할 수 없었다. 왜냐하면 내가 혹시 바보일지도 모른다는 사실이 두려웠고, 어떤 내용을 이해하지 못해서 혼란스러워하는 모습을 보이면 내가 바보라는 사실이 증명된다고 생각했기 때문이다. 지금의 나는 어린 시절의 나와는 다르게 다음과 같이 생각한다. 나는 영리해질 수 있다는 사실을 알고 있다. 나는 멍청할 수도 있다는 사실을 알고 있다. 그리고 어찌 됐든, 나는 가치 있는 사람이라는 사실을 알고 있다.

순환식 학습은 이제 막 스스로 공부하기를 시작한 사람에게는 혼란스러워 보일 수 있다. 처음 요트 조종법을 배울 때 누구나 혼란스러움을 경험하는 것과 마찬가지다. 그러나 거듭되는 훈련과 경험을 통해, 우리는 요트의 돛을 조정하는 방법을 배우게 된다.

중요한 비결

뭔가를 이해하려 시도했다가 설령 실패하더라도,
그것 역시 진전이다.

순환식 학습은 내가 어떤 주제를 공부할 수 있지만, 그걸 이해하지 못할 수도 있음을 인정하는 것이다. 그럼에도 그것을 여전히 성공적인 학습이라고 부른다! 그런데 대체 어째서 '이해하지 못하는 것'이 어떻게 성공적인 학습이 될 수 있을까? 다음과 같은 방식을 통해 그럴 수 있다.

- **실패를 해도 발전이 있다**

내가 '전혀 들여다보지 않은' 것을 모르는 것과 내가 '들여다본' 것을 모르는 것 사이에는 커다란 차이가 있다. 따라서 무엇을 들여다보는 것만으로도 진전이라고 부르는 이유는, 내가 모르는 부분이 어디인지 확실히 알 수 있게 되기 때문이다. 예를 들면 "나는 기상학에 대해서는 아무것도 몰라"라고 말하는 것이 아니라, "나는 아직 헥토파스칼(hPa, hectopascal)과 밀리바(mb, millibar)* 의 차이는 확실히 몰라"라고 말하는 것이다. 따라서 확실히 이해하지 못하는 것도 성공적인 탐색 활동이 될 수 있다.

● **잠을 자면서도 학습이 이루어진다**

나의 무의식은 혼란스러움을 느끼는 개념을 먹어치우는 소화효소처럼 작용한다. 그런 혼란을 먹어치우고, 또 먹어치운다. 나의 마음은 느리게 움직일 때도 있지만, 어떤 경우에는 매우 가차 없을 때도 있다. 풀리지 않는 미스터리를 내버려두지 않는다. 궁금한 것은 반드시 풀어내야 한다.

● **다른 사람들의 도움을 이끌어낸다**

만약 전문가들에게 도움을 요청하는 경우에도, 내가 이미 그것을 알아내기 위해 열심히 노력했다는 사실을 알고 있을 때 그 사람들이 나를 도와줄 가능성이 더 높다.

● **다른 사람들의 배움을 도와준다**

만약 나와 함께 무언가를 공부하는 사람들이 있는 경우, 만약 내가 어떤 사실을 이해하는 데 어려움을 겪는 걸 보는 것만으로도 그 사람들이 해당 주제를 이해하는 데 도움이 될 수도 있고, 새로운 방식으로

* 헥토파스칼과 밀리바는 기압을 나타내는 단위다.

시도하도록 영향을 줄 수도 있다. 그리고 선생님들도 만약 학생들이 어떤 주제에 대해 어려움을 겪는 걸 발견한다면, 그들은 학생들에게 다른 예제를 주거나 새로운 활동을 제시할 수도 있다.

● 뒤늦게 깨달음을 얻을 수도 있다

지금 당장은 이해가 되지 않아 혼란스러운 내용이라도, 시간이 지난 후에 어떤 새로운 사실이나 문제가 나타나서 돌이켜보면 더욱 강력한 지식으로 거듭날 수도 있다. 심지어 몇 년 후에 그런 일이 일어나는 경우도 있다. 미스터리 영화나 소설에서 이런 이야기를 많이 볼 수 있지 않은가? 어떤 주제에 대한 단서를 발견했는데, 처음에는 그 단서가 무엇을 의미하는지 모를 수도 있다. 그러나 그런 모든 단서의 의미를 설명해주는 추가적인 사실들을 나중에 알게 될 수도 있다. 끈기 있는 탐정이라면 풀리지 않은 문제들도 늘 마음속에 품고 있어야 한다.

● 내가 기대하는 것을 다시 생각해본다

어쩌면 내가 스스로에게 지나치게 많은 것을 기대할 수도 있다. 어쩌면 내가 잘못된 결과를 예상할 수도 있다. 나의 실패는 어쩌면 잘못된 것에 집중했기 때문에 나타난 결과물일 수도 있다. 설령 실패하더라도 그것은 내가 예상한 성공이 무엇인지 다시 한 번 생각해보게 만든다.

● 나의 혼란스러움이나 이해하지 못하는 것, 또는 나의 실패가 다른 사람에게는 어떤 해결책이 될 수도 있다

마찬가지로 나 역시 다른 사람들의 실패에서 해결책을 얻어낼 수 있다. 이는 상당히 중요한 의미를 갖는다. 왜냐하면 순환식 학습이 다른 수많은 사상가의 생각으로까지 확대되어 이루어질 수 있음을 의미하기 때문이다.

순환식 학습에 대한 한 가지 개인적인 사례는 언젠가 내가 발견한 어떤 문제였다. 나는 동생과 함께 이 문제를 풀어보려 노력했다. 그 문제는 이것이었다.

문제 : ABCDEFGHJMOPQRSTUVWXYZ
답 : ______________________________

아래 내용을 읽기 전에 여러분도 이 문제를 풀어보기 바란다.

동생 조나단은 이 문제를 풀어보려고 5분 정도 시도하다가 포기했다. 하하. 내가 이길 것 같았다. 나는 10분 동안 문제를 이리저리 살펴보다가, 뭔가 그럴듯한 답을 생각해냈다. "이 알파벳에서 빠진 글자들을 모아 놓으면 '가마(KILN)'라는 단어가 되네." 만족스럽지는 않지만, 그래도 어쨌든 말은 되었다.

그런데 조나단이 내가 쓴 답을 보더니 3초 만에 이렇게 외쳤다. "답은 링크(LINK)야!" 그 말이 맞는 것 같았다. 아시겠는가? 아이들 퀴즈에는 '가마(kiln)'라는 특이한 단어보다는 '링크(link)'가 맞는 것이다. 멋진 답이었다.

이 상황을 다시 살펴보자. 우리 둘 다 개인적으로 각자의 결론을 이끌어냈다. 그러나 둘 다 실패했다. 그러나 내가 생각해낸 절반의 아이디어('첫 번째 시도')가 조나단의 두뇌에 있는 신경세포들을 자극했다. 나의 실패가 동생의 성공을 가능하게 만들었다. 그렇게 해서 우리는 성공했다.

내가 하는 심층적인 학습이나 기술적인 학습은 모두 순환 방식이다. 새로운 기술이나 주제를 처음 배울 때면, 나는 스스로를 무식한 사람이라고 생각하지 않는다. 오히려 나는 장기적으로 일류 전문가로 성장하기 위한 여정의 첫 번째 발걸음을 뗀 사람이라고 생각한다. 이러한 순환식 학습에는 끝이 존재하지 않는다. 내가 알고 있는 것을 더욱 가다듬는 것만이 존재할 뿐이다.

집착하기와 잊어버리기 휴리스틱

집착하기와 잊어버리기는 다음과 같이 교대순환을 하는 학습 기법이다.

1. 집착하기

마치 몇 달 만에 처음 먹는 식사처럼 한 주제를 끈질기게 물고 늘어지는 것이다. 자기 스스로 그것에 끝까지 매달리는 것이다.

2. 잊어버리기

그 주제에 대한 에너지가 시들해지면, 그것을 풀어주는 것이다. 무엇을 배웠는지는 생각하지 않는다.

3. 반복하기

나는 열다섯 살에 미적분학을 공부했다. 나는 미적분학 문제를 푸는 건 좋아하지 않았다. (그건 나에게 진짜 중요한 문제가 아니었다.) 오히려 미적분학의 개념이 좀 더 흥미로웠다. 미적분학을 이용하면 무한급수(infinite series)*도 계산할 수 있다. 나는 그런 개념이 좋았다! 지금까지 그것을 실제로 계산해야 할 필요는 없었지만, 그래도 내가 그걸 계산할 수 있다는 사실이 멋지다고 생각했다. 아쉽지만 미적분학에 대한 지식들은 오래전에 잊어버렸다.

그런 사실이 나를 힘들게 한 시기가 있었다. 내가 무언가를 아무리 열심히 노력해서 공부해봐야, 전부 그냥 사라져버리기 때문이었다.

지금은 그런 것에 속상해하지 않는다. 내가 가진 주변부적인 지혜를 활용하면, 언제든 그것을 다시 나의 지식으로 만들 수 있다. 그러니 잊어버리는 것을 크게 아쉬워하지 않는다. 잊어버리기는 다음과 같은 장점이 있다.

- **잊어버리기는 나의 마음을 깨끗이 정리해주고, 다른 지식이 앞으로 나설 수 있게 도와준다**

나도 가끔은 어떤 주제의 세부적인 사항에 사로잡혀 꼼짝 못 하는 느낌이 들기도 한다. 잊어버리기를 함으로써 나는 다시 움직일 수 있고,

---

* 일정한 규칙에 따라 끝없이 이어지는 수의 합.

다른 생각에 집중할 수 있는 여유 공간을 만들어준다.

- **잊어버리기는 무엇이 중요한지 확실히 알려준다**

나는 모든 것을 한꺼번에 잊지는 않는다. 무의미한 것들을 먼저 잊어버리는 반면, 중요한 내용들은 마음속에 새겨서 간직한다. 이를 통해 중요한 주제를 더욱 잘 파악할 수 있고, 그와 관련하여 새로운 내용들을 배울 수 있게 준비가 된다.

- **잊어버리기는 내게 객관적으로 바라볼 수 있는 거리를 마련해준다**

어떤 주제를 좀 더 멀리에서 바라보면, 나는 그 주제를 좀 더 냉정하게 생각해볼 수 있고, 나의 위치가 어디이고 그다음에 어떤 걸 배우면 좋을지 더욱 잘 판단할 수 있다.

무언가를 잊어버릴 때면, 나는 그것을 나중에라도 다시 배워야 하는지, 그렇다면 다시 배울 수 있는지 스스로 생각해본다. 또한 다른 사람들도 그렇게 잊어버린다고 스스로에게 말한다. 그리고 참고자료들을 모아놓은 일종의 도서관을 만들어, 필요한 경우가 되면 좀 더 빨리 다시 배울 수 있게 대비한다.

몰입하기와 빠져나오기 휴리스틱

《6502 어셈블리 언어 프로그래밍》을 읽으면서 나는 이해가 되지 않아 혼란스러워지거나 주눅이 드는 것에 대한 두려움을 극복하는 테크닉을 우연히 알게 되었다. 그러나 아직까지는 그것이 하나의 테크닉이라는 사실을 깨닫지 못하고 있었다. 나는 그것이 무엇인지 나 자신에게도 설명할 수 없었고, 그것을 체계적으로 사용할 수 없었다.

지금은 거기에 '몰입하기'와 '빠져나오기'라는 이름을 붙였다. 이들 역시 교대순환의 원칙을 활용하는 또 하나의 휴리스틱 기법이다. 그리고 순환식 학습의 주요한 전술이기도 하다.

몰입하기와 빠져나오기는 어려운 과제를 마주했을 때, 그것을 정확히 어떻게 해내야 하는지 모르거나, 심지어 그것을 과연 해낼 수 있을지 모르는 경우에도 사용할 수 있는 접근 방식이다. 이는 다음과 같은 세 가지 부분으로 구성되어 있다.

1. 약속을 하지 않는다

자신이 하려는 것의 결과물에 대해 어떠한 예상도 하지 않는다.

2. 가장 어려운 문제에 지금 당장 달려든다!

걱정하지 마시라. 계획도 하지 말라. 그냥 뛰어들어 시도해본다.

3. 만약 제대로 되는 것 같지 않다면, 거기에서 중단한다

그만둬도 괜찮다. 기억하는가? 우리는 아무런 약속도 하지 않았다.

이것은 '끝까지 해낼 수 없는 건 시작도 하지 않는다'거나 '중간에 포기하는 자는 절대 성공할 수 없다'는 태도와는 전혀 다른 것이다!

몰입하기와 빠져나오기에 대한 실제 사례를 몇 가지 들어보겠다.

리클라이너

리클라이너*가 고장 난 적이 있다. 리클라이너 옆쪽에 발받침의 높이를 조절하는 손잡이가 하나 있었다. 그 장치의 안쪽에서 뭔가 딸깍하는 소리가 들리더니, 갑자기 그 손잡이가 마치 부러진 날개처럼 힘없이 떨어져 매달렸다. 아내가 "고쳐줘"라고 말했다. 나는 리클라이너 수리 전문가가 아니라고 설명했다.

일주일 뒤, 아내가 다시 "고쳐줘"라고 말했다. 나는 다시 한 번 리클라이너 안에는 분명 스위스 시계처럼 복잡한 장치와 케이블이 얽혀 있을 거라고 설명했다. 그런 걸 내가 어떻게 고칠 수 있단 말인가? 나는 컴퓨터 소프트웨어 업계에서 일하는 사람이었다.

한 달 뒤, 그녀가 다시 "고쳐줘"라고 말했다. 그래서 나는 그녀에게 보여주었다. 리클라이너를 뒤집은 다음, 내가 말했듯이 그 내부가 얼마나 복잡하게 되어 있는지 똑똑히 보여주었다. 그런데 바로 그 순간, 나는 케이블의 끝에 잠금장치가 하나 매달려 있는 걸 발견했다. 그리고 바로 옆에는 그 잠금장치에 정확히 맞을 것처럼 보이는 구멍이 하나 있었다.

나는 마치 허공에 바나나를 걸어놓고 근처에는 상자를 놓고 실험하던 원숭이가 된 기분이었다. 참고로 그 실험은 원숭이가 과연 상자를 바나나 밑으로 가져간 뒤 거기에 올라가 바나나를 손으로 끌어내는지 알아보려는 것이 목적이었다.

---

* 등받이의 기울기를 조절할 수 있는 편안한 의자.

나는 그 잠금장치를 구멍에 밀어 넣었다. 그걸로 끝이었다. 리클라이너를 고쳤다. 내가 고장 난 걸 고치지 못하는 이유를 설명하는 데 걸린 시간 5주, 내가 막상 그걸 고치는 데 걸린 시간 30초.

나의 실수가 뭐였을까? 아내에게 고백했듯이, 나는 논리학자들이 범주화의 오류(category error)라고 부르는 잘못을 저질렀다. 나는 리클라이너를 전반적으로 수리하는 능력을, 특정한 리클라이너가 가진 특정한 문제점을 고치는 작업과 혼동했다. 그 둘은 매우 다른 문제다. 그걸 고칠 수 없다고 판단하기 전에, 다만 몇 분이라도 거기에 뛰어들어 고쳐보려고 시도했어야 한다.

아내는 그걸 고쳐달라고 몇 번이나 말한 걸 제대로 듣지도 않은 게 나의 잘못이라고 생각했다.

계산기

언젠가 나는 계산기로 유명한 어떤 회사에 자문을 해준 적이 있다. 어느 날 그 회사의 다른 팀에 있던 직원 한 명이 나에게 한 가지 부탁을 했다. 자신이 만든 제품을 테스트하려고 하는데, 그 계획을 세우는 걸 도와줄 수 있느냐고 말이다. 나는 그가 만든 제품에 대해서는 아무것도 알지 못했지만, 같이 한번 해보자고 말했다. 그런데 막상 그와 함께 회의실에 들어갔을 때, 테스트 계획을 어떻게 만들어야 할지 도무지 아무런 생각도 들지 않았다. 그래서 나는 시간벌기 전략을 썼다. 그것은 바로 의뢰인이 먼저 말을 하게 만드는 것이다. 나는 이렇게 말했다. "당신의 제품을 그림으로 그려 저에게 설명해주세요."

그가 펜을 집어 들었다. 그리고 입을 열었다. 설명이 시작된 것이다. 10초 만에 나는 테스트에 대한 첫 번째 아이디어가 떠올랐다. 나는 그걸 노트에 적으면서, 동시에 그의 설명도 잘 들으려고 노력했다. 몇 분이 지나자, 나는 수많은 아이디어를 갖게 되었다. 글씨를 쓰는 손이 떨릴 정도였다.

한 시간 뒤, 회의실의 화이트보드에는 수많은 그림과 개념으로 뒤덮여 있었다. 우리는 함께 힘을 합해 계산기를 테스트하기 위한 전체적인 계획을 구상했다. 자신의 제품에 대해 알고 있는 그의 세부적인 지식과 기술, 그리고 테스트에 대해 알고 있는 나의 일반적인 지식이 합쳐져 많은 아이디어가 쏟아져나온 것이다.

나는 그 계산기에 대해 아무것도 몰랐지만, 일단 뛰어들어 시도해 보면 뭔가가 나오리라는 걸 어느 정도는 알고 있었다.

휴대전화 스위칭 시스템

나는 몰입하기와 빠져나오기의 힘을 믿는다. 그래서 고객들에게 늘 이렇게 말한다. "저에게 여러분의 소프트웨어가 있는 곳으로 데려다주세요! 제가 테스트를 해보겠습니다." 언젠가 휴대전화 스위칭 시스템에 대해 이야기를 들었을 때도 이렇게 말했다. 나는 걱정이 되지 않았다. 고객들은 나를 자신들의 연구소로 데려갔다.

내 눈앞에는 놀라운 광경이 펼쳐졌다. 그곳은 프랑켄슈타인의 실험실을 연상시켰다. 알 수 없는 장비들이 들어 있는 캐비닛들이 수없이 쌓여 있었다. 한쪽 벽면 전체에는 작은 휴대전화들로 빼곡하게 뒤덮여 있었는데, 각 기기는 모두 자동으로 전화를 걸어주는 소프트웨어에 연결되어 있었다. 그들은 나를 제어기 앞에 앉혔다. 나는 눈앞에 보이는 것이 무엇인지도 알지 못했다. 일단 그들이 테스트할 때 사용하는 매뉴얼을 보여달라고 요청했다. 매뉴얼의 첫 번째 줄에는 'MSA의 RTT를 8로 설정하시오'라고 적혀 있었다.

10분이 지난 후 나는 어깨를 으쓱하며 말했다. "이건 안 되겠습니다. 제가 이번 테스트를 본격적으로 진행하려면, 그 전에 먼저 여기에 있는 전문용어들과 기능들을 좀 더 공부해야 합니다." 매뉴얼을 이해해보려고 몰입했지만 실패한 것이다. 그러나 고객들은 나의 실패를 인정해주었다. 그들이 나를 그곳으로 데려간 이유는, 자신들에게 어려운 문제가 있다고 생각했기 때문이다. 물론 내가 그것을 해결해주면 좋았겠지만, 그러지 못할 가능성도 고려한 것이다.

나는 언제나 기꺼이 몰입하지만, 때로는 그만두고 빠져나오기도 한다. 빠져나와도 괜찮다. 그래서 내가 이 방식을 '몰입하기와 빠져나오기'라고 부르는 것이다.

유예하기와 밀어붙이기 휴리스틱

이제 몰입하기의 정반대 기법인 유예하기를 살펴보자. 유예하기는 무언가를 지금 당장 하지 않고 뒤로 미뤄두는 것이다.

유예하기 기법은 교대순환의 원칙과 주변부적인 지혜의 원칙을 따른다. 따라서 유예하기가 반드시 나쁜 것은 아니다. 나에게 유예하기는 생각하고 학습하는 데 정상적이며 반드시 필요한 부분이다.

유예하기는 많은 오해를 받는다. 흔히 유예하기는 뭔가 다른 중요한 할 일이 있을 때만 허용된다고 생각한다. 많은 사람은 뒤로 미루는 걸 그저 책임을 회피하는 행위로 받아들인다. 그러나 내가 학교 숙제를 하지 않은 이유는, 그걸 하고 싶지 않았기 때문이다. 그건 정확히 말하면 해야 할 일을 뒤로 미룬 게 아니라, 오히려 반항이라고 할 수 있다.

그리고 어떤 일을 끝마칠 수 있는 기회가 없었다면, 그것은 유예하기라고 할 수 없다. 그보다 더욱 중요한 일이 있다면 충분히 그럴 수 있다. 화재경보기가 울리는 상황에서 소방관이 싱크대에 더러운 접시를 그대로 남겨두고 나갔다고 해서 비난할 수는 없는 것이다.

유예하기란 내가 어떤 일을 해야 하는 상황에서, 그리고 내가 그걸 할 수 있는 기회가 있는데도 그 일 대신에 뭔가 덜 중요해 보이는 다른 일을 하는 걸 말한다. 나는 공부를 하고, 글을 쓰고, 새로운 아이디어를 만들어야 하는 상황에서 종종 유예하기를 한다. 나는 그걸 창의적인 유예하기라고 부른다.

중요한 비결

유예하기는 문제가 아니다.
그것은 오히려 문제를 해결하는 방식이 될 수 있다.

창의적인 유예하기가 중요한 이유는 창의적인 결과의 상당수는 무의식적으로 일어나기 때문이다. 내가 무언가를 작업하거나 학습하고 있었다는 사실조차 모르는 경우도 있다. 나의 마음은 나 자신조차 알 수 없고 변덕스럽다. 그럼에도 나는 그걸 부드럽게 관리하는 방법이 필요하다. 그렇다면 마감시한이 있는 경우에 그걸 잊어버리지 않는 방법은 무엇일까?

그건 바로 유예하기와 밀어붙이기 휴리스틱으로, 다음과 같다.

1. 나 스스로 잠시 가만히 앉아 있게 해준다

며칠 동안 내가 풀어야 할 문제나 해야 할 일을 생각하려고 하지 않는다. 그렇지만 저절로 아이디어가 떠오르는 경우를 대비하여, 언제나 노트는 가까이에 둔다. 그것은 마치 내 마음의 식당에 앉아서 음식이 나오기를 기다리며 애피타이저를 오물거리는 것이라고 할 수 있다. 그러다 보면, 하던 일을 마무리해야 한다는 생각이 저절로 들 수도 있다.

2. 주방의 문을 급하게 두드린다

결국 나는 일어서서 이렇게 말한다. 나는 이 일을 끝내야 해. 내가 가진 아이디어는 뭐가 있지? 내가 해야 할 일은 뭐지? 배가 고파! 일단 해보자고! 그런데도 아무런 생각이 떠오르지 않거나, 아직도 몸이 굼뜨고 둔하게 느껴진다면, 그것은 좋은 아이디어를 위한 요리가 아직도 끝나지 않았음을 의미한다.

3. 문이 활짝 열리지 않는다면, 다시 1번으로 돌아간다

마감일에 대한 압박이 점점 커질수록, 나는 주방의 문을 더욱 세게,

그리고 점점 더 자주 두드리게 될 것이다.

이런 휴리스틱 기법은 에너지를 따르기 휴리스틱과도 비슷하다. 그리고 에너지를 재축하기라고 부를 수도 있다.

유예하기와 밀어붙이기 기법과 함께 사용할 수 있는 다른 휴리스틱들은 다음과 같다.

과감한 행보

일을 진행하기 위해 내가 자주 쓰는 방법은 어떤 매체에 글을 쓰겠다고 약속을 하거나, 특정한 고객에게 특정한 시간에 강연을 하겠다고 말을 하는 것이다. 그리고 어렵기는 하지만 끔찍할 정도로 어렵지는 않은 일을 선택한다.

예를 들어 이 책을 쓰다가 잠시 어려움을 겪은 적이 있는데, 그 와중에 나는 자기학습에 대한 일일 세미나를 개최하겠다고 약속했다. 이런 '과감한 행보'는 만약 내가 그걸 제대로 해내지 못한다면 나의 신뢰를 떨어트릴 수도 있다. 그래서 나는 새로운 강의 자료를 만들어야 한다는 생각이 들게 된다. 그렇게 만든 자료들 가운데 일부는 이 책에도 실려 있다. 그리고 이런 마법이 제대로 위력을 발휘하는 방법을 찾았다. 그것은 바로 과감한 행보가 특정한 사람에게 특정한 시간에 구체적으로 무엇을 하겠다는 구체적인 약속이어야 한다는 것이다.

마감시한

나는 〈컴퓨터(Computer)〉라는 매거진에 1년에 십여 차례나 글을 기고했는데, 단 한 번도 마감시한을 어긴 적이 없다. 내가 이렇게 할 수 있었던 비결은 매거진의 편집자에게 진짜 마감시한이 언제인지 나에게 말해주지 말라고 부탁했기 때문이다. 대신에 나는 그가 일하기에 가장 편한 마감시한이 언제인지 물어봤고, 그 기한을 최대한 지키려고 노력했다.

만약 그 기한을 지킬 수 없게 되면, 일주일의 시간을 더 달라고 요청했다. 만약 그 일정마저도 지키지 못하면, 그제야 나는 '넘기면 진짜 죽을 수도 있는 기한'을 알려달라고 요청했다.

이렇게 하니 나의 에너지를 관리하는 데 도움이 되었다. 나는 진짜 마감시한이 아닐 수도 있는 일정을 맞추느라 밤샘을 하고 싶지는 않았다. 그렇지만 내가 약속한 기고문을 비워둔 채로 매거진이 발행되게 하고 싶지도 않았다.

유예하기의 반발력

가끔 내가 주방 문을 두드릴 때면, 그 반대편에서 누군가 그 문을 발로 차는 바람에 내가 뒤로 밀려나 식탁으로 나뒹구는 경우가 발생하기도 한다. 이런 일을 처음 경험한 건 어렸을 때 어머니가 내 방을 청소하라고 말했을 때였다. 나는 방을 청소하는 대신에, 몇 주 동안 들여다보지도 않던 책을 갑자기 너무나도 읽고 싶은 충동이 들었다. 그러다 문득 궁금해졌다. 혹시 어머니가 나에게 방을 청소하라고 시킨 진짜 이유는, 그렇게 하면 내가 이 책을 읽으리라는 걸 이미 알고 있었기 때문은 아닐까?

그 이후로 나는 종종 뭔가 다른 일을 끝내기 위해 유예하기 욕구의 에너지를 사용하게 되었다. 예를 들어, 내가 이 책을 쓰던 도중에 글쓰기를 세 달 동안 유예하는 대신에, 그 욕구를 운동에 쏟아부었다. 그 결과 나는 몸무게를 18kg이나 줄였다.

프로젝트 병행하기

컴퓨터 과학자인 제럴드 와인버그(Gerald Weinberg)는 언젠가 자신이 1년에 책을 한 권 쓸 수 있는 비결에 대해 나에게 이렇게 말했다. "저는 책을 한 권 쓰는 데 5년이 걸립니다. 그렇지만 저는 동시에 다섯 권을 쓰고 있습니다." 나 역시 그렇게 하고 있다. 나는 동시에 많은 일과 프로젝트를 진행하고 있다. 사무실은 물론이고 모든 곳에 책과 잡지들이 수북이 쌓여 있다. 이메일의 받은 편지함에는 읽지 않은 메일이 넘쳐난다. 동시에 수많은 일이 진행되기 때문에, 나는 언제든 어느 하나의 프로젝트를, 어쩌면 그 모든 프로젝트를 미뤄둘 수도 있다. 그러는 동안에도 전반적으로 많은 일이 진행되는 중이다.

저단 변속

가끔 내가 꾸물거리는 이유는 나 스스로에게 지나치게 거대한 일거리를 주었기 때문인 경우도 있다. 그래서 한동안 유예하기와 밀어붙이기를 시도해본 다음에도 별다른 진전이 없으면, 나는 애초의 기대치를 조금 낮춘다. 기준을 조금 더 낮게 설정하거나, 프로젝트의 범위를 좁힌다. 이렇게 하는 한 가지 방법은 나에게 이런 식으로 말하는 것이다. "이건 나중에라도 언제든 더 낮게 만들 수 있어." 또 다른 방법은 그 일의 한 가지 작은 부분에 집중하는 것이다. 예를 들면, 이 책을 쓰면서 더 이상 글을 써나가기 어려운 부분에 부딪힌 적이 있다. 그 시기를 헤쳐나가기 위해 나는 며칠 동안 그냥 본문의 내용을 좀 더 예쁘게 보일 수 있는 포맷을 만들어보았다. 그러자 어쩐지 마음이 조금은 풀어져서 글쓰기가 좀 더 편해졌다.

이런 휴리스틱 기법들은 서로 어떻게 다른가?

여기에서 소개한 중요한 기법들은 주로 교대순환의 휴리스틱에 속하는 것이다. 이런 기법들이 유용한 이유는, 어려운 학습들은 대부분 순환의 과정을 거치며 이루어지기 때문이다. 그런데 이런 기법들이 모두 조금씩 비슷해 보이는데, 정말로 그럴까? 바로 이 부분에서 아이디어 비교하기 기법을 응용해볼 수 있다. 이러한 방식들이 비슷해 보일 수도 있다는 점을 알게 되면서, 나는 각각의 기법들을 명확히 구분하기 위하여 스스로에게 이런 질문을 던졌다. 각각의 기법들에서 독특한 특징은 무엇인가? 그러한 차이점을 명확히 알게 된다면, 나 역시 각각의 휴리스틱 기법들이 가진 장점을 더욱 잘 이해할 수 있을 것이다.

내가 생각하는 각 기법의 독특한 특징은 다음과 같다.

● 몰입하기와 빠져나오기

무언가에 전념하지 않고 행동에 나설 수 있는 방법이다. 이 기법은 내가 무언가에 착수하게 해준다.

● 순환식 학습

혼란스러움을 너그럽게 받아들이면서, 적극적으로 탐색해나가는 과정이다. 일단 이 방식을 시작하면, 내가 배움을 지속하는 데 도움이 된다.

● 에너지를 따르기

나의 기분을 거스르는 것이 아니라 그것과 함께 공부하는 데 초점을 맞춘다. 이 기법은 내가 지금 어디로 가고 있는지 파악하는 데 도움이 된다.

● 자유롭게 풀어주기

주의를 딴 데로 돌리는 것의 장점에 초점을 맞춘다. 이 기법은 내가 가야 하지만 알지 못하는 곳이 어디인지 파악하는 데 도움이 된다.

● 집착하기와 잊어버리기

무언가에 전력을 다해 집중했다가 그것을 잠시 놓아주는 것의 장점에 초점을 맞춘다. 이것은 더 나은 지식을 얻기 위해 지금까지 알고 있던 걸 잠시 잊어버리는 것이다. 이 기법은 내가 무언가를 열심히 하다가 잠시 멈추어도 괜찮다고 생각하는 데 도움이 된다.

● 유예하기와 밀어붙이기

무의식의 창의적인 활동을 존중하고 지원하는 데 초점을 맞춘다. 이 기법은 지금까지 한동안 꾸물거렸더라도, 그것에 대해 괜찮다고 생각하는 데 도움이 된다.

chapter 08

자유로워진 어린 영혼

그냥 학교를 그만두고
너 스스로 공부를 해보렴.

8학년 때, 크레블링(Creveling) 선생님이 나에게 이렇게 말했다. "어른이 되어 주유소에서 기름이나 넣으며 돈을 벌고 싶지 않다면, 학교에서 내주는 숙제를 좀 더 진지하게 대하는 게 좋을 거다. 학교 숙제가 바보 같아 보일 수도 있어. 그래 맞아, 가끔은 바보 같은 숙제도 있어. 하지만 학교생활을 잘 한다면, 인생에서 더 많은 기회를 얻게 될 거다."

나는 이렇게 대답했다. "그러면 저는 학교생활을 하지 않겠어요. 저는 돈 같은 건 필요 없어요. 저는 로키산맥에 들어가서 혼자 자급자족하면서 살 거예요. 제가 살 집을 직접 지을 거예요. 토끼를 잡고 식물을 채취할 거예요."

나는 진지했다. 나는 사냥 훈련 캠프에도 다니고, 버몬트에 있는 숲을 돌아다니면서 많은 시간을 보내기도 했다.

숲은 살아 있다. 내가 숲을 사랑하는 이유도 바로 그것이다. 숲은 장난을 치지도 않고, 가식적으로 행동하지도 않는다. 극한의 상황이 되면 야생에서 살아남는 것이 가장 중요한 문제가 될 것이다.

그렇지만 크레블링 선생님이 하신 말씀에도 몇 가지 중요한 사실이 있다. 그것은 바로 사회가 관습을 따르는 사람들에게 보상을 주는 식으로 체계화되어 있다는 것이다. 자신의 인생을 스스로 개척해나가는 사람들에게는 그런 사회에서 살아간다는 게 다소 힘들 수밖에 없다.

그러나 크레블링 선생님이 나에게 말해주지 않은 것은, 지구상에는 관습을 따르지 않으며 자신의 감정에 솔직하게 살아가는 사람들이 수백만 명이 있다는 사실이다. 화가들, 작가들, 음악가들, 기업가들이 그렇다. 물론 다른 사람이 잘 닦아놓은 도로를 가지 않고 가시밭길을 걸어간다는 건 힘든 일이다. 그러나 그렇게 해도 앞으로 나아갈 수는 있다.

만약 그렇게 가시밭길을 걸어갈 자신이 없다면, 스스로를 캐리비안의 해적이라고 공개적으로 선언하지 않는 것이 좋다.

집과 학교를 떠나다

나에게도 처음 시작은 확실히 가시밭길이었다. 1980년 9월 28일, 나는 부모님에게서 쫓겨났다. 어머니는 집에서 1마일(약 1.6km) 떨어진 어느 모텔 방에 나를 혼자 보내서 살게 했다. 그래도 일주일에 한 번씩 집에 들러 밀린 빨래를 하는 건 허락받았다. 당시 나는 열네 살이었고, 이제 막 중학교 과정을 시작할 때였다.

어머니가 나를 쫓아낸 데에는 나름의 합당한 이유가 있었다. 내가 새아버지인 존(Jon)을 죽이겠다고 위협했기 때문이다. 여러분이 상상하는 것보다 훨씬 더 심각했다. 내 방을 청소할 거냐 말 거냐를 두고 새아버지와 나는 서로 소리를 지르기 일쑤였다. 나는 그가 나를 때릴 거라고 생각했다. 그래서 만약 그렇게 한다면 엽총을 구해 그를 쏘아버리겠다고 말했다. 그는 나를 한 번도 때린 적이 없다. 나도 누군가를 총으로 쏴본 적이 없다. 아무도 다치지 않았지만, 어머니는 그걸 위험한 상황이라고 판단했다.

어머니는 집에서 가까운 마더스 모텔(Mother's Motel)의 매니저와 이야기해서 방을 예약했고, 아버지는 나에게 필요한 것을 구입하라면서 매달 자녀양육 수표를 보내주셨다. 주거비를 제외하고 나면, 나의 수중에는 매주 25달러가 남았다. 그 돈으로는 먹을거리를 겨우 구할 수 있을 뿐, 다른 것에 소비할 여유가 전혀 없었다. 먹는 것도 주로 캔에 든 저장식품뿐이었다.

새아버지와 싸우고 나서 집을 떠나기 며칠 전, 그가 나에게 남자 대 남자로서 뭔가 도움이 되는 말들을 해주었다. 그는 나에게 집안의 규칙을 따르고 집안일도 돕는다면, 언제든 집으로 돌아와서 가족들과 함께 살아도 된다고 말했다. 나는 일단 알았다고 말했다. 하지만 속으로는 이렇게 생각했다. '나는 빨래하러 오는 것만 빼고, 이 집에 다시는 돌아오지 않을 거야.'

리처드에게

이런 소식 전해서 미안하지만, 일이 이렇게 된 것에 대해서 당신에게 최대한 빨리 알리고 싶었어요. 잠깐만 생각해도 지금의 상황에서는 당신이 크게 도움이 되지 않았을 거라고 결론을 내렸어요. 그리고 그게 당신을 더욱 무력하게 만들 거라는 사실도 알아요. 제임스가 당신과 이야기를 나눈 이후로는 나에게 도무지 말을 하지 않아요. 그래서 제임스가 요즘 무슨 생각을 하는지 알 수 없어요. 하지만 존과 제임스는 계속해서 서로를 위협하고, 우리는 이런 위기감 속에서 살 수는 없어요. 존이 어른이기 때문에, 나는 그이에게 지금까지 제임스를 가르쳐도 된다고 말했어요. 때로는 그이의 훈육 방식에 동의하지 않을 때도 있지만, 만약 내가 그의 결정에 대해 사사건건 개입했다가는 오히려 역효과만 났을 거예요.

그래서 근처의 모텔 겸 아파트에 문의했는데, 아무런 문제를 일으키지 않는다면 아이에게도 방을 하나 빌려줄 수 있다고 하더군요. 숙박비는 한 달에 160달러예요. 제임스가 거기에서 스쿨버스 정류장까지 가려면 다리를 건너 400미터 정도만 걸어가면 돼요. 하지만 일이 어떻게 되든 그전에 먼저 제임스에게 가족들과 함께 살고 싶은지, 아니면 혼자 살고 싶은지 물어볼게요. 어쩌면 한두 달 정도 혼자 살아보면, 집에서 가족들과 사는 게 더 낫다는 생각이 들 수도 있을 거예요. 실제로 제임스는 존이 자신을 가만히 내버려두기만 하면, 집에 있는 것도 괜찮다고 했어요. 하지만 그이가 그렇게 놔두지는 않을 것이기 때문에, 아마 집을 떠나는 게 유일한 선택이 될 거예요. 나는 제임스가 좀 더 성숙하게 행동하길 바랐어요. 아이를 사립학교에 보낼 수 있을 만큼 형편이 넉넉하다면 좋았을 거라고도 생각했어요. 하지만 이렇게 바라기만 해봤자 아무것도 해결되지는 않을 거예요.

이렇게 결정하면 분명히 아직까지 우리가 미처 몰랐고 겪어보지 못한 문제들이 나타날 거예요. 그런 일이 일어나더라도 나는 그걸 해결하기 위해 최선을 다할 거고, 그게 우리 가정을 파괴하도록 내버려두지는 않을 거예요.

– 어머니가 아버지에게 보낸 편지, 1980년 9월

상황이 심각한 것 같지만, 사실은 아주 훌륭했다. 나는 혼자 있는 걸 좋아했다. 나는 편의시설만 좀 더 구비되어 있을 뿐, 마치 숲속에 있는 것처럼 자유로움을 느꼈다. 나의 아파트에서는 누구도 내게 소리치지 않았다. 내가 따라야만 하는 무언의 모호한 사회적 규율도 없었다. 거대한 부담감이 사라졌다. 나만의 새로운 장소에서 맞는 첫날 밤, 나는 피자를 먹으며 공중파 텔레비전에서 칼 세이건(Carl Sagan)이 진행하는 〈코스모스(Cosmos)〉의 1편* 을 시청했다.

내 방은 허름하긴 했지만, 그래도 아늑했다. 수돗물도 나왔고 가스 오븐도 있었다. 다만 20년이나 된 가스 오븐은 점화장치가 고장 나서 방 안에 가스가 가득 차는 바람에 몇 번이나 나를 죽일 뻔했다. 식료품을 살 수 있는 슈퍼마켓은 불과 100미터 정도 떨어져 있었고, 몇백 미터만 걸어가면 학교에 가는 버스를 탈 수 있었다. 내 컴퓨터와 흑백 텔레비전도 있었다. 나에게 필요한 모든 것이 갖춰져 있었다.

언제나 느끼던 분노의 감정도 사라졌다. 나는 돈을 관리하는 방법을 배웠다. 팬케이크만 먹어도 몇 주 동안은 살 수 있겠다는 사실을 알게 되었다. 그다음의 몇 주 동안은 스파게티만 먹으면서 살았다. 어떤 달에는 돈이 떨어져 3일 동안 먹을거리를 살 수 없었다. 그래서 허기를 달래려고 백설탕을 먹었는데, 결과적으로 몸이 아프기만 했다. 그래서 그런 실수는 다시 반복하지 않기로 했다.

열네 살 중학생이 혼자서 살아간다면 분명히 약물에 손을 대거나 불량배들의 희생양이 되기 쉬울 거라고 생각하기 쉽다. 나도 이해한다. 그러나 내 이야기를 들어보라. 이곳은 버몬트의 평화롭고 안전하

---

* 우주와 생명을 주제로 한 텔레비전 다큐멘터리 시리즈로, 칼 세이건은 《코스모스》 저자이자 천문학자다.

새아버지와의 불화로 집에서 나와 혼자 살던 마더스 모텔. 제임스 바크는 왼쪽 끝에 있는 방에 머물렀다.

고 조용한 시골 마을이었다. 당시에는 학교에서 총기 사건이 터지거나 테러가 일어나 사람들을 공포에 떨게 만들기 한참 전이었다. 대부분의 사람은 현관문을 잠그지 않고 살았다. 우리 지역에서 발생하는 범죄라고 해봐야 장난꾸러기들이 변압기를 총으로 쏴서 정전이 되거나, 사냥철이 아닌데도 사슴에게 총을 쏘는 것 정도였다. 사고로 사망하는 사건은 주로 얼어 있는 샘플레인 호수(Lake Champlain)에 빠져 죽는 경우가 대부분이었다. 당시는 순수한 시기였고, 그곳은 순박한 동네였다.

그리고 굳이 비밀에 부친 건 아니지만, 내가 혼자 산다는 사실을 아는 사람은 많지 않았다. 그런 이야기를 말할 친구도 많지 않았을 뿐만 아니라, 그나마 몇 명 있는 친구들도 착하고 책을 좋아하는 아이들이었다. 누군가에게는 약물이 문제가 되었겠지만, 내가 아는 아이들 중에는 없었다. 나를 타락하게 만들 가능성이 있는 아이들은 나를 좋아하지 않았기 때문에 굳이 나를 귀찮게 하지 않았다. 술을 마신 적은 두 번 있는데, 두 차례 모두 순진한 친구들끼리 모여서 〈던전 앤 드래곤(Dungeons & Dragons)〉 게임*을 하면서 마셨다.

나는 그렇게 두 번 마셔본 알코올이 마음에 들었다. 알코올은 나를 알딸딸하게 만들었다. 알딸딸한 기분이 든다는 게 재미있었다. 그냥 놔뒀으면 아마 계속 술을 마셨을지도 모른다. 그런데 내가 술을 마셨다는 이야기를 들은 여동생이 그 사실을 아버지에게 일렀다. 그러자 아버지가 곧장 나에게 전화를 걸어왔다.

"제임스, 네가 원한다면 술을 마셔도 된다. 그건 너한테 달려 있어. 너는 내 물건이 아니야. 너도 그건 알고 있을 거야. 하지만 나는 네가 이걸 알았으면 좋겠구나. 나는 너를 걱정하고 있단다. 뭔가 심각한 문제에 빠질까 봐 두렵구나. 알코올을 좀 멀리할 순 없겠니?"

아버지가 나에게 무언가를 바란다는 말에 충격을 받았다. 아버지는 내가 행복하기만 하다면 내가 뭘 해도 신경 쓰지 않는 줄 알았기 때문이다.

나는 이렇게 대답했다. "별거 아니에요, 아빠. 그냥 재미로 마셔봤어요." 비록 별거 아닌 일이긴 했지만, 그래도 내가 아버지를 위해서라면 해줄 수 있는 일이었다. "하지만 아빠가 원한다면, 술을 마시지

---

* 요즘에는 컴퓨터를 이용해 온라인에서 즐기는 RPG 게임으로 많이 알려져 있지만, 오리지널 버전은 1974년에 출시된 보드게임이다.

않을게요."

이후 나는 8년 동안 알코올을 한 모금도 입에 대지 않았다. 단 한 차례 예외가 있다면 스물한 살 생일에 술집에 갔을 때인데, 그것도 그리 유쾌한 경험은 아니었다. 아버지의 작은 설득이 커다란 변화를 만든 것이다. 예전이기는 하지만 내가 한때 술 취하는 걸 재미있다고 생각했다는 게 믿기 힘들다. 6학년 때의 베드린 선생님처럼, 아버지도 나를 한 명의 성인으로 대하며 말씀하셨다. 나를 존중해주면, 나도 그들의 말을 새겨들은 것이다.

그리고 나는 아버지에게 전화로 연락할 수 있다는 사실도 알게 되었다. 그래서 1980년 겨울 동안 나는 집 근처 슈퍼마켓의 밖에 있는 공중전화에서 아버지에게 전화를 걸었다. 공중전화 부스는 영하의 기온이라 춥기는 했지만, 아버지의 목소리는 따뜻한 격려의 말로 가득했다. 아버지는 내 인생을 통틀어 내가 무엇이든 해낼 수 있다고 생각한 유일한 어른이다. 아버지라면 충분히 그럴 만했다. 나의 아버지는 매우 비현실적인 사람이기 때문이다. 말하자면 새아버지와는 거의 정반대라고 할 수 있다.

나는 아버지가 나를 어딘가에 있는 특수학교로 보내주길 원했다. 영국에 있는 서머힐 스쿨(Summerhill School)에 대한 이야기를 들었는데, 그곳에서는 모든 수업을 학생이 직접 선택해서 듣는다고 했다. 나의 형과 누나는 인터라켄 아트 아카데미(Interlochen Arts Academy)에 다녔는데, 그것도 마치 어떤 모험처럼 느껴졌다. 나는 언젠가 칼텍(Caltech, 캘리포니아 공과대학)에 다니고 싶었다. 그 이유는 단지 그곳에서는 매우

지적인 장난을 즐기는 전통이 있다는 글을 읽었기 때문이다.

하지만 그런 상상들은 결국 백일몽에 그치고 말았다. 아버지는 나를 어느 곳에도 보내주지 않았다. 아버지는 당시에 파산을 선언한 상태였다. 아버지가 나에게 유일하게 해줄 수 있는 일은 대화뿐이었다. 아버지는 목소리로 마술을 부렸다. 아버지가 주로 사용하는 방식은 소크라테스처럼 질문을 하는 것이었다. 예를 들면, 아버지는 이런 식으로 대화를 시작했다. "너는 이 세상에서 가장 하고 싶은 일이 뭐니?" 그러고 나면 이후 두 시간 동안 그것과 관련된 대화를 하면서 그걸 어떻게 찾아낼지 이야기했다.

내가 하고 싶지 않았던 것은 성스러운 척하면서 고된 숙제 이외에는 아무것도 제공하지 않는 학교에 다니는 것이었다. 어머니의 집을 나와 마더스 모텔에 살자마자, 나는 본격적으로 학교를 결석했다. 1년에 거의 30일을 학교에 가지 않았다. 나중에 알게 된 사실인데, 당시 학교에서는 어머니에게 통지서를 여러 번 보냈다고 한다. 어머니는 그걸 읽어보지도 않고 쓰레기통에 버렸다.

그 해가 지나가면서, 학교에 대한 나의 불안감은 점차 산만한 무관심으로 바뀌어갔다. 나 자신이 마치 복도에 있는 유령처럼 느껴졌다.

그러다 여름방학이 다가오던 시점에 나는 〈타임(Time)〉 매거진에서 나의 복부를 강하게 가격하는 기사를 하나 읽었다. '마이크로키드(microkid)가 온다'는 제목의 그 기사는, 나처럼 컴퓨터에 푹 빠진 청소년들에 대한 내용이었다. 특히 유진 발럭(Eugene Volokh)이라는 사람의 이야기가 흥미로웠는데, 그는 불과 열네 살의 나이에 대학을 다니면서 프로그래머로 일하고 있었다.

세상에! 나라면 어떨까? 이 사람은 어떻게 이걸 해냈을까? 그의 부모님은 학교에 대체 어떤 서류를 보냈기에 이렇게 될 수 있었을까? 나는 여전히 고등학교를 건너뛰고 곧바로 대학에 진학하고 싶다는 상상을 하고 있었다. 당장에 그러지 못한 이유는 돈이 없기도 했고, 자기수양도 부족했기 때문이다. 게다가 나는 끈기가 없었고, 일반적으로 대학교에 들어가려면 어떻게 해야 하는지 정보도 없었으며, 그러려면 누구에게 물어봐야 하는지도 알지 못했다. 기록상으로 보면 나는 최악의 학생이었으며, 굳이 기록으로 따지지 않더라도 최악의 학생이었다. 그리고 나는 권위적인 형태의 거의 모든 것에 거부반응을 보였다.

나는 그저 혼자 생각하면서 마을 주변을 거닐었고, 내가 만든 소프트웨어를 만지작거렸으며, 〈던전 앤 드래곤〉 게임을 했고, 몇 안 되는 친구들과 이야기를 나누었다. 그리고 그저 감상에 빠진 채로, 나의 암울한 미래에 대해서는 생각하지 않으려고 노력했다.

고등학교에서 또다시 반항하고 있다는 이야기를 들은 아버지가 나에게 물었다.

"제임스, 왜 그곳에서 사람들을 걱정하게 만드는 거냐? 너는 그곳에서 문제만 일으키고 있잖아. 그냥 학교를 그만두고 너 스스로 공부를 해보렴."

"그래도 돼요?"

"당연하지!"

리처드에게

(중략) 한 가지 말할 게 있어요. 만약 제임스가 과학 분야에서 재능을 키우고 싶다면, 체계적인 교육이 필요해요. 왜냐하면 공학 같은 걸 포함해 아주 많은 양의 지식을 배워야 하기 때문이에요. 본격적으로 실험을 하고 혁신을 이뤄내려면, 이미 세상에 알려진 수많은 지식들을 알아야만 해요. 존이 IBM 같은 회사에서 일상적으로 하는 일이 어떤 것인지 말해줬어요. 그곳에서는 연구팀이 한 가지 프로젝트만 몇 년씩 연구한다고 하더군요. 그리고 같은 회사의 다른 부서에서 이미 밝혀낸 내용을 다시 확인하기 위해 연구하는 경우도 있다고 하더라고요. (후략)

– 어머니가 아버지에게 보낸 편지, 1980년

그렇게 아버지의 축복을 받으면서 나는 학교를 그만뒀다. 학교를 그만두겠다는 결정은 여러분이 이 문장을 읽는 데 걸리는 시간만큼이나 빠르게 이루어졌다.

20년이 지난 뒤, 나는 아버지에게 물었다. 내가 학교를 마치지 않고도 성공하리라는 것을 어떻게 그토록 확신했느냐고 말이다. 그러자 아버지는 놀란 표정으로 이렇게 말했다.

"내 기억에는 내가 너에게 그렇게 하라고 말한 것 같지 않구나. 나는 그게 네 생각이라고 알고 있었다."

소프트웨어 기업 입사

내가 학교를 자퇴했다고 말하면, 대부분의 사람은 깜짝 놀란다. 내가 실리콘밸리의 컴퓨터 대기업들에서 일할 정도로 능력이 있었기 때문이다. 그들은 내가 분명 운이 좋았거나, 아니면 컴퓨터 업계에 있는 어떤 친척이 나를 불쌍히 여겨 일자리를 주었을 거라고 생각했다.

사실 내가 소프트웨어 기업에 들어가는 건 그리 어렵지 않았다. 이유는 간단하다. 그들이 필요한 것을 내가 할 수 있었으며, 인건비도 저렴했기 때문이다. 대부분의 회사에서는 그런 사람을 원한다. 그리고 어머니의 우려와는 다르게, 컴퓨터 업계에서 필요한 기술들은 굳이 학교에 다니지 않아도 충분히 습득할 수 있다. 유진 발럭은 컴퓨터과학 분야에서 학위를 취득했지만, 나는 그런 학위가 꼭 필요하지는 않다는 사실을 알고 있었다.

그러나 생애 첫 일자리를 얻기는 만만치 않았다. 그 상황에서 나의 형 로버트(Robert)가 나를 구출해주었다. 당시에 형은 아이오와주의 페어필드(Fairfield)에 살고 있었는데, 그곳에서 내가 방을 구하고 일자리 면접을 보는 걸 도와주었다. 그렇게 해서 나는 워커스 오피스 서플라이(Walker's Office Supplies)라는 곳에서 최저임금을 받으며 일하기 시작했다. 그곳은 컴퓨터를 판매하고 자체적으로 운영하는 사무용 장비 수리점을 지원하기 위한 소프트웨어도 만드는 회사였다. 나는 판매 실적이 매우 저조했다. 그곳에서 6개월 동안 일했지만, 나에게서 컴퓨터를 구입한 사람은 단 한 명도 없었다.

아버지는 나에게 직접 소프트웨어 회사를 차려보라고 말했다. 아버지는 내가 창업하면 금방 성공할 거라고 확신하는 듯했다. 그때는 내가 아버지의 책《갈매기 조나단》을 이미 읽은 후였다. 나는 그 책을 수없이 읽었지만, 그 내용을 온전히 이해한 것은 열다섯 살이 되어서였다. 나는 그 책의 교훈을 적용하고 싶었다. 그리고 아버지의 다른 책《환상(Illusions)》도 읽었는데, 그 책에서 아버지는 창의적인 시각을 활용하면 자신이 원하는 것을 얻을 수 있다고 말했다. 나는 아버지의 책에서 말하는 신비한 우연의 힘을 활용해보기로 했다. 어쩌면 이 세상에서 내가 있을 장소를 찾는 데 도움을 줄 수도 있다고 생각했다.

나의 계획을 간단히 요약하면, '일단 무엇이든 시도해본다'였다.

그리고 1982년의 어느 겨울날, 그런 시도를 해볼 수 있는 상대가 워커스의 매장 안으로 걸어 들어왔다. 그의 이름은 데일 디샤룬(Dale Disharoon)이었다. 그는 소프트웨어 회사를 경영하고 있었다. 나는 그에게 애플 2 컴퓨터를 판매해보려고 노력했지만 실패했다. 나는 컴퓨터 판매 실패의 '달인'이었다.

그런데 그가 갑자기 이렇게 말했다. "사실 나는 프로그래머를 한 명 구하고 있어요. 혹시 애플 2로 프로그램을 만들 수 있는 사람을 알고 있나요?"

나는 곧바로 대답했다. "네! 접니다."

"어셈블리 언어로요? 그럼 한번 보여주세요." 그래서 나는 보여주었다. 당시에 나는 마침 누가 그런 질문을 던질 경우를 대비해 내가 만든 프로그램을 가지고 다녔다. 그러자 그는 그 자리에서 바로 내가 그 매장에서 받고 있던 시급의 세 배를 제시했다. (무려 시간당 10달러였다!)* 내가 해야 할 일은 비디오게임을 프로그래밍하는 것이었다.

나는 부모님의 허락을 받아 열여섯 살에 '자율 청소년(emancipated minor)'이라는 법적인 지위를 획득했다. 이는 나에게 더 이상 아동노동법이 적용되지 않으며, 스스로 근로계약을 체결할 수 있다는 의미였다.

N THE MATTER OF (NAME):
JAMES MARCUS BACH
Petitioner, a minor
PETITION FOR DECLARATION OF EMANCIPATION OF MINOR
[X] CONSENT AND WAIVER OF NOTICE [ ] ORDER PRESCRIBING NOTICE
[X] DECLARATION OF EMANCIPATION

해당자 (이름)
제임스 마커스 바크
신청인, 청소년
청소년의 법적 자율권 신청
☒ 동의 및 통지의 포기 ☐ 명령 조치 통지
☒ 법적 자율권의 선언

16세에 획득한 자율 청소년 증명서. '자율 청소년'이라는 법적 지위 덕분에 스스로 근로계약을 체결할 수 있었다.

* 1982년 당시의 10달러를 2022년의 가치로 환산하면 약 29달러(3만 4,000원)다. 참고로 미국의 연방 최저임금은 1982년 12월 당시에는 2.75달러였고, 2022년 1월 기준으로는 7.25달러(약 8,600원)다.

그렇게 해서 1983년 1월 1일부터 나의 본격적인 커리어가 시작되었다. 바로 그날, 나는 데일 씨의 집 거실에 카드 테이블을 놓고 그가 구상하고 설계한 게임을 프로그래밍하기 시작했다.

데일 씨는 유치원 교사였는데, 그도 마침 학교 시스템에 환멸을 느끼고 있었다. 퍼스널컴퓨터의 혁명이 일어나자 그는 독립적인 게임 설계자로서 자신의 운명을 시험해보기로 했다. 그리고 그는 빠르게 성공을 거두었다. 그가 나를 채용한 이유는, 많은 돈을 들이지 않고도 사업을 확장하고 싶었기 때문이다.

여기에서 배울 수 있는 교훈은 다음과 같다.

중요한 비결

정확히 나의 능력을 원하는 사람은 거의 없지만,
단 몇 사람만 있어도 충분하다.

만약 백 명의 사람 가운데 나의 가치를 인정하고 거기에 대가를 지불할 사람을 단 한 명만 찾을 수 있다면, 나머지 아흔아홉 명은 전혀 중요하지 않다.

데일 씨는 나에게 아주 많은 것을 가르쳐주었다. 예를 들면 전문가처럼 행동하는 방법, 운전하는 방법, 계약할 때 협상하는 방법 등이다. 그는 기타를 연주했는데, 나에게도 악기를 하나쯤은 배워야 한다고 말했다. 나는 일주일에 세 번씩 그와 함께 조깅을 하러 나갔다.

나는 교실 안의 노예가 되는 것보다는 돈을 벌면서 배우는 게 훨씬 더 기분이 좋다는 사실을 깨달았다. 나는 나의 일에서 자신감을 발견했다. 그런데 나는 학교 선생님들의 말은 듣지 않았으면서, 대체 왜 그 사람의 가르침은 따랐을까? 처음에는 그가 나에게 월급을 주기 때문이라고 생각했다. 시간이 많이 흐르고 나서야 나는 거기에는 돈 이외에도 뭔가 다른 게 있었다는 점을 깨달았다. 나는 그를 존중했고, 그가 나를 존중해주기를 원했다는 사실이다. 그것은 바로 베드린 선생님이 보여준 것이기도 했다.

그렇게 해서 첫 해에만 나는 〈헤이 디들 디들(Hey Diddle Diddle)〉, 〈알파벳 동물원(Alphabet Zoo)〉, 〈어드벤처 크리에이터(Adventure Creator)〉를 만들었다. 또한 프로그래밍에 대한 책 《선장님의 64가지 난처한 문제(Commodore 64 Puzzlements)》를 보면서 소프트웨어의 예제들을 공부했다. 내가 만든 게임들은 미국 전역의 매장에서 판매되었고, 각종 잡지에도 광고가 게재되었다. 〈컴퓨트! 가제트(COMPUTE!'s Gazette)〉라는 잡지에는 심지어 데일 씨와 나를 프로그래밍 2인조로 묶어 소개하는 기사가 실리기도 했다. 그리고 데일 씨가 아이오와주에서 캘리포니아주로 이사할 때는 나도 그를 따라갔다.

그렇게 몇 년이 지나자 내가 만든 게임의 목록이 늘어났고, 프로그래밍 관련 지식도 더욱 풍부해졌고, 거기에 나의 천진난만한 에너지까지 더해졌다. 그래서 결국 애플 컴퓨터가 나를 관리자로 채용하게 되었다. 나는 불과 5년 사이에 버몬트주의 자퇴생 신분에서 캘리포니아주의 애플이라는 대기업에 입사한 사람이 되었다.

chapter 09

검증된 비저능아

싫어하는 경기에서 승리하는 방법을 배우기보다
하고 싶은 종목을 찾는 것이 행복해지는 비결이다.

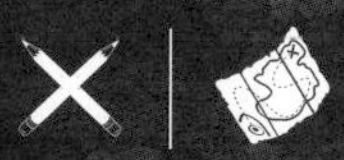

어렸을 때 나는 끔찍하고 지긋지긋한 두려움에 시달렸다. 그것은 나를 너무나도 강하게 짓눌러 그걸 누구에게 말할 수도 없었다. 그 두려움이란 바로 내가 그다지 똑똑한 사람이 아닐 수도 있다는 것이었다. 그러한 두려움은 나의 에너지를 엄청나게 고갈시켜 내가 학습에 쏟아부을 수도 있는 의욕을 꺾어버렸다. 그것은 나를 공격적으로 행동하게 했지만, 반대로 쉽게 겁을 먹게 만들기도 했다. 만약 어떤 과목이 어려워 보이면, 나의 지능이 모자라다는 사실이 들통날 수도 있는 가능성에 도전하기보다는 거기에 아예 관심을 두지 않았다.

많은 여성이 열심히 다이어트를 하면서도 스스로를 뚱뚱하다고 생각한다. 나도 나의 지능에 대해 그런 생각을 했다. 내가 생각하는 나는 어떠한 문제도 풀 수 있어야 했고, 어떤 기술도 익힐 수 있어야 했다. 그러나 실제 나의 능력은 그런 기대에 한참이나 미치지 못했다. 그런 현실이 나를 지독하게 괴롭혔다. 그 어떤 기준에 비추어도 나의 지능은 충분하지 않았다. 지능, 지식, 기억력 등에서 전부 뛰어나지 못하다면, 그것은 엄청난 굴욕이었다. 나는 그냥 똑똑한 정도가 아니라 신동이기를 원했다. 천재의 두뇌를 갖기를 원했다.

내가 그토록 갈망하던 천재성이 나타나진 않았지만, 나는 아직도 믿고 있었다. 나에게는 분명히 비밀스런 재능이 있을 거라고 믿었다. 그래! 나는 다만 그 재능이 뭔지 아직 알지 못할 뿐이라고 생각했다. 그 재능은 특정한 분야에서만 나타날 수도 있었다. 나는 그걸 찾아보았다. 내가 혹시 피아노 영재가 아닐까? 그래서 시도해봤지만 아니었다. 발명가일까? 나의 아이디어들은 전혀 쓸모가 없었다. 수학의 천재가 아닐까? 나는 수학을 잘했지만, 아주 뛰어나진 않았다. 미술? 별로였다. 글쓰기? 내가 쓴 소설은 생각나는 대로 갈겨쓴 쓰레기였다. 나는 체스도 시도해보았다. 하지만 백 번 지면 겨우 한 판 이기는 수준이었다.

열일곱 살에 나는 두려움을 극복해보려고 IQ 검사를 받았다. 그러나 나의 지능지수를 확인했다고 해서 별다른 도움은 되지 않았다. 오히려 이제는 내가 기대하는 만큼 똑똑하지 않다고 생각만 하는 게 아니라, 내가 아주 똑똑하지 않다는 사실을 정식으로 평가받은 기분이었다.

내 IQ가 마음에 들지는 않았지만, IQ 검사에서 높은 점수를 받은 사람들이 모이는 단체인 멘사(Mensa)에 가입할 정도는 됐다. 나는 멘사의 다른 회원들에게 도전한다면 나의 무식함을 극복할 수도 있을 거라고 생각했다. 그러나 그것 역시 도움이 되지 않았다.

처음 참석한 멘사의 파티에서는 의례적인 말들이 오갔다. "이봐 폴, 차는 잘 도착했나? 살사 소스는 먹어봤어?" "레이건이 그레나다(Grenada)를 침공하고도 재선에 성공할 수 있을까?" 뭐 대충 이런 말들이었다.

나는 관계자에게 물었다. "멘사의 파티는 어떻게 진행되나요?" 멘사 회원들이 수학문제를 풀거나 그와 비슷한 이벤트를 할 거라고 예상했다. 나는 주변을 둘러보며 말했다. "토론 행사 같은 건 없나요?" 그곳은 평범한 칵테일파티 같았다. 내가 그런 모임을 싫어하는 이유는 파티에서 어떻게 행동해야 하는지 배운 적이 없기 때문이다. 그리고 중요하지 않은 주제에 대해 대화하는 방법도 알지 못한다.

관계자가 내게 미소를 지으며 말했다. "그런 건 없습니다. 이건 그냥 모여서 어울리는 행사예요."

"하지만 여기는 멘사잖아요. 우리 모두는 IQ 검사에서 검증을 받은 사람들이라고요." 나의 목소리는 점점 작아졌다.

그녀가 부드럽게 말했다. "멘사에는 아주 많은 회원이 있기 때문에 친절한 사람들끼리 서로 알아가야 합니다. 여기에 온 사람들은 각자의 지식을 뽐내려고 모이는 게 아닙니다."

"정말로요? 이해가 잘 안 됩니다. 저는 여기에 똑똑한 사람들과 지식을 겨루려고 왔거든요."

"당신도 알게 될 거예요, 제임스. 여기 멘사에는 아주 다양한 사람이 있다는 걸 말이에요. 그리고 그들이 이 모임에 온 이유도 각양각색입니다. 이곳은 일종의 사교 클럽입니다. 이곳의 많은 사람은 스스로를 거대한 사상가라고 생각하지는 않습니다. 멘사의 회원에 대해 확실하게 말할 수 있는 건 단 한 가지뿐입니다."

"그게 뭔가요?"

"우리는 검증된 비저능아(guaranteed not stupid)라는 것이죠."

이 얼마나 기이한 겸손이란 말인가! 그래도 그들은 친절했기에 나는 이후에도 계속해서 파티에 참석했다.

그러다 내가 스무 살이던 어느 날에 위기가 찾아왔다. 나는 세계에서 가장 똑똑한 사람에 대한 기사를 읽었다. 그 기사에는 가장 똑똑하다고 지목된 그 여성의 철학에 대한 생각들이 포함되어 있었다. 그걸 보고 나는 이런 생각이 들었다. '무슨 말도 안 되는 허풍이야. 이 여자는 바보야!'

그러자 내 머릿속에서는 즉시 이런 대답이 흘러나왔다. '그런 말을 하는 너는 대체 뭔데? 그녀는 IQ 검사로 세계에서 가장 똑똑한 사람이라는 게 입증됐어! 그러니까 너는 그런 사람의 말을 반박할 자격이 없어.'

그다음에 일어난 일을 자세히 설명한다는 건 쉽지 않다. 그건 마치 거대한 벌떼에게 공격을 받는 것 같았다. 각각의 벌은 모두 나의 영혼에 독침을 찔러 넣는 하나의 생각들이었다. 나는 더 이상 내 삶의 목적을 알 수 없었다. 더 이상 어떤 희망도 보이지 않았다. 나는 내가 사는 이유를 알 수 없었다.

그때는 오후 중반이었다. 나는 침대에 몸을 뉘었다.

그렇게 나는 사흘 동안 침대에만 머물러 있었다. 식욕도 없었다.

사흘 내내 거의 잠만 잤다. 가끔 잠에서 깨기도 했지만 잘 기억나지 않는다. 다만 그럴 때에도 깨질 듯한 머릿속에서는 쓸데없는 생각들이 끝없이 돌아다니면서 소리를 지르고 있었다.

나는 더 이상 나의 두려움을 부정할 수 없었다. 나는 영재가 아니었다. 위대한 천재가 아니었다. 나에게는 뛰어난 재능이 숨겨져 있지 않았다. 내가 한때 꿈꾸었던 일을 하지 못하는 이유는 내가 그걸 할 만큼 충분히 똑똑하지 못하기 때문이었다. 나는 위대한 과학자나 수학자, 또는 체스의 최고수가 되지 못할 것이다. 내가 무언가를 잘한다고 해도, 나보다 그걸 더 잘하는 똑똑한 사람들은 늘 있을 것이다. 내가 아무리 최선을 다해봐야 세상 전체에서는 그저 평범한 수준에 불과할 것이다.

그런데 왜 그렇게 신경을 써야 하지? 내가 왜 뭔가를 해야 하지? 배고픔이나 갈증을 해결하는 것 말고, 다른 것을 해야 할 이유는 없었다. 나에게는 그 어떤 이유도 보이지 않았다.

그런데 마치 돛대가 부러진 배처럼 베개에 얼굴을 묻고 그곳에 가만히 누워 있던 셋째 날, 갑자기 어떤 생각이 떠올랐다. 그것은 하나의 질문으로 시작되었다.

Q. "개들은 어떨까?"

개들에 대한 기억이 떠올랐다. 내 마음의 눈에 개들이 보였다. 나는 개를 좋아한다. 그러자 머릿속에서 대화가 전개되었다. 아래는 그 대화를 최대한 기억해서 적어본 것이다.

Q. "너는 네가 충분히 똑똑하지 않아서 쓸모없다고 생각해?"

A. "응."

Q. "그러면 너는 세상에서 가장 멍청한 사람이야?"

A. "아니."

Q. "그러면 너보다 똑똑하지 않은 사람들도 쓸모없을까?"

A. "음. 아마도."

Q. "너는 최상위 1퍼센트의 IQ를 가진 사람이야. IQ가 최상위 1퍼센트에 들지 못하는 사람들은 어떨까? 그런 사람들은 이 세상에서 전혀 쓸모없을까?"

A. "그건 아니지. 꼭 그렇지는 않아. 그 사람들에게는 문제 해결 능력이나 빨리 읽는 능력보다 더 뛰어난 무언가가 있을 거야."

Q. "예를 들면?"

A. "사랑, 뭐 그런 거."

Q. "개들은 어떨까? 개들은 미적분을 못 하잖아? 하지만 개조차도 사랑을 보여줄 수 있는 건 사실이잖아? 강아지조차도 그럴 수 있다고. 그렇지만 강아지가 많은 교육을 받은 포유류는 아니잖아?"

A. "맞아, 강아지들은 애정을 주는 존재들이야."

Q. "그리고 사랑, 애정, 열정, 충성심, 존경, 봉사정신, 그런 건 모든 사람이 동등하게 발휘할 수 있는 거잖아? 그런 건 지능과는 전혀 관계가 없다고."

A. "그건 맞아."

Q. "그러면 그런 것들의 가치는 어떻게 매길 거지? 그런 가치들은 어떻게 표현이 될까?"

A. "사랑을 받는 사람은 자신이 중요하다고 느껴. 그런 사람은 진실함을 느껴. 그런 사람은 삶의 문제에 맞설 수 있다고 생각해. 왜냐하면 그런 문제를 혼자서만 감당하지는 않을 거라는 걸 알기 때문이야. 사랑은 다른 형태의 삶에 대해서도 곧바로 가치를 부여해."

Q. "너에게는 사랑을 보여줄 수 있는 능력이 있어? 다른 사람에게 너의 관심이나 격려의 말을 전해줄 수 있어? 개는 그럴 수 있어. 너는 어때?"

A. "그래, 나도 할 수 있어."

Q. "그러면 이제, 삶이 문제 해결 능력을 겨루는 대회가 아니라면, 그리고 삶이 눈부시게 빛나는 순간이며 춥고 어두운 우주에 있는 게 아니라 따뜻한 곳에서 살아가는 것이라면, 그리고 누구라도 자신만의 아이디어를 발전시킬 수 있다면, 충분히 똑똑하지 않다고 해서 그 사람이 쓸모가 없을까?"

중요한 비결

지능은 단지 하나의 능력에 불과하다.
사랑이 핵심이다.

마치 다시 태어나는 느낌이었다. 그것은 나의 혹독한 통과의례였다.

사랑은 수많은 의미를 품고 있는 단어다. 하지만 나는 그게 정확한 단어라고 생각한다. 내가 말하는 건 한 명의 사람으로서 갖는 좋은 감정과 기분 좋은 느낌을 말하는 것이다. 사랑은 합리적인 계산의 결과물이 아니라, 감정과 직감에서 나온다.

사랑의 관점에서 보면, 삶이란 전투라기보다는 협업해서 만드는 예술작품이나 성대한 만찬처럼 보인다. 누구라도 거기에 기여할 수 있고, 누구라도 혜택을 받을 수 있다.

나의 삶을 이런 차원으로 재해석하고 나니, 한 명의 프로그래머로서 나의 배움과 나의 일에 대한 의욕이 생겨났다. 나는 존중을 갈망하고 있었다. 다시 말해 나에게는 사랑이 절실했다. 짜릿함이나 자유로움이나 돈을 원하는 게 아니었다.

그러자 내 인생에 관여하는 다른 사람들이 나를 어떻게 도와주고 있는지 알아차리게 되었다. 나의 가족, 직장 동료, 멘사의 친구들을 생각해보았다. 심지어 나를 알지 못하는 사람들도 나를 격려하거나 자극하는 글을 썼다.

비로소 나는 나보다 똑똑한 사람들을 대하는 방법을 깨달았다. 그들의 모습 그대로를 존중하는 것이다. 그리고 그들에게 필요한 것을 도와주는 것이다. 그렇게 함으로써 나도 그들 인생의 일부가 될 수 있다. 그들과 경쟁하는 대신에, 나는 그들과 함께 하거나 그들에게서 배울 수 있을 것이다. 그리고 설령 내가 경쟁을 하더라도, 그 안에서 나는 새로운 목표를 가질 수 있었다. 나뿐만이 아니라 상대방도 더욱 발전할 수 있게 한다는 것이었다. 그래서 나는 경쟁을 특수한 형태의 협업으로 여길 수 있었다.

우리 지역의 멘사 모임에서 자신들을 '검증된 비저능아'라고 한 의미가 그제야 비로소 이해가 되었다. 그것은 겸손을 의미하는 것이 아니었다. 그것은 우리가 지능의 진짜 의미를 알 수 없다는 의미였다. 따라서 지능을 너무 진지하게 여기지 않으며, 그것으로 사람들을 구분하지 않겠다는 의미다. 나는 이후에도 멘사의 회원들과 친분을 유지하기는 했지만, IQ로 사람을 분류하는 단체의 구성원이 되어야 할 필요성은 더 이상 느끼지 않았다.

사랑과 약탈

해적 활동은 삶을 독자적으로 살아가는 방식이다. 그러나 다른 사람들에게 도움을 주어야 한다는 삶에 대한 새로운 가치관이 나를 혼란스럽게 했다. 해적들의 이타심이라는 게 모순적이지 않을까? 그렇지 않다. 그 이유는 해적들의 독립성이란 사람들과의 관계를 끊는 것이 아니라 권위로부터의 독립을 말하는 것이기 때문이다. 나는 배워야 하는 걸 스스로 학습하기로 결정했지만, 내가 친구들과 가족들과 동료들에게 얼마나 도움이 되는지 늘 염두에 두고 그런 공부를 하고 있다.

해적이라는 비유의 관점에서 보면, 나는 바다를 항해하면서 아이디어를 약탈하는 사람이다. 그러나 결국엔 집으로 돌아와 그것들을 가족이나 친구들과 나누지 않는다면, 약탈이라는 게 무슨 의미가 있겠는가? 우리는 해적이지만, 인류의 일원이기도 하다. 이러한 측면에서 보면 우리 모두는 하나의 인류다.

캐리비안의 해적들을 위한 자기평가

스무 살 무렵의 내가 작은 위기를 겪은 이유는, 당시의 내가 가치 있는 삶을 살아가는 것에 대해 실행 불가능한 믿음을 갖고 있었기 때문이다. 그래서 나는 자신을 평가하는 새로운 방식을 찾아야만 했다.

캐리비안의 해적들이 제도가 부여하는 자격을 신뢰하지 않고 스스로 방랑하면서 배우는 지그재그 형태의 길을 따라간다면, 우리 스스로가 얼마나 뛰어난지 어떻게 평가할 수 있을까? 우리가 발전하고 있다는 것을 어떻게 알 수 있을까? 비록 몇 년이 걸리기는 했지만, 나는 몇 가지 기준을 발견했다. 우선 몇 가지 원칙을 소개하면 다음과 같다.

- **나의 공개적인 지위는 나의 평판과 포트폴리오, 그리고 삶의 도전에 어떻게 대처하느냐에 따라 결정된다**

  평판이란 다른 사람들이 나에 대해 말하는 이야기다. 포트폴리오는 내가 지금까지 해온 일들이다. 삶의 도전이란 나의 지식이나 역량을 보여줄 수 있는 기회를 의미한다.

- **나 스스로 생각하는 나의 가치는 주로 사랑받는다는 느낌에서 나온다**

  나는 사람들이 나를 좋아하고 존중해주기를 원하지만, 그들이 반드시 그래야 할 필요는 없다. 사랑받는다는 느낌이란 사람들이 미치지 않았고 나를 제대로 알기만 한다면 누구든 나를 좋아하리라는 점을 아는 것이다.

- **나의 공개적인 지위와 개인적으로 생각하는 지위가 반드시 일치하지 않을 수도 있다**

  둘 중 하나가 좋은 상태일 때 다른 하나가 무너져 있을 수도 있다. 나는 직업이나 가정사 측면에서 높은 평가를 받을 수도 있지만, 그것의 실체는 온통 거짓에 기반을 두었을 수도 있다. 또는 나 자신이 끔찍한 사람이라는 걸 알고 있지만, 나의 능력이 필요하지 않은 직장에서 일하고 있을 수도 있다. 개인적으로 나는 스스로 생각하는 나의 이미지가 공개적인 평판과 차이가 날 때 심각한 스트레스를 받는다. 나는 그 두 가지가 서로 일치하기를 원한다. 그 말은 내가 직업을 바꾸거나 개인적인 프로젝트를 수정할 수도 있다는 의미다.

- **나의 공개적인 지위는 내가 살아갈 수 있게 해준다. 개인적으로 생각하는 나**

의 지위는 내가 살아가고 싶게 해준다

나는 공개적인 지위를 이용해 먹고살 수 있는 돈을 번다. 사람들이 나를 채용하고 싶을까? 사람들이 나의 아이디어에 흥미가 있을까? 그런데 나의 일에 본격적으로 에너지를 투입하기 전에, 먼저 내가 개인적으로 가치 있는 사람이라고 믿어야 한다.

다음의 내용은 내가 스스로를 평가할 때 사용하는 휴리스틱 기법들이다. 이런 항목들은 나 자신의 가치를 평가할 때만이 아니라, 잠재적인 고용주 같은 사람들에게 나의 가치를 입증할 때도 효과가 있다.

1. 이차적 관점을 고려한다

일차적 관점은 어떤 것의 상태 그 자체를 말하는 것이다. 반면에 이차적 관점은 그것이 어떻게 그런 상태가 되었는지, 미래에는 어떻게 변할지에 대한 것이다.

나는 어떤 특정한 사실을 모르거나 어떤 특정한 기술을 갖고 있지 못하더라도 그 점에 대해 스스로를 자책하지 않고, 오히려 이차적 관점으로 생각함으로써 그것을 어떻게 학습해야 하는지 결정한다. 예를 들면 이런 식이다. 비록 지금 내가 원하는 위치에 있지는 못하지만, 어떻게 하면 올바른 방향으로 나아갈 수 있을까? 만약 내가 올바른 방향으로 가고 있는 것이 아니라 하더라도, 올바른 방향으로 움직이기 위해 최소한의 노력은 하고 있는가? (내가 이차적 관점으로 스스로를 평가할 때는, 가끔 이렇게 '최소한'이라는 표현으로 스스로를 위로하는 경우가 있다.)

참고로 나는 열두 살 때 이런 관점을 시험해본 적이 있다. 그 방법은 나의 정직함에 대하여 최대한 솔직하게 평가해보는 것이었다. 내가 언제나 진실만을 이야기한다고 평가하고 싶었지만, 그건 사실이 아닌 것 같았다. 그래서 기준을 추가했다. 그리하여 결국은 다음과 같은 일종의 공식을 만들어냈다.

- 나는 언제나 진실을 말한다.
- 거짓을 말할 때는, 최소한 언제나 다른 사람에게 해가 되지 않는 방식으로 거짓을 말한다.
- 거짓말로 누군가에게 해를 입힌다면, 최소한 언제나 솔직하게 고백하고 용서를 구한다.
- 거짓말로 누군가에게 해를 입힌 것에 대해 솔직하게 고백하지 않고 용서도 구하지 않았다면, 최소한 내가 그랬다는 사실 때문에 괴로워한다.
- 거짓말로 누군가에게 해를 입힌 것에 대해 내가 괴로워하지 않는다면, 최소한 내가 괴로워했어야 한다는 사실은 알고 있다.

각각의 문장은 앞의 문장보다 한 걸음씩 멀어지는 것이며, 그럴수록 진실함에서 점차 멀어지는 것이긴 하지만, 그래도 현실의 복잡한 상황들을 좀 더 광범위하게 포괄할 수 있을 것이다. 비슷한 방식으로 그다지 나쁘지 않아 보이는 것에 대해서도 나는 한 걸음 벗어나서 대부분의 상황을 포괄할 수 있는 좀 더 높은 차원의 관점을 얻어낼 수 있다.

이런 기법은 진전 속도가 느린 상황에서도 내가 끈기를 유지할 수 있게 도와준다. 이차적 관점의 사고를 정치인들에게서 많이 발견하는 것도 어쩌면 이런 이유 때문일 수 있다. 예를 들어 정치인들은 어떤 문제에 대해 내놓은 대책이 그 문제를 해결하지 못할 수도 있다는 사실을 알면서도 '신호를 보냈다'거나 '올바른 방향으로 가고 있다'고 말한다.

2. 기여의 관점을 고려한다

기여의 관점이란 나로 인해 다른 사람들이 얼마나 발전했는지 살펴보는 것이다. 비록 자기 자신의 목표를 달성하지 못했더라도 말이다. 조지 베일리(George Bailey)라는 인물을 기억하는가? 그는 영화 〈멋진 인생(It's a Wonderful Life)〉에서 제임스 스튜어트(James Stewart)가 맡아서 연기한 주인공이다. 영화에서 베일리는 만약 자신이 존재하지 않았다면 세상이 어떤 모습이었을지 볼 수 있는 기회를 얻는다. 이런 경험 덕분에 그는 자신이 비록 거대한 꿈이나 영웅적인 모험을 추구하지 않았지만 삶의 가치에 대해 다시 생각해보게 된다. 그리고 천사의 도움을 받아, 그가 가진 소소한 친절과 배려 덕분에 수백 명의 사람이 더욱 나은 삶을 살고 있다는 사실을 깨닫는다.

나는 아인슈타인이 일반 상대성이론을 연구할 때 그에게 미소를 보여준 사람들에게 감사한다. 그의 연구는 끔찍한 고투였을 것이다. 그는 분명 상대성이론을 연구하면서 이따금 우울한 기분이 들었을 것이다. 누군가는 그에게 점심거리를 가져다주었을 것이다. 아마도 그의 아내 엘사(Elsa)일 것이다. 그리고 나중에는 의붓딸 마고(Margot)가 그의 업무를 도와주었을 것이다. 아인슈타인에게는 강아지도 있었다고 한다.* 이렇듯 아인슈타인의 성공에는 수많은 사람이 기여했을 것이다.

내가 특히 이렇게 생각하는 이유는 나의 아내 덕분이기도 하다. 나는 아내와 함께 컨설팅 비즈니스를 운영하고 있는데, 이와 관련한 서류작업의 대부분은 아내가 담당하고 있다. 그래서 나는 내가 더 잘하는 공상하기와 말하기에 더욱 집중할 수 있다. 그러고 보니 이 책이 세상에 나올 수 있는 것도, 내가 다른 것들에 정신 팔리지 않도록 가족들이 많이 배려해주었기 때문이다. 덕분에 나는 몇 달 동안 다른 일들을 미뤄둔 채 사색에 잠길 수 있었으며, 결국에는 집필에 착수할 수 있었다.

내가 기여의 관점에 대해 처음 생각한 것은 열세 살 때로 기억한다. 당시 나는 비가 내리는 가운데 숲속에서 장작을 패고 있었다. 나와 함께 하이킹을 온 친구들은 텐트 안에서 비에 젖지 않은 채로 편안하게 카드놀이를 하고 있었다. 나는 비에 흠뻑 젖은 채로 몸을 떨면서, 요리용 불을 피울 수 있는 불쏘시개를 만들고 있었다. 당시에 그 일을 해야 하는 당번이 나였다. 그전까지는 내 차례가 되면, 나는 투덜거리면서 일을 했다. 그런데 이번에는 뭔가 달랐다. 행복한 기분이 들었

* 아인슈타인은 치코(Chico)라는 이름의 강아지를 키웠다.

다. 그런 기분은 처음이었다. 비록 춥고 불편했지만, 친구들이 즐겁게 게임하는 소리를 들으니 생각이 바뀌었다. 내가 고생함으로써 아이들이 즐겁게 놀 수 있었다. 나는 아이들과 함께였다. 그러자 갑자기 아이들의 즐거움이 마치 나 자신의 즐거움처럼 느껴졌다. 그것은 상당히 강렬한 느낌이 드는 순간이었다. 그리고 이후에도 집에서 지루하거나 힘든 일을 해야 할 때면 나는 언제나 그때를 떠올린다.

내가 어떤 공동체에 기여하는 고유한 역할이 있다고 생각하면 왠지 안심이 된다. 나는 이런 공동체를 '타원형 팀(elliptical team)'이라고 부르는데, 설명하면 이렇다. 사람들이 함께 모여 협업하는 집단을 살펴보면, 다양한 사람이 각양각색의 능력을 갖고 있는 경우가 많다. 우리는 이런 능력들을 한 점에서부터 밖으로 뻗어나가는 선으로 그려볼 수 있다. 각각의 선들은 서로 다른 능력을 의미한다. 각각의 선을 따라 중심의 점에서 떨어진 거리는 어떤 사람이 그 능력을 얼마나 많이 갖고 있는지를 의미한다.

이제 다음의 그림에서 보이는 것처럼, 어떤 사람이 가진 각각의 능력치에 해당하는 점들을 연결해 하나의 도형으로 완성해보자. 이런 그림은 '레이다 차트(radar chart)' 또는 '키비아트 차트(kiviat chart)'라고 부른다. 다음의 예시에 보이는 해적은 요리보다 총포를 다루는 능력이 더 뛰어나다.

테스트 부서를 이끄는 관리자로서의 경력을 시작한 초기에만 하더라도, 나는 우리 팀의 모든 구성원이 모든 방면에서 뛰어난 역량을 갖는 것이 좋다고 생각했다. 이러한 생각을 키비아트 차트에 그려놓

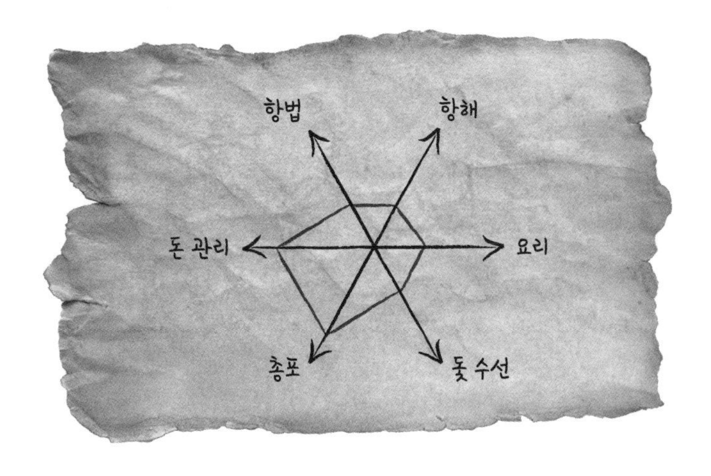

으면, 모든 팀원의 능력이 커다란 원을 그리게 될 것이다. 그러나 그럴 수 없다는 사실을 알게 되었다. 사람들은 각자 재능이 다르고 관심사도 다르다. 모든 방면에서 역량이 전부 뛰어날 수는 없다. 더욱 중요한 것은, 다양한 능력을 가진 사람들이 모여 있을 때 훨씬 더 협업이 잘 이루어진다는 사실이었다. 그 이유는 각각의 구성원이 각자 독특한 방식으로 팀에 기여하기 때문이다. 따라서 그들은 경쟁보다는 오히려 협업을 하는 경향을 보인다.

내가 이러한 팀을 '타원형'이라고 부르는 이유는, 각각의 구성원이 어느 한쪽의 각도로 치우친 능력을 갖고 있는 팀이 좋다고 생각하기 때문이다. 그들을 한 명씩 떼어놓고 보면 어떤 면에서는 강점을 보이지만, 다른 측면에서는 약점을 갖고 있을 것이다. 조직을 이러한 관점으로 바라보면, 조직이 가진 전체적인 역량과 각각의 구성원이 기여하는 능력이 무엇인지 파악하는 데 도움이 된다.

기여의 관점은 이차적 관점과 결합될 수 있다. 일차적 기여는 누군가를 위해 무언가를 해주는 것이다. 이차적 기여는 누군가가 혼자 할 때보다 무언가를 더 잘할 수 있게 도와주는 것이다. 내가 어떤 팀에 속해 있는데 그 안에서 내가 잘할 수 있는 게 아무것도 없는 상황에서도, 나는 그 팀이 최고의 성과를 내도록 도움을 줄 수도 있고, 그렇게 기여하는 것에 대해 뿌듯함을 느낄 수도 있다.

심지어 나는 다른 사람과 경쟁할 때도 기여의 관점에서 생각한다. 대대적인 역전극으로 끝나는 스포츠 영화를 떠올려보라. 예를 들면 만년 최하위의 야구팀이 9회 말에 홈런을 칠 수도 있을 것이다. 만세! 그런데 나는 그런 장면을 보면, 경기를 망쳐버린 투수에 대해 생각한다. 그는 자신이 영화에 등장하는데, 그 영화가 상대팀에 대한 이야기라는 걸 알고 있을까? 누군가가 극적인 역전승을 거둘 때, 누군가는 패배하는 사람이 있기 마련이다.

그래서 언젠가 체스 게임을 두다가 또다시 패배했을 때, 내가 그런 영화에 나오는 패배자의 처지라는 생각이 들었다. 나는 승리를 날려 버린 투수였다. 그런데 갑자기 이런 생각이 들었다. 만약 내가 열심히 했지만 아쉽게 패배했더라도, 상대팀에 승리라는 선물을 안겨준 것이라고 말이다. 그러면 나는 그런 영화를 보는 관객 중 한 사람이 된 것처럼 그 경험을 똑같이 즐길 수 있을 것이다. 만세! 제가 연기한 상대편을 당신이 이겼군요! 감사 인사는 괜찮습니다!

그 이후로 나는 패배하는 게 신경 쓰이지 않았다.

3. 기대하는 것과 예상하는 것을 구분한다

내가 스스로에게 예상하는 것이란 내가 할 수 있다는 사실을 알고 있는 것이다. 내가 기대하는 것이란 내가 할 수 있기를 바라는 것이다. 만약 나의 예상이 맞지 않는다면, 뭔가가 잘못된 것이다. 뭔가가 고장 난 것이다. 나의 기대치는 언제나 나의 예상치보다 높아야 한다. 그렇지 않으면 나는 자멸하게 된다. 그러므로 내가 예상하는 것은 나에게 건전한 것과 정상적인 것이 무엇인지 규정한다.

다시 말해 나의 예상치는 낮아야 한다는 의미다! 예상치가 낮을수록 내가 건전하며 정상적이라는 느낌을 더욱 쉽게 가질 수 있다.

다음의 그림을 살펴보라. 이것은 어떤 분야에서 내가 가진 재능이나 역량을 투명한 상자 안에 전부 넣어놓고 그것을 옆면에서 바라보았다고 생각하면 된다. 예를 들어 이 그림이 측정하려는 것이 나의 체스 실력이라고 해보자. 아래쪽의 점선은 나의 예상치다. 위쪽

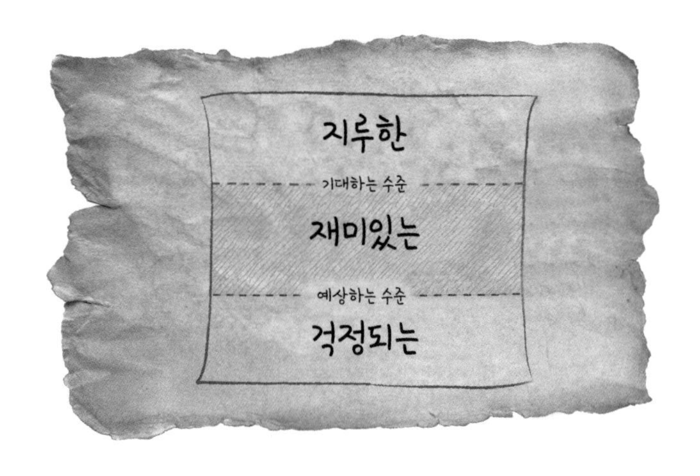

의 점선은 나의 기대치다. 만약 이 상자 안에 나의 체스 실력을 쏟아붓는다면, 과연 어느 선까지 차오르게 될까? 만약 나의 실력이 형편없다면, 아래쪽의 점선에도 미치지 못할 것이다. 그리고 나는 체스에는 재능이 없다는 느낌이 들 것이다. 나는 걱정이 되어 어쩌면 낙담할 수도 있다. 그리고 나의 예상치를 낮추는 게 좋을 것이다. 만약 나의 체스 실력이 예상치를 넘어선다면, 나는 상당히 기분이 좋을 것이다. 그래서 체스 연습을 더욱 열심히 할 것이다. 반면에 만약 나의 체스 실력이 아주 뛰어나서 나의 기대치를 넘어선다면, 나는 이제 체스가 지겨워져서 다른 취미를 찾게 될 수도 있다.

나의 기대치를 나의 예상치와 동일한 수준으로 설정해서는 안 된다. 그러면 재미를 느끼는 영역이 없어지기 때문이다. 그렇게 된다면 나는 우연한 사고가 일어나지 않는 한, 배움이나 성장을 지속할 수 없게 된다. 반면에 나의 기대치를 매우 높게 설정하면, 그 수준에 도

달하려는 열망을 갖게 될 것이다. 그리고 나의 예상치를 낮게 설정하면, 쉽게 상심하지 않을 것이다.

어린 시절에 내가 저지른 실수는 기대치를 지나치게 높게 설정했을 뿐만 아니라, 동시에 예상치도 터무니없이 높게 설정했다는 것이다. 그래서 언제나 내가 부족하다고 생각했다. 내가 해낼 수 있기를 바라는 무언가를 추구하면서 내가 충분히 넘어설 수 있는 중간 영역이 존재하지 않았다.

탁구의 역설

몇 년 전 나는 동생 조나단과 함께 탁구를 배웠다. 그런데 우리는 서로 시합을 하는 게 우리가 최선을 다할 수 있도록 자극한다는 사실을 알게 되었다. 경쟁 자체가 강도 높은 훈련인 것이다. 그런데 우리는 서로를 이기려고만 하다 보니 무언가 새로운 시도를 하지 않게 된다는 사실도 깨달았다. '가장 잘 먹히는 기술'만 구사하다 보니, '덜 먹히는 기술'은 그다지 많이 사용하지 않은 것이다. 이것이 바로 경쟁의 역설이다. 경쟁은 어떤 것을 배우는 데는 도움이 되지만, 다른 방식을 시도하려는 의욕은 없앤다. 이런 역설에서 벗어나는 방법이 바로 교대순환의 원칙이다. 때로는 경쟁을 하고, 때로는 경쟁을 멈추는 것이다. 그리고 위험성이 있거나 기존의 방식과는 다른 것을 시도해보는 것이다.

탁구의 역설에서도 예상치와 기대치가 작동하고 있음을 알 수 있다. 만약 내가 예상치에 미치지 못할 것을 걱정하지 않았다면(예를 들면, 게임에 지는 것), 나는 아마도 기대치를 향해 과감히 뛰어들 수도 있었을 것이다(예를 들면, 탁구에서 새로운 스핀 서브를 배우는 것).

> **중요한 비결**
>
> 뭔가 어려운 것을 배울 때면,
> 나는 예상치는 낮게, 기대치는 높게 설정한다.

돛의 힘 원칙

내가 무언가를 배우는 경우는 어떤 문제를 풀기 위해 노력해야 하지만 지나치게 많은 노력을 들이지 않는 경우가 대부분이다.

돛을 다룰 때는 이 점이 아주 중요하다. 그러니 해적들이여, 귀 기울여 듣기 바란다. 바람이 전혀 불지 않는 상황에서 돛을 펼쳐봐야 배는 꼼짝도 하지 않는다. 바람이 지나치게 많이 부는 상황에서 돛을 펼치면 배가 산산조각 날 수도 있다.

내가 무언가를 배운다는 것은 마치 돛을 적당하게 펼치고 바람의 흐름에 따라 배를 몰아가는 것과 같다. 돛을 적당하게 펼친다는 것은 나의 예상치와 기대치를 적절하게 설정한다는 것이다. 돛을 부풀어 오르게 하는 것이 바람이라면, 나의 마음을 부풀어 오르게 하는 것은 지식과 경험이다.

배를 망가트리지 않고 수월하게 앞으로 나가기 위해서는 내 배에 있는 돛들을 잘 다루는 것이 아주 중요하다. 나의 예상치가 너무 높

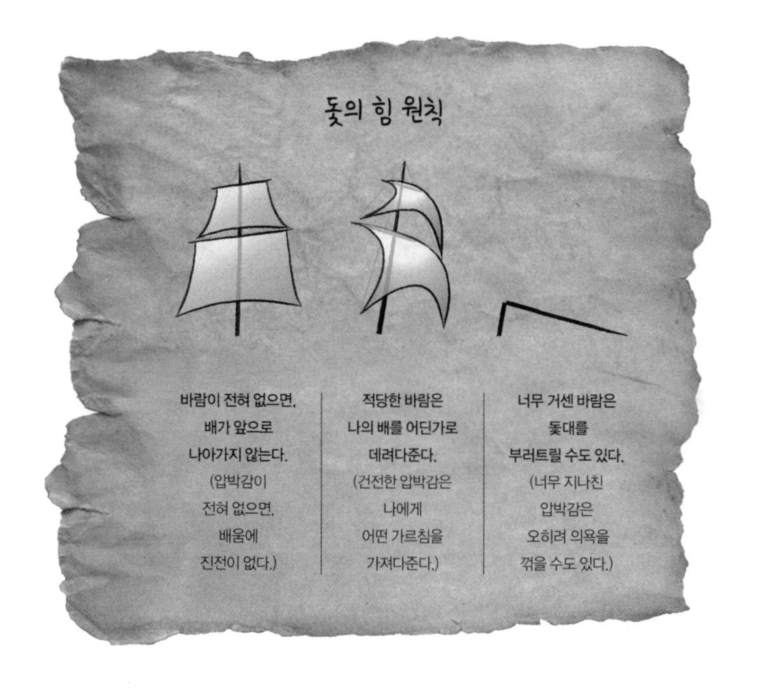

다는 건 내 배에 있는 돛들을 지나치게 많이 펼친 것이다. 그리고 나의 기대치가 너무 낮다는 건 돛을 거의 펼치지 않았다는 것이고, 따라서 배움이라는 나의 배는 거의 앞으로 나아가지 않을 것이다. 이처럼 예상치와 기대치 사이에서 현명하게 조율하는 것이 무엇보다 중요하다.

사례 : 5학년, 갈기갈기 찢겨진 돛들

1977년, 내가 다니는 학교에서 과학 발표대회가 열렸다. 나는 컴퓨터를 주제로 정했다. 나는 컴퓨터에 대해 거의 모든 것을 알고 있었다. 그런데 나는 컴퓨터를 만져본 적도 없었다. 컴퓨터를 눈으로 직접 본 적도 없었다. 어머니의 휴대용 계산기를 써보고 백과사전에서 컴퓨터에 대해 살펴본 것이 전부였다. 어쩌면 내가 컴퓨터를 직접 만들 수도 있지 않을까 생각했다. 그러나 그건 당시 열 살 아이인 나의 능력으로는 도저히 불가능한 일이었다.

그래도 나는 컴퓨터에 대해 꽤나 괜찮은 보고서를 쓸 수는 있을 거라고 생각했다. 그러나 실제로 시도해보니 그것조차도 내게는 상당히 버거운 일이었다. 나의 예상치가 너무 높았던 것이다. 도무지 글이 써지지가 않았다. 어떤 내용을 써야 하는지도 알지 못했다. 그렇게 몇 주 동안이나 전전긍긍했지만, 결국 내게 남은 것은 내가 바보라는 생각뿐이었다. 그러자 그 어떤 보고서도 쓸 수 없게 되었다. 어떻게 도움을 요청해야 하는지도 알지 못했다. 아마 친구들이 학교에서 그걸 배우는 날 나는 분명 아파서 결석을 했는지도 모른다.

학교에서는 나쁜 결과물을 제출하는 것보다는 차라리 아무것도 제출하지 않게 되었다. 가뜩이나 학교에서 문제가 많았는데, 이제는 그런 문제까지 더해졌다. 뭔가를 꼭 제출해야 하는 상황이 되면, 나는 일종의 사기 행각을 벌였다. 그것은 바로 옛날부터 학생들이 늘 써오던 방법이었다.

다음의 보고서에 있는 내용을 읽어보라. 내 말이 무슨 의미인지 알 것이다. 내가 쓴 글이긴 하지만 아무런 의미도 없고, 진정성도 없으며, 그 어떤 확신도 없다. 나는 컴퓨터에 대해 아주 잘 알고 있다고 생각했지만, 그것은 사실이 아니었다. 그러나 나는 그것을 인정할 수 없었다.

A computer is easily operated if computer principles are understood and the program completely comprehended. Unless you programmed the computer, it usually takes a college education. To program a simple computer, I've found, is a very hard mathematical process using various codes. The operation of a computer concerns pushing various buttons to equal question. But it all depends on the type of computer being operated.

열 살 때 컴퓨터에 대해 쓴 글.

"컴퓨터의 원리를 이해하고 프로그램을 완전히 파악하면 컴퓨터는 쉽게 다룰 수 있다. 비록 컴퓨터를 직접 프로그래밍하지 못해도 괜찮다. 그러려면 일반적으로 대학 교육을 받아야 한다. 내가 파악하기로는, 간단한 컴퓨터를 프로그래밍하는 건 다양한 코드를 사용하는 매우 어려운 수학적 계산이다. 컴퓨터를 운영하려면 동등한 질문에 해당하는 다양한 버튼을 눌러야 한다. 그러나 그것은 모두 운영하는 컴퓨터의 종류에 따라 달라진다."

내가 컴퓨터에 대하여 실제로 알고 있는 건 나의 예상치를 훨씬 더 밑도는 것이었다. 그래서 이런 보고서를 제출한다는 건 엄청나게 굴욕적인 일이었다. 더욱 최악인 건, 선생님이 이 보고서에 'A'를 주었다는 사실이다.

나의 배에 달린 돛들이 갈기갈기 찢기는 기분이었다. 돛을 연결하는 밧줄도 모두 끊어졌다. 이런 과제를 하면서 겪은 어려움과 패배감 때문에 나의 자신감은 산산이 무너져내렸다. 그 이유는 나의 예상치가 너무 높았기 때문이다. 그런 결과물에 좋은 성적을 받음으로써, 나는 학교의 성적 산출 방식을 더욱 신뢰할 수 없게 되었다. 이후의 학교생활에서도 나는 글쓰기 숙제를 거의 하지 않았다. 10년이나 지난 다음에야 나는 글쓰기의 두려움을 극복할 수 있었다.

그 이후로도 내가 5학년 때 쓴 작문처럼 아무런 의미 없는 글들을 많이 봐왔다. 심지어 어른들이 쓴 글조차도 마찬가지였다. 아마 형편없는 숙제에 좋은 성적을 받은 사람은 나 혼자만이 아닌 듯했다. 그리고 대부분의 사람은 아무것도 제출하지 않는 것보다는 나쁜 결과물이라도 제출하는 게 더 낫다고 생각하는 것 같다.

좋은 선생님이나 좋은 관리자는 학생이나 팀원들의 예상치를 잘 관리해주고 구성원들이 계속해서 의욕을 가질 수 있게 해준다. 우리와 같은 해적들은 스스로 이런 일을 해내야만 한다.

4. 비평가를 끌어들인다

비판을 받는다는 건 힘든 일이지만, 내가 발전하기 위해서는 필요한 일이다. 나에 대한 평가를 받는다는 것은 나의 약점과 실수를 적극적으로 없애는 일이기도 하다. 나에 대한 비판을 좀 더 쉽게 받아들이기 위해 나는 다음과 같은 방법을 사용한다.

• 나 스스로 가장 먼저 나 자신에게 돌을 던지려고 노력한다

어느 정도 대비를 하고 있으면, 아무리 날카로운 비판도 덜 아프게 받아들일 수 있다. 내가 얼마나 발전했는지 스스로 평가할 때면, 나는 나의 실수를 가장 먼저 찾아내는 사람이 되려고 노력한다. 그리고 다른 누군가가 내가 알고 있는 그 점을 지적하면, 나는 이차적 관점을 가지고 스스로에게 이렇게 말한다. "나는 적어도 그 사실을 이미 파악하고 있을 만큼은 충분히 현명한 사람이야." 그리고 설령 모든 일이 잘 풀리더라도, 나는 이차적 관점을 가진 채로 그렇게 좋은 상황이 우연에 불과한 것일 수도 있다고 생각한다. 우쭐해지면 안 돼, 제임스!

- **나에 대한 비판이 나의 문제점이 아니라는 사실을 명심한다**

모든 평가는 그것을 바라보는 사람의 세계관이나 중요하게 생각하는 것에 따라 달라질 수 있다. 그 사람이 개인적인 원한을 가지고 그런 말을 할 수도 있다. 그것은 나에 대한 원한이 아니라, 나와 비슷한 다른 사람에 대한 원한일 수도 있다. 아니면 그날따라 그 사람의 기분이 좋지 않을 수도 있다. 그건 내가 알 수 없는 일이다. 적어도 내가 최선을 다했다면, 설령 그것을 비판하는 사람들이 있더라도 나는 그들을 기분 좋게 만들면서 그러한 비판을 받아들이는 방법이 무엇인지 생각하려 노력한다. 기여의 관점에서 보면, 비판 대상이 된다는 것은 내가 그들에게 베풀 수 있는 일종의 서비스다. 그런 식으로 내가 그들에게 서비스를 제공하면, 결국에 우리는 좋은 친구가 되는 경우가 많다.

- **내가 신뢰하는 비평가들을 만든다**

만약 나의 뺨에 음식물이 묻었을 때 아내가 그걸 말해준다면, 나는 전혀 창피한 기분이 들지 않는다. 오히려 아내이기 때문에 그걸 쉽게 말해줄 수 있다. 그녀는 내가 깔끔하게 보이길 원하기 때문이다. 마찬가지로 내가 신뢰하는 사람에게서 비판을 들을 때면, 내가 원하는 건 그저 듣기에 좋은 말이 아니라 나에게 가장 도움이 되는 비판이다. 그렇게 나는 내가 듣고 싶은 말을 해주는 사람이 아니라, 내가 더 잘 해내는 것을 보고 싶기 때문에 기꺼이 비판해주는 사람들을 얻으려 노력했다. 당연히 시간이 오래 걸리긴 했지만 말이다.

• 비판을 달게 받아들이면 나는 더욱 강해지는 느낌이 든다

진짜 용맹한 해적이라면, 얼굴에 상처가 많을 것이다. 다른 사람에게서 내가 뛰어나지 않다는 이야기를 들을 때면, 나는 이것이 나의 자존감을 더욱 키우는 길이라는 사실을 스스로에게 거듭해서 말한다. 그런 측면에서 보면, 나에 대한 비판은 나에게 주는 선물인 셈이다.

물론 나에게도 아이 같은 부분이 있어서 특정한 종류의 비판을 들으면 상처를 받기도 한다. 그러나 나의 정신적 스승이라고 할 수 있는 제럴드 와인버그(Gerald Weinberg)에게서 그런 비판에 대처할 수 있는 간단한 요령을 하나 배웠다. 만약 그런 느낌이 들 때면, 스스로에게 이렇게 말하는 것이다. "어린애 같은 모습이 다시 나타났어. 제멋대로 굴면서 말이야. 참 재미있는 녀석이야. 어쨌든 가만히 있으면 금방 가라앉을 거야." 이런 생각은 마치 차분해지는 주문 같은 효과가 있다. 이렇게 생각하고 나면 그런 감정이 마치 바짝 마른 나무에 옮겨붙은 불씨처럼 나의 마음을 전부 태워버리게 놔두지 않고, 그런 철부지 같은 방어심리를 잘 다독거려 잠재울 수 있다.

5. 숫자에 겁먹지 않는다

통계 수치나 시험 점수, 게임의 득점 등 무엇이든 숫자로 된 걸 좋아하는 사람이 있다. 그러나 이건 이기적인 태도일 수도 있다. 시험을 잘 치르는 사람들은 시험 점수가 아주 좋은 것이라고 생각할 가능성이 크다. 수많은 사람을 평가하는 사람들도 시험 점수를 좋아할 것이다. 왜냐하면 시험은 다른 사람을 쉽게 평가할 수 있고, 공정하게 보이기 때문이다. 숫자는 과학적으로 보인다. 그리고 과학이란 믿을 수 있는 것이다.

그러나 이렇게 정량적(quantitative)으로 평가하는 모든 것은 그 누구도 숫자로 말하지 않는 수많은 믿음과 가정에 근거하고 있다. 그런 믿음이나 가정은 그 누구도 숫자로 설명할 수 없다. 그것은 바로 무엇이 중요하고 무엇이 중요하지 않으며 그 이유는 무엇인지에 대한 정성적(qualitative) 판단이다. 우리가 플레이하는 경기의 점수를 매기는 것이 정량적 평가라면, 정성적 평가는 그 경기의 규칙을 정하는 거라고 생각할 수 있다.

내가 무언가를 얼마나 잘하는지 알고 싶을 때면, 또는 내가 다른 누군가에게 나의 가치를 입증해 보이고 싶을 때면, 나는 전체적인 그림을 살펴본다. 몇 가지 단순한 판단에서 생각을 그치는 것이 아니다.

때로는 다른 사람들이 나를 평가하는 규칙들을 정할 때도 있지만, 그 과정에 내가 개입할 수 있는 경우도 생각보다는 많은 편이다. 다른 사람들이 아직까지 고려하지 않은 측면에서 내가 어떤 방식으로 유용하며 가치가 있는지 설명해줄 수 있기 때문이다. 개인적으로는 주로 의뢰인을 설득하는 과정에서 이런 경우가 자주 있는 편이다.

나를 평가하고 점수를 매기는 방식은 내가 결정해야 한다. 그리고 내가 어떤 경기를 할지도 내가 선택해야 한다. 만약 체스 챔피언이 되고 싶다면, 체스의 규칙을 잘 알아야만 한다. 그런데 현실에는 수백만 가지의 경기가 존재한다. 그중에서 나에게 맞는 종목을 찾아야 한다. 예를 들면, 내가 소프트웨어를 테스트하는 직업에 매력을 느낀 이유는 문제점을 진단하는 일에는 고정된 해결책이 존재하지 않기 때문이었다.

모든 테스트는 무언가를 배워가는 도전과제다. 나에게는 모든 테스트가 언제나 새로운 과제로 보이며, 언제나 독창적인 도전을 던져준다. 그것을 수행하기 위한 규칙들이 때로는 흐릿하고 알 수 없는 경우도 많다. 나에게는 그런 부분이 매력적으로 느껴졌다. 아마도 행복의 비결은 우리가 싫어하는 경기에서 승리하는 방법을 배우는 것이 아니라, 우리가 하고 싶은 종목을 찾는 것일 수도 있다.

사례 : 속독

느리게 읽는 것보다 빠르게 읽는 것이 더 좋을까? 그럴 수도 있다. 그러나 전체적인 그림에서 보면 읽기 속도는 중요하지 않다.

친구의 집에서 열린 파티에 참석했다고 해보자. 급하게 문을 열고 들어가서, 많은 사람과 서둘러 악수를 하고, 정신없이 명함을 주고받는다. 목구멍으로는 허겁지겁 술을 쏟아붓고, 바지 주머니에는 음식물을 쓸어 담는다. 그리고 다시 급하게 밖으로 뛰어나간다. 이런 방식의 '빠르게 파티 즐기기'에는 핵심이 빠져 있다. 설령 명함도 많이 챙겨왔고, (비록 나를 놀라서 바라봤겠지만) 새로운 얼굴들이 참석한 것도 기억이 난다 하더라도 말이다.

나는 한때 '아놀드 토인비(Arnold Toynbee)의 《역사의 연구(Study of History)》 읽기'나 '《브리태니커 백과사전》 읽기' 같은 목표를 세운 적이 있다. 그리고 매우 빨리 읽는 방법을 배우면 이런 목표를 달성하는 데 도움이 될 거라고 생각했다. 그래서 속독에 대한 강의를 들었다. 그런데 그 수업에서 내가 배운 가장 중요한 사실은, 천천히 읽는 것이 얼마나 좋은 방식인가 하는 점이었다. 그렇게 나는 느림의 미학이 주는 기쁨과 힘을 알게 되었다.

나의 시선을 글자들 위로 억지로 끌고 가서 그 내용을 외워야 한다는 생각으로 무언가를 읽으면, 나는 그저 공허한 기분이 든다. 나에게는 단지 암기가 아니라 가치 있는 생각들과의 관계맺음이 필요한 것이다.

지금의 내가 글을 읽는 속도는 두 가지가 있다. 하나는 탐구하는 속도이고, 다른 하나는 생각하는 속도다. 생각하는 속도가 1분에 처리하는 단어의 수는 0개에서 300개 정도다. (처리하는 단어가 0인 경우는 내가 어떤 그림을 가만히 들여다보거나, 또는 어제 읽은 무언가를 곱씹어보는 경우다.) 탐구하는 속도는 책에서 어떤 그림이나 제목을 찾아내려고 (1초에 2페이지 정도로) 빠르게 훑어보는 경우일 수도 있고, 1분에 600개 정도의 단어를 읽는 경우일 수도 있다.

내가 탐구를 할 때는 세부적인 내용은 대부분 건너뛰고 그 자료가 무엇인지 파악하려고 노력한다. 탐구하는 읽기를 할 때는 속독 기술이 유용하게 쓰일 수 있다. 그러나 생각하는 읽기를 할 때는 이 텍스트와 저 텍스트, 다양한 그림들, 그리고 내 인생의 다양한 경험들 사이에서 연관성을 찾아내려고 노력한다. 나는 그 책을 해석하는 동시에 재해석하는 것이다. 나는 그 책을 쓴 사람과 토론을 하는 것이다. 나에게 글을 읽는다는 것은 단순한 암기의 문제가 아니다.

전체적인 그림을 바라봐야 한다는 의미가 바로 이것이다. 숫자에만 사로잡혀 비좁은 시야에 갇히지 말아야 한다. 독서의 핵심이 주어진 시간 안에 최대한 많은 사실을 머릿속에 집어넣는 것이라고 생각하던 시절, 나는 정작 중요한 많은 것을 무시하고 있었다.

6. 성공을 축하한다

나는 종종 예전에 거둔 성공을 떠올리면서 스스로를 축하한다. 내가 배웠거나 배우려고 시도한 멋진 일들을 계속해서 떠올린다. 그런 기억들을 한 번에 하나씩 조용히 떠올려본다.

그리고 때로는 그런 일들을 크게 소리쳐서 떠올리기도 한다. 나에게는 트로피로 가득 찬 방도 없고, 벽면을 가득 메운 상장과 자격증을 향해 손을 흔들 수도 없기 때문에, 나 자신이 한 명의 사상가라는 생각이 들게 하려면 그런 이야기들을 스스로에게 주기적으로 들려주어야 한다. 나는 구체적인 이야기들을 떠올리는 편이다. 예를 들면 비행기 조종법, 컴퓨터 프로그래밍, 하모니카 연주법 등을 어떻게 해서 성공적으로 배웠는지 떠올린다.

성공이 꼭 거창한 것일 필요는 없다. 한 가지 예를 들어보겠다. 어렸을 때 나는 학급 친구들과 원주율(π)을 누가 더 많이 외우는지 겨룬 적이 있다. 지금 생각하면 다소 어처구니없는 시합이지만, 나는 무려 소수점 아래 102번째 자리까지 외웠다. 지금도 소수점 아래 40번째 자리까지는 술술 말할 수 있다. 3.14159265358979323846264338327950288 41971. 고백하건대 뭔가를 보면서 적은 게 절대로 아니다!

그러나 원주율을 그렇게나 자세히 외웠다고 해서 원의 둘레를 계산하는 능력이 획기적으로 더욱 나아진 것은 아니고, 일상생활에서 그걸 계산해야 하는 일도 거의 없다. 그렇지만 그런 자신감 덕분에 나의 삶은 더욱 나아졌다. 그것은 나의 자존감이라는 성벽에 튼튼한 벽돌을 하나 더 올려놓는 경험이었다. 내가 이렇게 원주율을 다시 외울 때면, 내가 충분히 똑똑하고 가치 있는 사람이라는 생각이 든다. 오해는 하지 말기 바란다. 저런 걸 외운다고 해서 내가 정말로 똑똑하거나 가치 있는 사람이라는 게 입증되었다고는 생각하지 않기 때문이다. 그렇지만 저런 작은 성취를 생각하면 기분이 좋아지는 것은 사실이다.

이런 이야기들은 설령 크게 입 밖으로 말하지 않더라도 내 마음속에서는 일종의 밸러스트(ballast)* 역할을 한다. 낯선 순간에도 어떤 특정한 생각이 나의 머릿속에서 떠오르면 나는 금세 안정감을 느낀다. 예를 들어보겠다. 1986년 7월 4일, 나는 야외에서 식사할 장소를 찾기 위해 어느 공원의 제방을 따라 걷고 있었다. 그런데 갑자기 언덕 위쪽에서 소란스러운 소리가 들렸다. 그리고 어떤 아이가 자전거를 타고 나를 향해 굴러 내려왔다. 아이는 자전거를 멈추지 못했다. 나

---

* 배의 균형을 맞추기 위해 바닥에 싣는 물질.

의 왼쪽은 콘크리트 제방의 꼭대기였고, 1미터가 넘는 아래쪽의 배수로에는 날카로운 바위들이 깔려 있었다. 그리고 나의 오른쪽에서는 그 아이가 급경사를 따라 굴러오고 있었다. 아이의 어머니가 쫓아오고 있었지만, 제시간에 붙잡을 수는 없어 보였다. 그래서 내가 몸을 날려 수렁에 떨어지기 직전의 아이를 안전하게 낚아챘다.

아이의 어머니가 나에게 고맙다고 말했고, 둘은 급하게 그 자리를 떴다. 그 이후에 나는 이런 생각을 해봤다. 내가 끔찍한 부상을 당할 수도 있는 아이를 구해주었을까? 그럴 것이다. 그리고 어쩌다 그때의 기억이 머릿속에서 떠오를 때면, 나는 스스로에게 이렇게 말한다. "적어도 나는 아이 한 명의 목숨을 살렸잖아."

스스로에게 이때의 이야기를 들려주면, 내가 또 하나의 교훈을 기억하는 데 도움이 된다. 내 인생을 통틀어 가장 놀라운 일은 언제든 순식간에 일어날 수 있다고 말이다.

7. 실패를 축하한다

나는 무언가에 실패할 때마다 그것에 대한 복수를 한다. 그것은 바로 그 실패를 뭔가 유용한 경험으로 바꾸는 것이다. 그러기 위해 내가 사용하는 방법은 다음과 같다.

• 실패는 재미있는 것이다

내가 무언가에 실패했을 때 취하는 응급조치는 거기에 유머를 끼얹는 것이다. 유머는 내 마음의 소화기라고 할 수 있다. 때로는 처음 겪어보는 실패로 인한 실망감 때문에, 이런 응급조치가 소용이 없을 때도 있다. 그런 좌절감은 대개 며칠 동안이나 이어진다. 뭔가 당황스러운 상황에 처했을 때 그럴 수 있다. 예를 들면, 예전에 프리몬트(Fremont)에 있는 애플 컴퓨터의 공장에 외부인들을 견학시켜준 적이 있다. 그런데 그곳에서 일하는 직원들이 쇠사슬에 묶여 일하는 노예 같다는 이야기를 들었다. 마치 시정잡배에게 무슨 일이 일어나기라도 한 것처럼 말하는 경솔한 언행이었다. 그것은 애플이라는 회사 전체를 모욕하는 것이었다. 그래서 그런 이야기를 들었을 때의 굴욕감에서 벗어나려면 며칠이 걸리기도 한다. 그리고 아주 미친 듯이 재미있는 농담을 떠올려야 할 수도 있다.

● 실패는 생생한 경험이다

나는 무슨 일이 일어나든 그것에서 무언가를 배운다. 나 자신을 부정하지는 않는다. 그 어떤 재앙이 닥치더라도, 나는 그것에서 무언가를 배울 것이다. 그리고 직접 몸으로 부딪혀 좌절을 겪어보지도 않고 다른 사람들이 겪은 문제에 대해 듣기만 하는 것은 피상적인 경험에 불과하다.

● 실패는 성공을 더욱 달콤하게 만들어준다

실패를 일종의 업보라고 생각한다. 나는 무언가에 도전했다가 실패하더라도, 일종의 수업료를 냈다고 생각한다. 일종의 투자를 한 것이다. 나중에 성공이 찾아오면, 나는 그것을 훨씬 더 값지게 누릴 수 있을 것이다.

● 실패는 내가 판매할 수 있는 교훈 사례다

실패에 대해 내가 좋아하는 점은, 그러한 경험이 나에게는 소중한 교훈이 되어 나중에 그것을 듣기 위해 돈을 내는 고객들이 나타날 수도 있다는 것이다. 나는 그 일에 대해 글을 쓸 수도 있고, 또는 세미나에서 활용할 수도 있다. 그것은 운명의 장난에 대해 우리가 가할 수 있는 가장 달콤한 복수다. 내가 경험한 과거의 실패 사례를 이용해 다른 사람들의 하루를 밝게 비춰주거나 그들이 세상을 좀 더 명확하게 바라보게 도와줄 수 있는 것이다.

평판, 시험, 포트폴리오

그 옛날의 해적들 가운데 '해적학 학사' 학위를 가진 사람은 아무도 없다. 자격증이나 인증 절차도 없다. 해적 두목들은 자신들이 활약하면서 겪게 되는 여러 가지 시험을 거치면서 평판을 획득했고, 그들이 거둔 뚜렷한 결과물이 그들의 포트폴리오였다. 냉정하게 말하면, 해적들은 자신들이 거둔 위업을 한껏 자랑하기 위하여 자신들이 훔친 물건과 약탈한 배에서 잔뜩 취한 것이다. 얼마나 크게 자랑하는지가 그들의 평판이었고, 약탈하는 행위가 그들의 시험이었으며, 그렇게 거둔 결과물이 그들의 포트폴리오였다.

나도 똑같은 일을 하고 있다. 글을 쓰고 강연을 함으로써 내가 하는 일을 보여줄 수 있다. 나는 또한 개인 홈페이지와 블로그도 운영하고 있다. 책도 한 권 썼다. 내가 고객들에게 돈을 받고 하는 일의 대부분은 기밀사항이지만, 가끔 좀 더 관대한 고객들은 그들과 함께 작업한 문서나 프로그램의 일부를 공개하는 걸 허용해준다. 이런 것들이 나의 포트폴리오다.

그리고 시험도 있다. 내가 콘퍼런스 행사에 나가서 발표할 때, 내가 일을 하면서 어떤 문제를 해결할 때, 내가 특정한 사람들과 함께 일을 할 때, 이런 모든 것이 시험이다. 자신의 일에 대한 포트폴리오를 갖고 있는 것만으로는 충분하지 않다. 훌륭한 결과물들로 구성된 포트폴리오여야 한다. 포트폴리오는 인상적이어야만 한다.

나의 포트폴리오와 시험에서 보여준 나의 실력이 나의 평판을 조금씩 만들어간다. 나의 평판은 전 세계의 고객이 나를 찾아오게 만든다. 나의 평판을 내가 직접적으로 관리할 수 있는 것은 아니다. 나는 비교적 강한 주장을 펼치기 때문에, 그에 동조하는 사람도 있지만, 그런 강한 의견에 거부감을 느끼는 사람도 있다. 그리고 요즘에는 인터넷의 블로그, 커뮤니티, 소셜네트워크 서비스 등을 통해 평판이라는 것이 거의 실시간으로 만들어질 수도 있다.

여러 매체와 개인 블로그에 글을 쓰기 시작한 이후로, 내가 발언한 내용에 대해서는 언제 어디서든 누구라도 의견을 낼 수 있게 되었다. 나의 생각에 대해 다른 사람들이 비판하는 것의 대부분은 틀린 것이지만, 그럼에도 나는 그런 비판들과 함께 살아가야 한다는 사실을 배웠다. 캐리비안의 해적들은 수많은 생각이 넘쳐나는 세상 속에서 일을 하고 발전할 수 있다. 그리고 각각의 개인은 모두 각자의 브랜드라고도 할 수 있다.

중요한 비결

나만의 브랜드를 만들려면, 나는 무언가를 주장해야 한다.
사람들이 그걸 이해하지 못하거나
좋아하지 않는다 하더라도 말이다.

새로 해적이 된 사람에게 내가 해주는 조언은 자신의 일을 최대한 많이 보여주라는 것이다. 요즘에는 인터넷이 있기 때문에 얼마든지 쉽게 보여줄 수 있다. 자기가 하는 일을 온라인에 게시하면 된다. 온라인 커뮤니티에 가입하고, 소셜네트워크 사이트도 활용할 수 있다. 블로그에도 글을 쓸 수 있다. 그런데 온라인에 그렇게 무언가를 게시할 때는, 자신의 친구들만이 아니라 적대적인 사람들도 읽을 수 있다는 사실을 명심해야 한다. 그런 점을 염두에 두면서 자신의 포트폴리오를 꾸준히 개선하면서 늘려가야 한다. 만약 일의 결과물이 좋다면, 평판은 빠르게 성장할 것이다. 만약 일의 결과물이 별로 좋지 못하다면, 또는 너무 시대를 앞서갈 정도로 급진적인 결과물이라면, 아마도 사람들에게서 주목받지 못할 것이다. 그렇다 하더라도 그런 문제점은 충분히 고쳐나갈 수 있다.

자신이 하는 일에 자신감을 가져야 한다.

chapter 10

먹이를 노려야 음식을 얻는다

의뢰인들이 나에게서
무엇을 원하는지 스스로에게 물어보고,
내가 그들을 위해
무엇을 해줘야 하는지 파악한다.

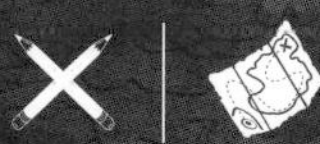

나에게는 특별한 규율이 없다. 물론 내가 지금까지 해온 일들을 보면, 상당히 엄격한 규율이 필요해 보일 수는 있다고 생각한다. 그러나 나는 규율이 아니라 열정에 따라 일을 해왔다. 열정이란 자유롭게 오고가는 신비한 힘이며, 멈추지 않고 불어대는 바람이다. 이런 식으로 표현해보겠다. 만약 내가 어떤 규율에만 의존했다면, 지금의 나는 없었을지도 모른다.

1986년 말, 나는 컴퓨터 프로그래밍에 싫증이 났다. 좀 더 정확히 말하면 진절머리가 났다. 나를 프로그래머로 일할 수 있게 해준 데일 디샤룬은 나에게 몇 달 동안 해야 할 일을 던져주고는 장기간의 휴가를 떠났다. 그래서 나는 혼자 일하고 있었다. 그러던 중에 더 이상 그 일을 할 수 없겠다는 생각이 들었다. 나의 마음이 다시 한 번 나를 막아서고 있었다. 그것은 마치 내가 7학년 때 숙제를 못 하고 있을 때와 똑같은 감정이었다. 소프트웨어를 작성하려고 자리에 앉으면, 속에서부터 구역질이 올라오면서 마음을 텅 비워낼 것 같은 기분이 들었다. 나는 완전히 지쳐 있었다. 나의 마음이 또다시 탈주하고 있었다.

그래서 나는 커피숍에서 많은 시간을 보냈다. 그곳에서 나에 대해 사색하면서 노트에 시를 쓰고 사회에 대한 생각들을 적었다. 그리고 치코 주립대(Chico State)*에 있는 50만 권의 장서를 보유한 멋진 도서관을 돌아다니면서 교육과 철학 분야의 책들을 열심히 탐독했다. 온라인에 철학적인 토론을 하는 게시판을 만들어 나의 생각을 올리기도 하고 반론에 대응하기도 하면서 많은 시간을 보냈다. 스크래블(Scrabble)이라는 보드게임도 엄청나게 많이 했다.

내가 그렇게 개인적인 문제와 씨름하는 동안, 게임 업계에는 대대적인 구조조정이 일어나고 있었다. 수많은 중소기업이 문을 닫았다. 그해 말, 휴가를 떠났던 데일이 돌아왔다. 그리고 결국 그도 사업을 접었다.

그래서 1987년 5월, 나의 20번째 생일이 다가오던 시점에 나의 수중에 남아 있는 돈은 수백 달러에 불과했다. 그리고 내가 유일하게 기술을 갖고 있던 분야에서 더 이상 일하고 싶은 의욕이 들지 않았다.

바로 그때 어떤 직업중개인이 나에게 전화를 했다. 그녀는 내가 몇 달 전에 보낸 이력서를 이제야 확인한 것이다. 그녀가 내게 물었다.

"혹시 실리콘밸리에서 일하고 싶지 않으세요?"

"지금은 이 업계가 불경기라고 생각했는데, 서니베일(Sunnyvale)의

---

* 캘리포니아 주립대학교, 치코(Chico).

길거리에는 굶주린 프로그래머들이 넘쳐나지 않나요?"

"아뇨, 실제로 그곳에는 일자리가 넘쳐나고 있습니다. 원한다면 애플 컴퓨터에서 일자리를 구할 수도 있어요."

"멋지군요. 그런데 어떤 종류의 일인가요?"

그렇게 대화를 하다 보니, 온통 불타버린 나의 마음속에서 갑자기 반짝이는 긍정의 네온사인들이 켜지기 시작했다. 애플 컴퓨터가 나를 필요로 했다. 그들이 나를 필요로 한다. 나는 부름을 받고 있었다.

그곳에서의 직무는 테스터(tester) 팀을 관리하는 것이었다.

나는 전화에 대고 물었다. "테스터라니, 그게 뭐죠?"

테스터란 다른 누군가가 만든 제품을 검사하고 거기서 문제점을 찾아내는 사람이라고 했다.

"그런 일을 하는 사람에게 월급을 준다는 건가요?" 흥미로웠다. 나는 내가 한 일을 늘 테스트 해왔다. 그렇지만 그때까지만 하더라도 두 사람 이상과 함께 팀을 이뤄 일을 해본 적이 없었다. 소프트웨어 업계의 눈으로 보면, 나는 산속에서 은둔생활을 하는 미친 사람이었다.

소프트웨어를 테스트한다는 생각이 나의 흥미를 끌어당겼다. 힘들게 망치질을 하는 대신에, 파라솔 아래에 편히 앉아 다른 사람들이 망치질해놓은 걸 평가할 수 있다고 생각했다. 내가 직접 프로그래밍을 하지 않고도 내가 가진 프로그래밍 능력을 활용할 수 있었다. 재미있을 것 같았다.

회사의 경영진들도 나에게 흥미를 느꼈다. 나는 그전까지 테스트를 전문적으로 해본 적도 없고, 다른 사람이 하는 걸 지켜본 적도 없지만, 그런 나에게 지휘권을 주는 것 같았다. 내가 지휘권을 가진다는 게 마음에 들었다. 테스터, 제임스. 테스터 팀의 관리자, 제임스 왕. 멋지다고 생각했다.

그래서 우선은 관리 업무가 무엇인지 빠르게 배워야겠다고 생각했다. 애플로 면접을 보러 가는 길에 나는《1분 관리자(The One-Minute Manager)》*라는 책을 샀다. 비교적 얇은 책이어서 빨리 읽을 수 있었다. 나는 일단 대충 훑어본 다음에, 면접을 보기 전에 다시 한 번 살펴보기로 했다.

그렇게 애플의 사옥으로 걸어 들어간 게 아마도 내가 정식 오피스 건물에 처음으로 발을 들여놓은 일이었다. 칸막이로 구분해놓은 방과 회의실을 실제로 본 것이 처음이었다. 축제에서나 볼 수 있던 마차가 복도 중간에 세워진 것도 처음 봤는데, 거기에서는 이제 갓 튀겨낸 따끈한 팝콘을 공짜로 제공했다. 버터 향기가 가득한 곳에서 일하게 된다니! (하지만 실제로 그런 환경에서 일하면 여러분도 분명 눈이 따끔거리고 버터 냄새를 싫어하게 될 것이다.)

나는 면접을 보기 위해 입고 온 복장이 걱정됐다. 나에게는 정장이 없었다. 그런데 주위를 둘러보니, 내 옷차림도 잘 어울렸다. 모든 사람이 나처럼 편안하게 입고 있었기 때문이다.

면접은 어느 회의실에서 진행되었고, 면접관 두 사람이 나에게 여러 가지 질문을 던졌다. 나는 그 질문들에 대답하면서, 내가 작업한

---

* 한국어판은《1분 경영》(21세기북스, 2016)으로 출간되었다.

게임들의 포트폴리오를 보여주었다. 그리고 면접관들이 나에게 관리에 대해 물었을 때, 《1분 관리자》에서 읽은 내용 중에서 몇 가지를 그대로 말했다. 그들이 테스트에 대해 물었을 때는, 모든 프로그래머가 그렇듯 "제가 만든 프로그램들을 직접 테스트해왔습니다"라고 말했다. 그건 제대로 된 대답이 아니지만, 나는 그 사실을 알지 못했다. 그들 역시 마찬가지였다. 그 회의실에 있던 사람들 가운데 그 누구도 소프트웨어 테스트에 대해 제대로 알고 있는 사람은 없었다. 대학교에 소프트웨어 테스트와 관련한 전공도 없던 시절이었다. 현대적인 기술의 발전과 함께 생겨난 새로운 분야들 가운데 하나였기 때문이다.

새로운 산업은 캐리비안의 해적들에게 적합한 분야다. 그 옛날 스페인 통치 수역이 그랬듯이, 소프트웨어 테스트 분야 역시 거칠고 넓게 펼쳐진 바다였다. 회사가 자신들에게 필요한 것이 정확히 무엇인지 모르는 상황이라면, 그들에게 필요한 것은 급변하는 상황에 맞춰 적절하게 대처할 수 있는 사람들이다.

면접을 마친 후, 나는 밖으로 나와 건물 주변을 따라 두 바퀴를 걸었다. 이곳에서 일하고 싶다고 생각했다. 이곳을 뒤흔들어놓겠어. 그러니 제발, 제발 나를 채용해주세요.

며칠 뒤, 그들이 나를 채용했다.

나중에 알게 된 사실인데, 그 자리를 놓고 경쟁을 벌인 후보는 나를 포함해서 단 두 명이었다. 그 경쟁자는 과분할 정도의 자격을 갖춘 사람이었다. 다시 말해 그가 원하는 몸값이 회사로서는 지나치게 높았던 것이다. 하지만 내가 그 일자리를 얻어낸 결정적인 이유는 내가 채용 담당자의 마음을 사로잡았기 때문이다. 내가 그 일자리에 필요한 것들을 빠르게 배울 수 있다고 그를 설득했기 때문이다. 그는 자신이 관리자 업무를 가르쳐줄 수 있는 사람을 원했고, 나는 그런 가르침을 얼마든지 받아들일 열정으로 가득 차 있었다.

나의 배움을 바다에서 항해하는 것에 비유하면, 애플에 입사하기 전의 일들은 항구 근처에서 작은 배의 노를 젓던 것이라고 할 수 있다. 애플 컴퓨터에서 나의 배움은 본격적으로 항해를 하기 시작했다.

필요한 사람이 된다는 짜릿함

그 일자리에 대해 처음 듣는 순간, 나의 피로감과 메스꺼움은 온데간데없이 사라졌다. 특별히 치료받은 것도 아니었고, 과도기가 있는 것도 아니었다. 그것은 순식간에 일어났다. 이때의 경험 덕분에 나는 극도의 피로감을 주는 원인이 무엇인지 알게 되었다. 내가 유용하지도 않고 존중받지도 않는다는 느낌이 들면, 나는 마치 오래된 채소처럼 상해버린다. 데일의 회사에서 나는 대부분의 시간을 혼자 일했다. 학교에서도 혼자 공부했다. 지금에 와서 드는 생각은, 그런 고독감이 나를 굶주리게 만든 것 같다.

애플에 들어가기 전까지만 해도, 나는 스스로를 천성이 게으른 사람이라고 생각했다. 그리고 애플에 입사하기 전에는, 어떤 집단에서 인정받는 구성원인 적이 없었다. 몇 년이 흐른 다음에야 깨닫게 된 사실인데, 내가 유용한 사람이며 내 주위의 사람들이 나를 존중해준다는 느낌을 받으면 일주일에 85시간까지도 너끈히 일할 수 있다는 점이었다. 단지 내가 그렇다고 생각하는 것만이 아니라, 내가 그것을 실제로 느끼는 것이 중요하다. 나의 마음은 사람들과의 접촉을 통해 더욱 무성하게 번창한다. 그것은 나의 자양분이다. 그것은 심리적인 연료다.

바람이 없어서 가만히 멈춰서만 있던 나는 마치 무역풍을 발견한 기분이 들었다. 그 무역풍은 애플 컴퓨터의 연구개발(R&D) 부서에서 불어왔다.

중요한 비결

나의 일이 어딘가에 있는 누군가의 삶을 더 낫게 만든다는 느낌이 들지 않으면, 그 일이 아무리 사소한 것이라도 나를 완전히 지치게 만들 수 있다.

이것은 나 스스로의 배움과 관련하여 가장 중요한 요소다. 내가 무언가를 배우고자 하는 동기는 주로 나의 친구들, 가족들, 동료들, 그리고 고객들을 위해 일한다는 느낌에 근거하고 있다. 여기에는 내가 쓴 글을 읽는 사람들도 포함된다. 나의 배움이 나에게 중요한 사람들과 연관되어 있다는 느낌이 중요하다. 그런 연관성을 애플에서 발견했고, 그곳에는 내가 필요하다는 느낌을 받았다. 그러나 학교에서는 그렇지 않았다.

왜 이런 차이가 나타났을까? 만약 사회적인 관계가 나에게 그토록 중요하다면, 나는 대체 왜 내 주변에 있는 권위자들에게 맞서고 나를 둘러싼 제도에 도전하는 것일까? 말썽을 일으키는 사람보다는 좀 더 고분고분한 사람이 되어야 하지 않을까? 그에 대한 대답은 이것이다. 내가 그저 거대한 집단을 쫓아가기보다는, 몇 명의 무리와 함께 뛰는 것을 좋아하기 때문이다. 그것은 커다란 차이다. 거대한 떼를 지어 다니는 동물은 그저 전체적인 흐름을 따라 움직이기만 한다. 그러나 몇몇이 함께 사냥하는 무리 안에서는, 독자적인 활동과 협업이 함께 이루어진다. 그 옛날의 해적들도 그런 식으로 움직였다.

대학 졸업생들을 따라잡기

애플에 출근하는 첫날, 나는 바짝 긴장했다. 당시 나는 스무 살이었고, 그 건물에서 가장 어린 관리자였다. 그곳에서 일하는 4년 동안 수많은 모임에 참석했고 조직개편도 경험했지만, 나보다 어린 관리자는 없었다. 나는 심지어 인턴 직원들보다도 어렸다.

게다가 나는 계약직이었다. 다시 말해 애플은 나에게 미리 통보하지 않고도 언제든 나를 해고하거나 계약을 해지할 수 있었다. 나는 가진 돈도 없었고, 계좌에 잔고도 없었다.

가장 최악인 것은 내 주위의 거의 모든 사람에게 대학 졸업장이 있다는 점이었다. 대학원 학위를 가진 사람도 많았다.

나는 대학 졸업생들을 따라잡아야만 했다. 매일 그 생각을 했다. 나의 영혼에 배움을 향한 불꽃을 붙인 채 일터로 향했다. 무엇이든 배워야 했다. 지금 일어나는 모든 것을 배워야 했다.

나는 탐색을 시작했다. 애플에는 배움을 위한 자료들이 넘쳐났다. 아찔한 기분이 들었다. 회사에는 내가 들을 수 있는 수업들도 있었다. 많은 학자가 회사에 와서 세미나를 개최했다. 회사의 자료실에는 기술 관련 문서들로 가득했다.

산 호세(San Jose) 지역은 사우스 베이(South Bay) 또는 실리콘밸리, 아니면 그냥 줄여서 밸리(The Valley)라고도 부른다. 이 지역에는 멋진 서점들이 가득했다. 그리고 내가 근무하던 시절의 애플 컴퓨터에는 업계 최고의 도서관이 있었다. 그곳에는 자료 검색을 도와줄 사서 직원도 많았는데, 그들 역시 나처럼 그곳에서 스스로의 능력을 입증하고 싶어 하는 사람들이었다.

관리자로서 내가 담당하는 직원은 다섯 명이었는데, 나를 가까이에서 관리하는 사람은 없었다. 크리스(Chris)라는 사람이 나의 상사이긴 했지만, 그는 대부분의 시간을 회의에 참석했다. 그는 내가 할 수 있는 최선의 방식으로 그 일을 잘 해내길 원했다. 다시 말해 나는 사무실을 빠져나와 다른 걸 찾아 읽을 수도 있었다는 것이다. 그래서 매일 오후 회사의 길 건너편에 있는 도넛 가게에서 시간을 보내며 아무런 방해를 받지 않고 나의 공부를 했다.

크리스는 그런 나를 지지해주었다. 그는 심지어 이렇게 말하기도 했다. “소프트웨어에 대한 자료만 읽어서는 안 됩니다. 다른 분야에서도 우리의 문제점에 대한 해결책을 찾을 수 있는지 살펴보기 바랍니다.” 크리스는 자신이 생각하는 것보다 훨씬 더 나를 지지해주었다. 이렇게 말하면서 그는 커다란 의미를 두지 않았을지도 모르지만, 그것은 내가 업무시간에 무엇이든 공부할 수 있는 일종의 허가라고 생각했다. 회사의 도서관에는 200여 종의 학술 저널이 들어왔는데, 나는 그중에서 상당수를 읽었다. 말이 안 되는 것처럼 보이는 자료들도 읽었다. 예를 들어 내가 읽은 글 중에는 〈알제리 여성들의 인체 측정〉이나 〈밀고 당기는 방식의 수동 육지 제초기를 위한 최적의 손잡이 높이〉라는 것도 있다.

물론 테스트와 관련한 책들은 최대한 많이 찾아 모조리 읽었다. 소프트웨어 테스트의 기준에 관한 자료들을 찾아 공부했다. 저녁 시간은 물론이고 주말에도 공부했다.

처음에는 내가 다른 테스터들에게서 아주 많은 걸 배울 수 있을 거라고 생각했다. 회사에서 근무하는 테스터는 400명이 넘었다. 그런데 그들과 이야기하다 충격적인 사실을 알게 되었다. 그 누구도 테스트에 관심이 없었던 것이다.

거의 모든 사람이 그랬다. 애플에서 일한 처음 6개월 동안, 소프트웨어 테스트 부문에 근무하는 모든 사람 중에서 나처럼 테스트 관련 서적을 찾아 읽는 사람은 10명 정도밖에 만나지 못했다. 나머지 사람들은 자신이 일하는 분야를 정복하겠다는 의욕도 없이 그저 각자가 맡은 업무만 처리할 뿐이었다. 결국 대학 졸업생들을 따라잡는 것도 어렵지 않겠다는 점이 분명해졌다.

중요한 비결

대부분의 사람들은, 대부분의 시간 동안,
그다지 열심히 노력하지 않는다.

애플에서 경험한 이러한 패턴은 이후에도 내가 돌아다니면서 본 컴퓨터 업계의 거의 모든 곳에서도 확인되었다. 대부분의 사람은 지적인 노력은 거의 기울이지 않은 채 자동항법장치가 이끄는 대로 움직였다. 대부분의 사람은 어쩔 수 없는 상황이 아니라면, 굳이 스스로 주도해서 공부하지 않았다. 설령 공부를 하더라도, 그들은 명확하며 일반적인 주제들을 선택하는 경우가 많았다. 그러다 보니 그들은 독창적이 되기보다는, 다들 비슷비슷해지는 결과를 낳았다. 그것은 배움에서 그저 거대한 떼에 이끌려가려는 사고방식이었다.

나는 배움을 더욱 확장하려는 동료들과도 이야기를 나누어보았지만, 그들이 말하는 공부는 일반적으로 학사, 석사, 박사 등의 졸업장을 취득하는 것에 한정된 경우가 대부분이었다. 그들에게 배움은 스스로가 진정으로 뛰어난 사람이 되는 것을 말하는 게 아니라, 그들이 생각하는 어떤 문을 열어줄 수 있는 간판을 말하는 것이었다. 반면에 캐리비안의 해적은 그런 간판을 그다지 신경 쓰지 않는다. 캐리비안의 해적은 중요한 비결을 밝혀내기 위해 공부를 한다! 그들은 놀라운 비밀을 파헤쳐 그 분야를 완전히 정복하고자 한다! 캐리비안의 해적은 인간이 경험하는 미스터리를 풀어내는 짜릿함을 느끼기 위해 살아간다. 캐리비안의 해적도 지위를 원하기는 하지만, 그것이 자신의 일을 통해 획득하고 유지할 수 있는 지위일 때만 그렇다.

나는 애플에서 훌륭히 일을 해내고 싶었다. 나는 유용함을 느끼고 싶다는 열망으로 불타올랐다. 나는 내 분야에서 전문가가 되기로 결심했다. 만약 전문가가 된다면, 부와 지위는 자연스럽게 따라올 거라고 생각했다. '컴퓨터 과학 석사 학위' 같은 간판을 취득하는 일에는 아무런 흥미가 없었다. 성공이란 내가 지금 알고 있는 지식과 관련된 것이 아니라, 내가 찾아내서 만들어낼 수 있는 지식과 관련된 거라고 생각했다. 그것은 지금의 내가 누구이냐가 아니라, 내가 앞으로 어떤 사람이 되고 내가 어떤 일을 할 수 있는지와 관련된 것이다. 그것은 배움과 관련된 것이며, 나는 그걸 지적인 해적 활동이라고 부른다. 나의 배움을 직접 설계함으로써, 나 자신의 성공을 직접 만들어낼 수 있을 것이다. 단지 졸업장이 아니라, 나 자신이 가진 장점에 따라 스스로 평판을 얻을 수 있을 것이다. 그것이 바로 해적들의 방식이다.

나는 정규교육 과정을 거치지 않고도 소프트웨어 테스트 분야에서 경쟁할 수 있을 뿐만 아니라, 이 분야에서 최고의 자리에 오를 수도 있다고 생각했다. 내가 생각하는 나의 경쟁력은 다음과 같았다.

- 스스로 학습하는 습관 (살아남으려는 필요성에 의한 것)

- 전통적인 생각들에 대한 적극적인 문제제기 (권위를 불신하고, 규율에 의존하지 않으며, 진정성 있게 살고자 하는 열망에 의한 것)
- 공부하는 분야의 다양성 (한 분야에만 머물지 않는 폭넓은 주의력에 의한 것)
- 야심 (이제 필요하다고 생각해서 불타오르는 것)

이런 장점들은 내가 버몬트에서 초등학교나 중고등학교를 얌전히 잘 다녔더라면 알지 못했을 것이다. 아이오와의 사무용품 매장에서 계속 일했거나, 치코라는 작은 도시에 있는 데일 디샤룬의 차고에서 계속 프로그래밍을 했더라면, 나에게 저런 장점이 있는지 미처 알지 못했을 것이다. 그러나 어쨌든 이것은 거부할 수 없는 사실이었다. 나는 소프트웨어 업계의 중심지인 실리콘밸리에서도 심장부라고 할 수 있는 회사에서 지식노동을 하는 수백 명의 엔지니어에 둘러싸여 일하고 있었다. 게다가 나는 상당히 잘 해내고 있었다! 바로 그때 이런 사실을 깨달았다. 내가 약점이라고 생각하던 것이 실제로는 나의 강점이었다! 나는 정규교육의 체계 안에 머물러 있었다면 성공하지 못했을 것이다. 오히려 바로 그런 독립성이 '현실 세계'에서 나를 여기까지 이끌어준 것이다.

배우는 것이 나의 일이다

앞에서 지식노동(knowledge work)을 언급했는데, 이것에 대해 좀 더 이야기해보고 싶다.

지식노동이란 어떤 생각을 구상하거나 개발하거나 연구하거나 테스트하거나 제시하거나 전달하거나, 그런 생각의 결과물을 판매하거나 구매하는 일을 말한다. 간단히 말해 지식노동이란 결국 아이디어와 관련된 것이다. 아이디어는 단순한 패턴이 아니다. 아무 아이디어나 제시한다고 해서, 그 안에 어떤 실체나 가치가 무조건 내재되어 있는 것은 아니다. 그러나 지식노동을 하는 사람들이 적절한 시점에 적절한 아이디어를 제시할 수 있다면 성공과 부와 행복을 거머쥘 수 있다.

지식노동은 현대의 경제에서 거대한 부분을 차지한다. 여기에는 과학, 공학, 의학, 법률, 정치, 금융, 언론, 마케팅, 기술, (문학, 시각, 공연) 예술 등을 포함하여 다양한 유형의 컨설팅이나 학문 분야 등은 물론이고 다른 수많은 직업까지 아우른다.

어떤 일이나 업무도 지식노동으로 변환될 수 있다. 그러한 변환은 그것을 어떻게 대하는지에 따라 달라진다. 예술가인 앤디 골즈워디(Andy Goldsworthy)가 대표적인 사례다. 그의 예술은 주로 막대기, 돌, 나뭇잎, 고드름 등 자연의 재료들을 조합해 이뤄진다. 그는 어려서부터 농장에서 일했는데, 그래서 언젠가는 자신의 예술작업이 감자를 수확하는 것과 비슷하다고 말했다. 어쨌든 골즈워디도 심오한 아이디어들을 독특한 방식으로 작업하는 캐리비안의 해적이라고 말할 수 있다.

지식은 다루기 어려운 것일 수 있다. 그리고 기업들은 정교한 규칙을 만들고 지식을 다루는 도구와 절차를 규정하는 등 과도하게 관리함으로써 창의성을 저해하는 경향이 있다. 그러나 지속적으로 성공을 거두는 기업들은 창의적인 사고를 기계적으로 관리하거나 감독하려고 시도하지 않는다. 오히려 그들은 문제 해결과 실험을 지지하고 독려하는 환경을 조성한다. 나는 다행히도 나를 그렇게 대우해준 관리자들을 만날 수 있었다. 만약 학교에서도 그런 선생님들이 계셨다면, 아마 학교를 떠나지 않았을지도 모른다.

지식노동자들은 지적인 자산을 만들어낸다. 나를 예로 들면, 고객들에게 자문을 하거나 조언을 해주고, 결과를 분석하고, 참고자료를 만들고, 교육이나 코칭을 하고, 때로는 소프트웨어를 만들기도 한다. 지식노동자들은 글을 쓰거나, 고객을 직접 만나거나, 결과물을 발표하는 등의 방식으로 그런 활동을 한다.

지식노동자들이 부딪히는 한 가지 커다란 문제는 과도한 업무량이다. 우리가 파악해야 하는 정보의 양은 끊임없이 늘어나고 있다. 세상에는 배워야 하는 내용과 익혀야 하는 기술이 엄청나게 많이 존재한다. 단지 어마어마하게 많은 것만이 아니라, 그 모든 것이 매우 빠르게 변화한다. 그 누구도 그 모든 걸 자신의 머릿속에 다 집어넣을 수는 없으며, 그렇게 배운 지식도 금세 잊어버리고 만다. 반면에 대학 교육은 짧고 한정된 기간 동안에만 이루어지며, 세상의 현실과 동떨어진 경우도 많다. 대학교가 오늘날 지식노동자들이 마주한 문제를 해결해줄 거라고 보기는 힘들다.

이런 현실이 해적들에게는 오히려 엄청난 기회다! 그 옛날의 해적들이 맹활약을 펼친 이유는 각국의 해군이 드넓은 대서양이나 태평양을 전부 샅샅이 정찰할 수는 없었기 때문이다. 요즘의 해적들이 열심히 활약하는 이유는 부분적으로 현대의 대학들이 학생들에게 충분한 교육을 제공하지 못하기 때문이다. 우리 해적들은 배움에 대한 끊임없는 열정으로 과중한 문제들을 해결하고 있다. 우리는 진짜 중요한 문제들에 집중하며, 복잡한 현실과 세상의 혼란에 기꺼이 맞서고 있다.

애플에서는 대학을 졸업한 신입사원이라도 업계에서 필요한 교육은 전혀 받지 못한 사람이라고 생각했다. 그저 글을 쓰고 읽을 줄 아는 정도라고만 여겼다. 그들이 대학에서 배운 내용은 정작 회사에서 필요한 사항과는 거의 관계가 없었다. 대학생들은 소프트웨어 공학의 최신 동향들을 배우지도 않았고, 최신 기술에 대해서도 거의 아는 것이 없었다. 그들이 배운 내용은 실용적이지 않았고, 설령 강의실에서 들은 이론적인 지식도 대체로 구시대적인 경우가 많았다.

이런 사실에서 알 수 있는 점은 간단하다. 지식노동자들이 성공하려면 이미 알고 있는 지식이 아니라, 새로운 걸 배우는 방식이 중요하다는 것이다. 그것은 마치 가정집의 냉장고와 슈퍼마켓의 차이라고 볼 수 있다. 일반 가정집의 냉장고에는 1년 동안 먹을 수 있는 모든 종류의 먹을거리를 보관할 수 없다. 설령 보관하더라도 음식이 상해버릴 수 있다. 그보다는 필요할 때마다 슈퍼마켓에 들르는 편이 낫다. 슈퍼마켓에서는 나에게 필요한 다양한 먹을거리를 언제든 구입할 수 있다. 우리에게 필요한 먹을거리를 제공해주는 매장의 근처에 살면서 그곳을 이용할 수 있다면 우리는 굶어 죽지 않을 것이다.

오늘날의 배움에서 슈퍼마켓 역할을 하는 것이 인터넷이다. 혹시라도 나에게 필요한 지식을 알고 있는 동료가 있다면, 나는 그들에게 이메일을 보내 자료를 요청하기도 한다. 인터넷은 내게 필요한 책들이 진열된 슈퍼마켓이며, 나는 그중에서 대략 2,000권을 골라 개인 냉장고에 넣어두었다. 그런 책을 전부 읽어보지는 못했지만, 언제든 필요한 경우를 대비하여 가까이에 보관해두고 있다.

해적들에게는 세상의 모든 것이 배움의 재료가 된다. 우리는 스스로 필요한 것들을 찾아 나선다. 물론 정규 교육과정이나 선생님에게서 배울 수 있지만, 그럴 때도 우리가 원하는 시간에 우리만의 방식으로 배운다. 우리는 여러 과목을 가르는 경계선을 의식하지 않고 자유롭게 넘나든다. 우리는 기존의 믿음들을 비판적으로 바라보기도 하고, 다양한 철학들로 새로운 시도를 한다. 우리는 세상에 대한 우리만의 모델을 만들기도 하고, 우리와 잘 맞는 다른 사람들에게서 배울 점을 뽑아내기도 한다. 우리는 실수에 대해서도 스스로 책임을 진다.

옛날 해적들은 "먹이를 노려야 음식을 얻는다"고 말했다. 이는 내가 일하면서 배우는 방식을 말해주는 표현이기도 하다. 나는 의뢰인들이 나에게서 무엇을 원하는지 스스로에게 물어보고, 내가 그들을 위해 무엇을 해줘야 하는지 파악한다. 나의 배움은 필요에 의한 것이다.

지금 당장 필요한 것이 아니어도 괜찮다. 나는 앞날을 미리 내다보기도 한다. 어떻게 하면 나의 일을 더 잘할 수 있을까? 나는 지속적으로 탐색하면서, 나의 일을 더욱 잘하게 만들어줄 수 있는 또 다른 비결이나 아이디어를 사냥한다. 어쩌면 내가 일하는 산업 전체를 바꿔 놓을 수도 있는 아이디어를 찾아 나선다.

전문가 게임

전문가 게임을 하는 방법에 대해서는 나의 동생 조나단을 예로 들어 설명해보겠다. 학교를 자퇴한 뒤에 나는 조나단에게도 학교를 그만두라고 설득했다. 하지만 동생은 나처럼 학교에 큰 불만이 없었다. 동생은 다른 사람들이 자신을 위해 그어놓은 선을 따라서 걷는 것에 만족했다. 그래서 고등학교를 무사히 졸업했고, 나중에는 메인대학교(University of Maine)에서 언론학 학사학위를 취득했다. 학교에서는 교지 편집장을 맡기도 했을 정도다.

그런데 막상 언론학 학사학위를 취득할 무렵이 되자, 동생은 이미 직업으로서의 저널리즘에 대한 흥미를 완전히 잃은 상태였다.

동생은 뭔가 다양한 시도를 했다. 책을 한 권 쓰기도 했지만*, 글 쓰는 직업이 그에게는 매력적으로 다가오지 않았다. 그래서 아예 방향을 바꿔 어느 컨트리클럽에서 접시를 닦기도 했다. 그런데 혹시 접시

* 조나단 바크(Jonathan Bach)는 아버지(리처드 바크) 없이 자란 경험과 나중에 대학생이 되어 아버지를 만난 이야기를 담아《구름 위에서, 아빠와 아들의 재회(Above the Clouds: A Reunion of Father and Son)》라는 책을 썼으며, 이 책에 실린 사진들은 리처드 바크가 찍은 것이다.

닦이 청년이 꿈을 가졌다는 이야기를 들어본 적이 있는가? 내 동생이 바로 그런 사람이다. 조나단은 접시 닦는 과정을 체계적으로 분석하면서 작업의 효율성을 극대화하려고 노력했다. 그리고 사회역학을 공부하면서 주방의 직원들과 홀을 담당하는 웨이터들 사이의 긴장관계에 대해 나에게 강의를 해주기도 했다.

그리고 접시닦이를 그만둔 뒤에는 어느 서점의 점원으로 취직했다. 이번에도 동생은 자신이 일하는 분야에서 작용하는 힘들을 이해하려고 노력했다. 그는 효율성을 더욱 높일 수 있는 방법을 찾아내려 시도했다. 비어 있는 책장을 최대한 빠르게 채워넣고, 손님이 요청한 책을 가장 빨리 찾아내는 방법을 알아내고자 했다. 그러면서 알게 된 사실이 있었다. 서점에 오는 손님 중 상당수가 오프라 윈프리(Oprah Winfrey)가 방송에서 소개한 책을 사러 온다는 것이었다. 그래서 동생은 오프라 윈프리가 소개한 책을 테이블 한군데에 모아놓으면 좋겠다는 아이디어를 내놨다. 하지만 동생의 아이디어는 거절당했고, 그래서 그는 서점을 그만뒀다. 재미있는 사실은, 불과 1년도 지나지 않아 미국 전역의 서점가에서는 오프라 윈프리의 방송에서 소개된 책들을 모아놓는 전용 코너가 생겨났다는 것이다.

그가 서점에서의 일자리에 실망한 이유는 자신의 아이디어와 야심을 존중해주지 않았기 때문이다. 대부분의 사람처럼 자존감이 결여된 상태에서는 무언가를 해내기가 어렵다.

그래서 나는 조나단에게 이렇게 말했다. "모든 사람이 컴퓨터를 꼭 배워야 하는 건 아니지만, 너라면 지금부터라도 배워야 한다고 생각해. 컴퓨터는 네가 완전히 통제할 수 있어. 컴퓨터에 대해 알고 싶은 건 혼자서도 무엇이든 배울 수 있어. 지금 당장 시작해."

그 후 동생에게 컴퓨터를 가르쳐주었고, 어떤 기술이 가진 결함을 찾아내는 방법을 훈련시켰다. 그리고 동생을 화이트보드 앞에 서게 한 뒤, 그가 생각하는 테스트 기법과 그 결과를 설명하는 연습을 시켰다. 그러자 동생은 차츰 두려움을 떨쳐냈다.

동생은 테스터 일자리를 얻기 위해 열 군데 정도의 회사에 면접을 보았다. 그런데 무려 일곱 곳의 회사가 동생의 발표를 눈여겨보았다. 그를 신입 테스터로 채용한 회사는 마이크로소프트였다.

내가 애플에서 성과를 거두었듯이, 동생도 마이크로소프트에서 성공적으로 활약했다. 처음엔 한 명의 테스트 요원으로 시작했지만, 나중에는 세 개의 테스트 팀을 이끄는 팀장 자리에까지 올랐다. 언젠가 동생의 사무실에 들렀는데, 그는 자신의 성공 비결에 대해 이렇게 말했다.

"마이크로소프트가 제공하는 수업들을 몇 개 들어보려고 노력해 봤어. 그런데 그다지 도움이 되지 않더라고. 대부분의 수업이 내가 하는 일과 직접적으로 관련이 없었거든."

"맞아, 나도 그랬어. 그리고 나는 교실에 지긋하게 앉아 있는 성격도 아니야."

"그다음에는 관련된 책들을 찾아보려고 노력했어."

동생의 책상 위에는 테스트 관련 데이터를 인쇄한 문서들 아래에 네모난 흔적이 있었다. 아마도 책이 놓여 있던 자리일 것이다. 근처의 책장에도 많은 책이 정신없이 쌓여 있었다.

나는 그중 하나를 집어 들었다. "이것 봐. 《엑셀 3.0 매크로를 활용한 고급 개발》? 이건 이미 오래된 거잖아."

"그래, 나도 알아. 쓰레기통에서 주워왔어. 그래도 놀리진 마. 그 책도 언젠가는 어떤 식으로든 도움이 될지도 모르잖아."

"이 책들을 읽어보기는 했어?"

"아니. 시간이 없었어."

"조나단! 그래도 동향은 파악해야 해."

"나는 나만의 방식이 있어."

"그래, 수업은 도움이 안 되고, 책도 마찬가지라는 거잖아. 그러면 네가 하는 일에 대해서는 어떻게 배우는 거야? 너는 테스트 팀을 이끌고 있잖아. 회사에서는 네가 테스트 팀장 자격이 있다는 걸 어떻게 아는 거야?"

"내가 특정한 분야의 전문가는 아니지만, 그래도 회사에서는 내가 무엇을 해야 하는지 정확히 알고 있다고 생각해. 왜냐하면 내가 뭔가를 해야 한다고 생각할 때면, 회사에 있는 누구를 찾아가서 무엇을 요청해야 하는지 알고 있기 때문이야. 그 사람에게서 필요한 걸 배우고 나면, 나중에는 내가 그 내용을 다른 사람에게 전수해주지. 우리는 모두가 서로에게서 배우고 있어."

"그러니까 동료들이 서로 네트워크처럼 연결되어 있다는 거구나. 단순한 친구 이상의 동료들이 모인 조직이야. 사실은 나도 그렇게 하고 있어! 동료들에게 뭔가를 요청하는 건, 마치 춤을 추자고 요청하는 것 같지 않아?" 그러면서 나는 골똘히 생각해보았다. "이건 일종의 게임이야. 우리는 각자가 가진 지식이 완벽하지 않다는 걸 알고 있어. 그렇지만 우리가 일을 제대로 끝낼 수만 있다면 전혀 문제가 되지 않아. 그리고 어떤 시점에서 우리에게 필요한 것을 정확히 배울 수 있다면 주어진 일을 끝낼 수 있어. 아니면 우리를 도와줄 사람을 찾아낼 수도 있고, 우리가 다른 사람에게 도움을 줄 수도 있어."

"맞아, 이게 바로 진정한 전문가 게임(Expert Game)이야. 우리는 그런 식으로 일도 하면서 스스로 배워나가고 있지."

지식노동자들을 위한 전문가 게임

만약 당신이

- 뭔가 중요한 일을 해낼 수 있는 능력이 있다면
- 스스로 무언가를 배울 수 있는 능력이 있다면
- 확실치는 않더라도 일단 시도해보는 성향이라면
- 자신이 알고 있는 걸 다른 사람들과 자유롭게 나눈다면
- 자신의 무지를 숨기지도 않으며, 그렇다고 거기에 안주하지도 않는다면
- 다른 사람들이 알고 있는 걸 존중한다면
- 자신이 아직 모르는 걸 알아내는 방법을 알고 있다면
- 어떻게 도움을 요청할지 알고 있다면

- 다른 사람들이 원하는 방식으로 도움을 줄 수 있다면

그렇다면

- 당신이 이미 알고 있어서 성공했는지, 아니면 배워가면서 성공했는지는 그 누구도 궁금해하지 않는다.
- 당신이 가끔 일을 그르칠 수도 있지만, 그 누구도 그걸 문제 삼지 않는다. 당신이 그런 경험에서 무언가를 배운다는 사실을 알고 있기 때문이다.
- 어떤 시점에서 특정한 걸 모를 수도 있지만, 그 누구도 그걸 그다지 신경 쓰지 않는다.
- 당신이 배워야 할 것이 아직 많이 남아 있더라도, 사람들은 당신을 똑똑하며 유용하다고 생각한다.

요즘 조나단은 해적 활동에 푹 빠져 있다. 그는 테스트 분야의 컨설턴트이자 트레이너로 활동하고 있다. 사람들은 동생과 나를 혼동하는 경우가 많다. 우리는 함께 정신 나간 것처럼 보이는 실험을 한다. 예를 들면 한 시간에 책 10권 읽기나, 뜨개질 책을 읽으면서 IT 업계가 배워야 할 점 찾아내기 등을 시도한다.

chapter 11

보물 지도

스스로 만든 커리큘럼은
목적의식을 갖고 탐색 활동을 할 수 있게 해준다.

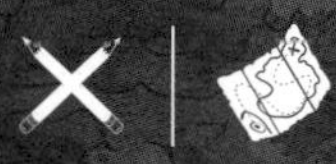

자신이 유익하다고 생각하는 것만 배우면서도 만족스러우며 훌륭한 교육이 이루어질 수 있을까? 물론이다! 그런데 어떻게 그럴 수 있을까? 캐리비안의 해적들이 깊고 푸른 바다를 항해한 것처럼, 해적 스타일의 학생들도 거대한 지식의 대양에 자신만의 항로를 그릴 수 있다. 우리는 교육기관의 도움을 받지 않고도 스스로 지식을 획득할 수 있다.

나의 배움을 더욱 밖으로 향하게 떠민 것은 나의 일에 대해 존중받는다는 영예로운 감정과 끊이지 않는 호기심이었다. 해가 거듭될수록 지식과 기술의 파도가 점점 더 커지면서 더욱 풍부하고 심오하고 다양한 가르침을 배우게 된다.

나 스스로 배워나가는 경우에도, 그것을 안내해줄 커리큘럼이 필요하다. 커리큘럼은 내가 배워야 하는 것들을 대략적으로 정리해놓은 것이다. 학교 선생님들이 정해놓은 커리큘럼을 거부한 이후로 나는 그걸 스스로 만들어내야만 했다. 해적들의 표현을 빌리면, 나에게는 보물 지도가 필요했다. 보물 지도를 찾기 위해 내가 처음 들여다본 것은 백과사전이었다.

백과사전은 지식이 아니다

백과사전은 폭넓은 지식들을 모아놓은 것이어서 뭔가를 배우기에 좋을 것 같지만, 나에게는 그렇지 않았다.

어렸을 때 도서관에서 《브리태니커 백과사전》을 아주 조금 읽은 기억이 난다. 나는 '백과사전 읽기'가 괜찮은 공부가 될 거라고 생각했다. 그렇지만 나에게는 가만히 앉아서 그걸 읽을 만한 끈기가 없었다. 나는 주로 방대한 분량의 백과사전이 꽂혀 있는 기다란 책장 앞에 서서 그걸 읽는 상상만 했다.

성인이 되어 신용카드가 처음 생겼을 때, 내가 처음으로 구매한 것은 바로 《브리태니커 백과사전》이었다. 나는 그걸 거실에 비치해두었다. 책장에 꽂혀 있는 모두 서른 권에 달하는 백과사전은 마치 지식의 근위병처럼 보였다. 오랜 시간이 지난 후에야 나는 백과사전 곁에 그렇게 다시 앉을 수 있었다. 텔레비전을 시청하면서도 백과사전을 펼쳐볼 수 있었을 것이다. 그러나 나의 집에 수백만 단어 분량의 지식이 준비되어 있는데도 그것은 나를 뭔가 의미 있는 방식으로 바꾸어놓지 못했다. 이제는 집 안에 백과사전을 소장하고 있지만 어렸을 때 도서관에서 그걸 읽었을 때보다 백과사전에서 얻어낸 것이 많아지지 않았다.

몇 년이 흘러 기술이 발전하여 이제는 백과사전을 CD 1장에 담을 수 있게 되었다. 나는 충동적으로 그걸 구입했다. 그 일을 저지른 것은 나의 손가락이다. 심지어 그 백과사전에 들어 있는 내용이 무엇인지 확인하지도 않았다. 어쨌든 이번에도 나는 백과사전 때문에 더 지식이 늘어났다는 느낌이 들지 않았다.

그러던 어느 날, 나는 분명히 깨달았다. 내가 《브리태니커 백과사전》에 얼마나 가까이 있는지는 관계없이, 그것 덕분에 나의 배움이 더 나아지지는 않으리라는 점을 말이다. 설령 《브리태니커 백과사전》을 나의 머릿속에 다운로드해서 무엇이든 즉시 찾아볼 수 있게 된다고 하더라도, 내가 더 똑똑해지지는 않는다. 만약 퀴즈 게임에 나간다면 우승할 수도 있겠지만, 진짜 중요한 문제를 해결할 수 있는 능력이나 지식이나 역량이 더욱 커진 것은 아니다. 내가 더욱 많은 걸 배운 것은 아니다.

어떤 사실을 하나 암기한다고 해서, 설령 수백만 개의 사실을 기억한다 하더라도, 내가 그것을 직접 소화하지 못하는 한 그것은 나를 바꾸지도 못하고 나에게는 거의 도움도 되지 않는다. 나는 그런 사실들을 제대로 이해하고, 그들 사이의 관계를 파악해야 한다. 어떤 아이디어가 있다 하더라도, 그것을 활용할 수 있는 체계를 갖추어야 한다. 그것들을 곰곰이 생각하고 잘 따져봐야 한다. 문제를 해결하는 훈련이 필요하다. 단지 무엇을 되살려 기억해내는 것이 아니라, 나의 진짜 지식으로 만들어야 한다. 그래야만 나의 의식이 더욱 확장되고 나의 역량이 더욱 강해지는 것이다. 그렇게 나는 자존감을 갖고 더욱 의미를 갖게 되는 것이며, 그것이 진정한 배움이라고 할 수 있다. 배움이란 우리가 무엇을 외울 수 있느냐가 아니라, 우리가 무엇이 될 수 있느냐에 대한 것이다.

이런 사실을 깨닫게 되자, 나는《브리태니커 백과사전》을 전부 머릿속에 집어넣는 일에 대한 흥미를 잃었다.

백과사전에서 보여주는 지식은 그것을 집필한 사람들에게 의미 있는 내용들이며, 그런 내용들도 그들이 편하다고 생각하는 체계에 따라 정리되어 있다.《브리태니커 백과사전》과 위키백과는 좋은 자료가 될 수는 있어도 그것 자체만으로는 좋은 지식이 될 수 없다. 다른 사람의 방식으로 정리된 내용을 내가 그대로 받아들일 수 있는 경우는 거의 없다. 나에게는 내가 언제 무엇을 배워야 하는지 판단할 수 있는 원칙이나 메커니즘이 필요했다. 나만의 보물 지도가 필요했다.

탐색 활동과 커리큘럼

이제부터는 커리큘럼을 만드는 것에 대해서 말해보려 한다. 1단계는 커리큘럼에 대해 크게 걱정하지 않는 것이다.

나는 세상이 인정하는 지식들을 흡수하고 암기하지 않는다. 대신에 나는 탐색을 한다. 끊임없이 탐색을 한다. 서점과 도서관, 인터넷,

아마존닷컴(Amazon.com)을 돌아다니면서 도움이 될 만한 것들을 찾아다닌다. 친구들이 내게 링크를 보내주기도 한다. 과학과 역사에 대한 블로그들을 읽는다. 탐색 활동을 할 때 나는 엄청난 양의 자료를 훑어본다. 머릿속에 수많은 아이디어를 떠올린다. 나 스스로를 글과 그림에 흠뻑 취하게 만든다. 그것들을 조용히 시키려는 노력조차 하지 않는다. 나는 취했다가 깨어나기를 반복한다. 무언가에 집착했다가도 필요 없다고 생각하면 깨끗이 잊어버린다.

나의 커리큘럼은 그런 과정을 거치면서 조금씩 모습을 드러낸다. 그것은 마치 제한확산집합(diffusion-limited aggregation)처럼 유기적으로 발전한다. (그런데 제한확산집합이라는 단어를 너무 신경 쓰지 않기를 바란다! 나 역시 인터넷에서 발견한 물리학 시뮬레이션 소프트웨어를 만지작거리면서 저 단어를 처음 접했을 뿐이다. 궁금하다면 위키백과에서 해당 항목을 찾아보라. 상당히 아름다운 이미지들을 발견할 수 있을 것이다. 이제 어려워 보이기만 하던 저 단어가 아주 쉽게 이해되지 않는가? 간단히 말하면, 무작위로 움직이는 분자들이 일정한 패턴의 결정체를 만들어내는 것이다.) 나의 커리큘럼이 만들어지는 방식은 이렇다. 일상생활을 하고 이런저런 공부를 하면서, 가끔은 진짜 중요한 문제를 해결하는 데 도움이 될 것 같은 아이디어나 기술을 마주하는 경우가 있다. 그런 아이디어를 만났을 때, 다음과 같은 질문을 던지면 더욱 나은 아이디어가 나오기도 한다.

- 이 아이디어의 실제 사례는 뭐가 있을까?
- 이 아이디어가 나에게 어떤 식으로 도움이 될까?

- 이것과 비슷한 다른 아이디어들이 더 있을까?
- 이 아이디어를 자세히 공부하려면 어디를 찾아봐야 할까?
- 이 아이디어를 지금 당장 실행해보려면 어떻게 해야 할까?

이런 질문들은 마치 자석처럼 작용해서, 더욱 많은 아이디어를 끌어들인다. 나는 공부를 하면서 새로운 사실이나 개념, 대상을 만날 때마다 위와 같은 질문들을 던진다.

그러고 나면 유용하거나 흥미롭다고 생각되는 아이디어들 가운데 어떤 패턴이 있는지 찾아본다. 그런 패턴들을 조금 더 조사하다 보면 결국엔 '인지심리학(cognitive psychology)'이나 '상황행동이론(situated action theory)' 같은 이름을 갖고 있는 경우가 많다. 때로는 내가 직접 이름을 붙이기도 한다. 그러다 가끔 이리저리 오락가락하는 걸 멈추고, 그것들 사이의 패턴이나 연관성에 대해 글을 쓰거나 개요를 작성하는 경우가 있다. 그것이 바로 나의 커리큘럼이 된다. 그렇게 만들어진 커리큘럼은 내가 더욱 효율적이며 목적의식을 갖고 탐색 활동을 할 수 있게 해준다.

이것 역시 교대순환 원칙의 또 다른 사례라고 할 수 있다. 나는 자유로운 탐색 활동을 하면서 아이디어들을 끌어모은다. 그리고 나만의 커리큘럼에서 그들 사이의 연관성을 찾아내면서 서로 다른 아이디어들의 의미를 파악해나간다. 그러고 나면 평소처럼 다시 탐색 활동으로 돌아간다.

사례 : 티끌 같은 테스트 안에 들어 있는 우주

어렸을 때 나는 물리학자나 화학자가 되고 싶었다. 고생물학자도 괜찮을 것 같았다. 나에게는 모험이 필요했다. 소프트웨어 테스트라는 분야는 들어본 적도 없기 때문에, 그런 일을 해보고 싶다는 생각조차 하지 못했다. 소프트웨어 테스트란 컴퓨터 프로그램을 만지작거리면서 무엇이 잘못되었는지 찾아내는 거라는 이야기를 들었다고 해도, 아마 이렇게 생각했을 것이다. 그래서 그게 무슨 모험이라도 된다는 건가? 조금 이상한 직업이라고 생각했을 것이다.

그런데 막상 테스트에 대해 공부할수록, 이 일은 나에게 점점 더 커다란 의미를 갖게 되었다. 소프트웨어에 있는 일부의 문제들은 비교적 명백해서 쉽게 찾아낼 수 있는 것도 있지만, 대부분은 그렇지 않다. 어떤 문제들은 아주 특이한 조건이 아니면 좀처럼 모습을 드러내지 않는다. 똑같은 프로그램이라도 수천 가지 기능이 수백만 가지의 다양한 조건에서 실행될 수 있으며, 내가 주어진 시간 안에 확인할 수 있는 건 그런 가능성들 가운데 극히 일부에 불과하다. 그렇다면 그중에서 어떤 가능성들을 확인해봐야 할까?

테스트에 대해 배워갈수록, 처음에는 단순한 업무라고 생각하던 것이 점점 더 도전적인 퍼즐로 변해갔다. 그러자 나 자신이 마치 사냥꾼이 된 듯한 기분이 들기 시작했다. 나는 복잡한 논리들로 구성된 고차원의 미로들을 천천히 돌아다니면서 전기적 신호들로 이루어진 잠재적인 먹잇감을 찾아다녔다. 나는 마치 배트맨이 된 것 같았다.

그것은 멋진 모험이었다!

테스트 분야에 대한 시각이 확장되면서, 나는 그것이 인간이 경험하는 수많은 측면과 맞닿아 있다는 사실을 깨닫게 되었다. 테스트는 아주 작은 분야지만, 그것은 마치 지식으로 이루어진 온 세상을 들여다볼 수 있는 열쇠구멍 같았다. 몇 가지 예를 들면 다음과 같다.

- **테스트를 하려면, 우리는 어떤 소프트웨어가 구현해놓은 복잡하면서도 혼란스러운 세상을 헤쳐나가야 한다**

  우리는 그 세상에 겁을 먹어서는 안 되며, 오히려 자신감을 갖고 행동해야 한다. 따라서 우리는 상황 파악과 관찰 능력이 뛰어나야 하며, 우리가 발견하는 것들 사이에서 추론을 이끌어낼 수 있어야 한다. 어떤 제품에 대한 공식적인 설명은 물론이고 설명되어 있지 않은 것들도 어떻게 작동하는지 파악해야 하며, 그 안에서 어떤 것이 잘못 될 수 있는지 수많은 가능성을 상상해야 한다. 우리는 주어진 제품과 조건들을 최대한 빠르게 분석해야 한다. 테스트하는 제품이 보여주는 모습은 물론이고, 그것이 사용될 수 있는 상황과 맥락까지도 내다볼 수 있어야 한다. 다시 말해 테스트는 과학과 많은 공통점을 갖고 있다.

- **테스트는 어둠 속에 한 줄기 빛을 던져 환상을 떨쳐내고 무지를 없애는 것이다**

  테스트는 무언가를 배우는 과정이다. 그리고 사실이 아닌 내용을 잊어버리는 과정이기도 하다. 테스터는 모든 것이 달라질 수 있음을 알고 있는 사람이다. 오늘은 당연하다고 생각하던 것이 내일이 되면 달라질 수도 있다. 여기에서는 당연하던 것이 저기에서는 달라질 수도 있다. 따라서 우리는 세계에 대한 사람들의 생각이 어떻게 형성되는지 이해해야 한다. 그래야만 그들의 생각 안에서 어떤 오류가 발생할 수 있는지 예측해 그것을 바로잡을 수 있다. 물론 우리 자신이 가진 편견이나 착각도 들여다봐야 한다. 이것은 수많은 질문이 끊임없이 가지를 뻗어나가는 과정이다. 조금 어려운 용어를 사용해서 말하면, 제대로 된 테스트를 위해서는 (우리가 알고 있는 것을 어떻게 알게 되었는지 연구하는) 인식론(epistemology)을 이해해야 한다.

- **테스트는 리스크를 평가하는 것이다**

테스터들이 모든 문제를 다 찾아낼 수는 없지만, 심각한 문제가 있다면 반드시 찾아내야 한다. 따라서 다른 것보다 심각한 문제가 무엇인지, 그리고 어떤 유형의 문제가 발생할 수 있는지 이해해야 한다. 이것은 일차적으로는 기술과 관련된 것이지만, 또한 경제학은 물론이고 인간의 감정과 가치관까지도 연관되어 있다.

- **테스트는 의뢰인들이 구축한 세계에 대한 이해도를 높여서 더욱 나은 결정을 하도록 도와주는 것이다**

따라서 우리는 의견을 잘 듣고, 협상을 하고, 중요한 점들을 설명하는 방법을 알고 있어야 한다. 우리는 다양한 조직 내에서 의사결정이 어떻게 이루어지는지 이해해야 한다. 우리가 완벽하게 일처리를 수행할 만큼 충분한 시간이 주어지는 경우는 거의 없기 때문에, 어느 정도면 테스트 결과가 충분한지 판단할 수 있어야 하고, 우리에게 필요한 자원을 확보하는 방법도 익혀야 한다. 여기에서는 비즈니스적인 노하우와 사교적인 역량이 필요하다.

중요한 비결

내가 배우는 모든 것은
앞으로 내가 알게 될 모든 것으로 이어지는 관문이다.

학교를 다니던 시절에는 시험(테스트)을 치르는 것과 다른 활동들 사이의 연관성이 무엇인지 알 수 없었다. 책을 읽어봐도 시험이 무엇인지에 대한 내용은 찾을 수 없었다. 나는 캐리비안의 해적들처럼 나만의 배움을 찾아가기 시작했다. 매일 탐색을 하면서 진짜 중요한 문제들과 싸웠으며, 다른 것들은 미뤄둔 채 특정한 문제에 뛰어들었고, 해적활동의 11가지 원칙들과 휴리스틱 기법들을 나만의 배움 과정에 통합시켰다. 그 결과, 나의 앞에 (테스트 분야라는) 직업적으로 구체적인 경로가 펼쳐지기 시작했다. 여러분의 앞에도 그런 길이 펼쳐질 수 있다. 나는 나 자신을 위해 테스트라는 분야를 새롭게 만들었고, 그러면서 수많은 테스터 사이에서 나 자신을 독창적인 브랜드로 만들어낼 수 있었다. 캐리비안의 해적이라면 어떠한 분야에서든 그렇게 할 수 있다.

어떤 테스터는 내가 만든 커리큘럼을 보면서 미쳤다고 생각하기도 한다. 나의 경쟁자들 가운데는 내가 공부하는 것들이 테스트 분야와는 아무런 관계가 없다고 생각하는 이들도 있다. 어느 정도는 그들이 계속해서 그런 식으로 생각하기를 바란다. 그래야만 그들이 도저히 풀어낼 수 없는 문제에 대한 새로운 해결책을 내가 찾아낼 수 있다고 믿기 때문이다. 그러나 나는 또한 상당히 특이한 커리큘럼을 갖고 있는 사람을 만나면 흥분되기도 한다. 왜냐하면 그 사람이 공부하고자 하는 것에 대한 생각을 약탈할 수 있기 때문이다. 그리고 나 자신의 배움에서 놓치고 있던 중요한 부분을 발견하기도 한다.

지금 이 글을 쓰는 시점에 소프트웨어 테스트에 대하여 내가 세워 둔 커리큘럼은 다음의 그림과 같다.

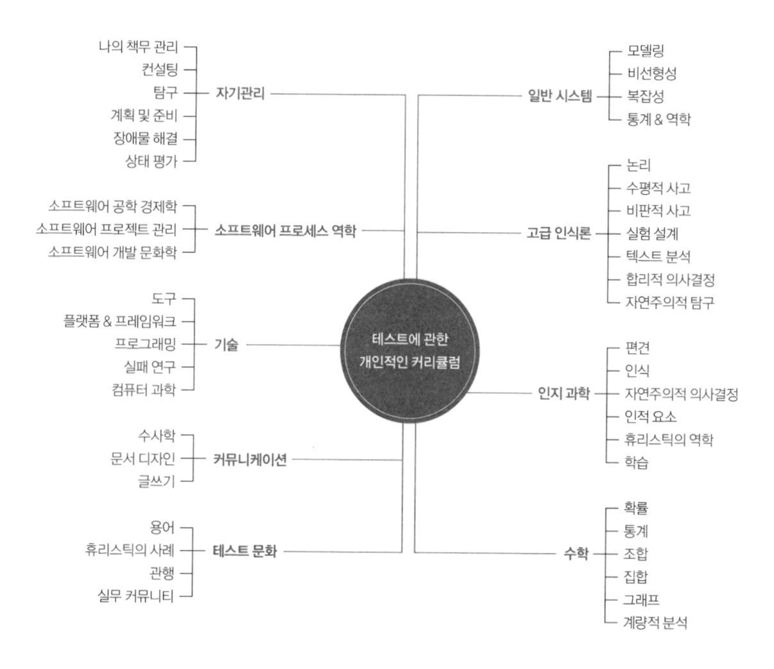

앞의 그림은 소프트웨어 테스트에 대한 나의 생각이 무엇인지 살펴보고 나의 탐색 활동에서 보이는 패턴을 파악해 그린 것이다. 나는 이걸 동료들에게 보여주고, 그들이 제안하는 내용들을 추가했다. 앞에서 적어놓은 대부분의 분야에서 나는 전문가가 아니다. 그러나 각각의 분야에 대한 실무적인 지식을 갖고 있는 테스트 전문가이며, 그런 지식들을 바탕으로 어렵고도 중요한 문제에 대한 해결책을 제시할 수 있다.

테스트는 다른 수많은 분야와 연관될 수 있으며, 그런 수많은 분야에 대한 테스트가 필요할 수도 있다. 요즘의 나는 삶의 모든 측면을 테스트의 관점에서 바라본다. 테스트는 내 정체성의 핵심적인 부분이다. 이것은 더 이상 이상한 직업이 아니다. 그리고 다시 한 번 말하지만, 다른 모든 분야에서도 마찬가지일 거라고 생각한다. 모든 것은 서로 연관성을 갖고 있다. 모든 바다는 거대한 대양의 일부다. 그러므로 강력하면서도 보편적인 배움을 위한 자신만의 커리큘럼을 만들려면 자신이 좋아하는 것에서부터 시작하는 것이 좋다. 그런 다음에는 연관성이라는 속성을 따라 배움을 이어갈 수 있다.

사례 : 질문들로 구성된 커리큘럼

1990년에 나는 뭔가 새로운 것을 시도해보기로 했다. 나에게 역사를 가르쳐줄 과외 선생님을 구했다. 정확히 말하면 산호세 주립대학교(San Jose State University)의 애런 골드먼(Aaron Goldman) 교수에게 나를 개인적으로 가르쳐달라고 부탁했다. 나는 그분이 무엇을 공부해야 하는지 말해줄 거라고 생각했다. 그런데 놀랍게도 그는 내가 하고 싶은 것이 무엇인지 물었다.

나는 곧장 이렇게 대답했다. "아놀드 토인비가 쓴《역사의 연구》라는 책을 갖고 있습니다. 커피 테이블로 써도 될 만큼 엄청나게 큰 책이에요. 그런데 너무 많은 글자가 빽빽하게 들어 있어요. 그걸 이해하고 싶습니다."

그러자 그가 말했다. "좋은 생각 같군요. 그런데 좀 더 일반적인 목표는 없나요? 역사를 공부하고 싶은 이유는 뭔가요?"

내가 만든 커리큘럼을 떠올렸다. 나는 그 커리큘럼에 대한 해답을 얻기 위해 잠시 그것에서 떠나 있었다. 나에게 수많은 질문이 찾아왔기 때문이다. 나의 커리큘럼은 그런 질문들 주변에 모여 있었다.

질문이란 아주 좋은 것이다. 질문은 역동적이다. 그 안에는 수많은 함의가 들어 있다. 질문은 더욱 많은 질문으로 이어진다. 질문은 많은 생각들에 생기를 불어넣어준다. 나는 질문에서 만들어진 커리큘럼이 가진 유연함을 좋아한다. 그리고 그 커리큘럼은 역사를 공부하는 데도 효과가 있었다.

간략한 학습 목표

제임스 바크

나의 기본적인 목표는 보편적인 사람에 대한 연구를 통해 나 자신의 특성을 더욱 잘 이해하는 것이다. 내가 배워야 한다고 생각하는 분야는 역사, 신화학, 철학, 심리학이며, 세상의 문학 작품들도 폭넓게 읽어야 할 것 같다.

그다음으로 중요한 분야는 지리학, 경제학, 금융, 사회학이다.

2000년까지 나는 '내 평생의 작업'에 도움이 되기 충분할 만큼 이런 분야에 대한 전반적인 지식을 갖고 싶다.

지금 당장 역사를 공부하려는 목표는 다음과 같은 질문들에 역사적으로 좀 더 명쾌하며 탄탄한 생각을 갖고 싶기 때문이다.

- 인간의 본성은 무엇인가?
- 남성의 본성은 여성의 본성과 어떻게 다른가?
- 역사의 일반적인 패턴은 무엇인가?
- 전쟁은 어떻게 시작되는가?
- 위대한 사상은 어떻게 확산되는가? 그리고 어떻게 사멸되는가?
- 인류가 계속해서 저지르는 실수는 무엇인가?

- 인류가 이뤄낸 진보는 무엇인가?
- 문명은 어떻게 발전하며 어떻게 몰락하는가?
- 미국 사회의 뿌리는 무엇인가?
- 전 세계의 국가들은 각 시대를 거치며 어떻게 발전해왔는가?

그리고 다음과 같은 것들도 알고 싶다.

- 역사 연구에도 세분화된 분야가 있는가?
- 역사에도 다양한 유형이 있는가?
- 역사를 어떻게 분석할 수 있는가?
- 역사적으로 훌륭한 분석과 그렇지 못한 것을 어떻게 구별할 수 있는가?

내가 선생님에게서 알아내야 하는 지식들은 다음과 같다.

- 역사에 대하여 완전한 형태의 배움을 얻기 위해 필요한 요소들
- 그러한 배움을 얻기 위해 읽어나가야 하는 과정

그리고 때때로 수행해야 하는 것

- 그러한 과정에서 내가 어디에 위치하는지에 대한 평가

내가 적어놓은 질문들을 살펴보기 바란다. 내가 특정한 시대나 특정한 국가, 또는 과거에 살았던 위인들에게 크게 관심을 갖지 않았다는 점을 볼 수 있을 것이다. 오히려 나의 질문들은 역사의 구조 및 역학관계와 관련이 있다. 물론 로마제국은 어떤 특정한 날짜에 멸망했을 것이다. 그게 언제였던가? 서기 476년이었나? 내가 역사에서 흥미를 갖는 부분은 그런 것들이 아니다. 나는 로마가 어떤 요일에 멸망했느냐가 아니라, 왜 몰락하게 되었는지에 관심이 있다.

내가 저런 질문들을 던지게 만든 진짜 중요한 문제는 무엇이었을까? 세상을 이해하고 싶다는 필요성 때문이었다. 나는 전 세계에서 천년에 걸쳐 이루어지는 사건은 물론이고, 일상적으로 각 가정 단위에서 벌어지는 일들도 이해하고 싶었다. 동시에 내가 커리큘럼 상에서 적어놓은 질문들의 차원에서 사회와 역사를 분석할 수 있는 능력을 갖고 있으면, 내가 살아가는 과정에서도 더욱 편안한 마음이 들 거라고 생각했다.

18년이 지나서 돌이켜보니, 당시의 그런 전략이 효과가 있었다는 느낌이 든다. 나는 1990년의 중반에 4개월 정도 잠시 역사에 완전히 몰입했지만, 이후에는 잊어버렸다. 그렇지만 주기적으로 다시 돌아가서 똑같은 질문을 던진다. 그러면 그 질문이 더욱 새롭게 느껴지며, 인간과 사회에 대하여 더욱 깊이 생각해보게 된다.

그런데 당시에 만든 커리큘럼은 전혀 다른 방식으로 나에게 도움을 주었다. 그때만 하더라도 나는 다른 사람에게서 무언가를 배운다는 걸 상당히 불안하게 생각했는데, 특히 선생님이라면 더욱 그랬다.

학교라는 제도 내에서 내가 당한 취급에 대해 나는 여전히 화가 나 있었다. 나를 도와줄 선생님을 직접 구하고 커리큘럼을 만들면서, 수업이라는 것을 다시 생각해보게 만들었기 때문이다.

나는 지금까지의 전반적인 경험을 통해, 설령 스무 살 이전의 배움에서 어려움을 겪었다 하더라도 이후에 고치지 못할 문제는 없다는 확신을 갖게 되었다. 스물한 살까지는 그럴 수 없다고 생각했다. 당시는 내가 소프트웨어 테스트 전문가가 되어야겠다고 결심한 나이였다. 지금의 내 나이는 그때보다 거의 두 배가 많다. 이제 나는 알고 있다. 꼭 그렇지는 않다는 것을 말이다.

chapter 12

바크 박사

나는 용감하게 돌진했고,
그에 대한 전리품을 손에 넣었다.

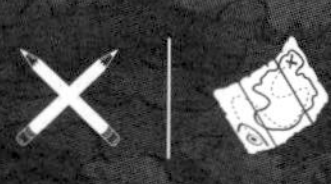

초등학교에서 반항한 이후로 30년이 지난 뒤, 나의 해적 활동은 과연 어떻게 되었을까?

바크 박사님, 안녕하세요.
저자 필립 라플란티와 편집자 제프 보아스를 대신하여 박사님께 편지를 드립니다. 저희가 출간할 예정인 《소프트웨어 공학 백과사전》에서 '서비스 테스트' 항목을 작성해주시길 부탁드립니다.

바크 박사님, 안녕하세요.
많은 사람이 동료심사의 '황금률'이라고 생각하는 국립과학재단의 공적 검토 프로세스에 참여해주신 데 대하여 국립과학재단을 비롯한 과학기술계를 대신하여 당신에게 감사드립니다.

바크 박사님, 안녕하세요.
전기전자학회에 제출된 상기 원고를 검토해주시길 요청합니다. 해당 원고의 요약 내용은 이 편지의 끝부분에 있습니다. 만약 검토 과정에 참여하실 수 있다면, 3일 이내에 저에게 말씀해주시기 바랍니다. 만약 이번에 검토하실 수 없을 경우, 다른 전문 검토자를 추천해주시면 감사하겠습니다.

– 실제로 내가 받은 이메일들

이후로 나는 다시 학교에 다닌 적이 없다. 그리고 여전히 박사학위 같은 건 갖고 있지 않다. 그런데 오직 명성을 통해서만 나를 알고 있는 학계의 관계자들에게서 가끔 이런 이메일을 받는다. 그들은 내가 박사학위를 당연히 갖고 있을 거라고 생각하는 경우가 많다. 학계에서는 만약에 박사학위가 없다면 존경받는 권위자가 되기는 불가능할 것이다.

나는 학계에서 잘 알려진 사람이 아니다. 내가 학술저널에 논문을 게재하지 않기 때문이다. 그렇지만 도발적인 아이디어들은 멀리까지 퍼지는 법이다. 학계의 교수들 중에서는 산업계의 동향에 관심을 기울이는 사람들이 있으며, 내가 한 작업들 중 일부는 MIT나 스탠퍼드 대학교 같은 대학교의 교과 과정에서 참고자료로 활용되기도 한다.

내가 컴퓨터 업계에서 폭넓은 명성을 얻기 시작한 것은 나의 일상적인 업무에서 진짜 중요한 문제들에 기반한 아이디어들을 끌어내고 그것들을 공개적으로 공유하면서부터였다. 처음에 내가 그렇게 한 이유는 그저 테스트에 내 나름대로 기여하고 나의 포트폴리오를 더욱 그럴듯하게 만들기 위해서였다. 그런데 얼마 지나지 않아 그렇게 공개하는 것이 나의 배움에서 핵심적인 요소가 되었다.

해적 깃발 올리기

나는 소프트웨어 테스터들의 지역 모임에 참석하고 테스터로 일하고자 하는 구직자들을 대상으로 직업소개센터에서 기초적인 내용들을 강의하기 시작했다. 그렇게 하다 보니 어느새 나는 볼랜드 인터내셔널(Borland International)이라는 회사의 관심을 받게 되었다. 그들은 나를 채용해 테스트 팀을 하나 맡겼다. 그 회사는 애플에서 일한 나의 경력을 높이 평가했고, 나의 기술적인 지식들이 상당하다는 점을 인정해주었다. 그들은 내가 학교교육을 제대로 받지 않았다는 사실은 그다지 신경 쓰지 않는 것처럼 보였다. 볼랜드를 창업한 필립 칸(Philippe Kahn)이 독립적으로 생각하는 사람을 좋아하는 괴짜라는 사실을 감안하면, 그들이 나를 그렇게 평가한 것도 충분히 이해가 된다. 볼랜드의 모토는 "우리는 야만인이다!"였다. 그 회사의 곳곳에는 검은색 해적 깃발이 걸려 있었다. 그들은 늘 배고픔에 굶주렸고, 경쟁적이며 모험적인 문화가 퍼져 있었다.

나는 볼랜드에서 아주 많은 것을 배웠다. 그곳에서는 새로운 아이디어들을 얼마든지 시도해볼 수 있었다. 우리는 지속적으로 실험을 하면서 더 나은 방식을 찾아내기 위해 끊임없이 노력했다. 자신감이 더욱 커지자 나의 아이디어들을 더욱 널리 공유하고 싶었다. 그래서 1993년에 나는 워싱턴 D.C.에서 개최되는 국제 테스트 콘퍼런스에서 발표를 하겠다고 신청했다.

나는 세상의 콘퍼런스에는 학술적인 콘퍼런스와 실무적인 콘퍼런스가 있다고 생각한다. 학술 콘퍼런스는 실험실에서 난해한 연구를 하는 학계의 저명인사들에게 초점을 맞춘다. 이런 학술연구 결과물들은 돈을 지불하는 고객들을 위하여 주어진 일정 내에 기술을 생산해야 하는 실무자 입장에서는 부적합하거나 쓸모없는 경우가 대부분이다. 어떤 분야에서는 학계와 실무자들이 끈끈한 협업 관계를 맺는 곳도 있을 것이다. 그런데 소프트웨어 분야는 조금 다르다. 소프트웨어 분야에서는 굳이 학계에 소속되지 않더라도 전문가로서 대우를 받을 가능성이 더 높다.

아무튼 나는 지금까지 읽었거나 들어본 것과는 전혀 다른 주제를 골랐다. 나의 발표는 테스트 분야의 교재들이 왜 전부 틀렸는지에 대한 내용이었다. 교재에서는 테스트를 사전에 먼저 세심하고 꼼꼼하게 계획을 세워 진행해야 하며, 그렇지 않으면 실패할 것이라고 되어 있었다. 그러나 내가 회사에서 일하면서 살펴보니, 대부분의 테스트는 그렇게 이루어지지 않았다. 내가 살펴본 대부분의 중요한 테스트들은 바로 그 순간에 구상해서 이루어졌다. 그럼에도 상당한 효과를 거두었다. 그래서 나는 계획하지 않은 테스트가 왜 더 나은 성과를 거두는지 설명하고자 했다.

나는 일에 대해서도 학교 다닐 때 한 것과 똑같은 태도를 갖고 있었다. 공허한 전통을 그저 묵묵히 따르기보다는 진짜 중요한 문제들에 대한 해결책을 찾고자 했다.

콘퍼런스 주최 측에서는 나의 제안을 수락했다. 나는 약간 놀라기도 했고, 아주 조금은 두렵기도 했다. 그래서 정장 한 벌을 구입했다. 내 인생의 첫 번째 정장이었다. 내가 얼마나 충격을 받았는지 알 수 있다. 실리콘밸리의 엔지니어가 정장을 구입하다니 말이다.

콘퍼런스 현장에 도착하자마자 나는 발표자 배지를 받기 위해 안내 부스로 달려갔다. 거기에는 특별한 리본이 달려 있었다. 나는 정장에 그 리본을 달고 행사장의 로비를 이리저리 뽐내며 걸어 다니고 싶었다.

그런데 내가 안내 부스에 발을 들여놓자마자, 누군가가 내 어깨를 두드렸다. 테스트 분야에서 가장 유명한 저자인 보리스 바이저(Boris Beizer)였다. 나는 애플에 입사한 첫 주부터 그의 책들을 읽어왔다. 그의 책에는 수많은 조언이 담겨 있었다. 그러나 나에게는 대부분 효과가 없었다.

중요한 비결

캐리비안의 해적들은 대담하다.
아무리 친절한 해적들이라도 정부 당국을 위협할 수 있다.

그 남자는 자신이 쓴 글에 대해 진심이었다.

그가 나에게 소리쳤다. "당신에게 따질 게 있어요!"

"보리스 바이저! 우와, 만나서 반갑습니다, 선생님. 그런데 무슨 일이신가요?"

"당신의 발표 내용에 대해 이야기를 나누고 싶었어요. 아시겠지만 저는 이 콘퍼런스의 주최위원회에 속해 있습니다. 그리고 당신이 발표해야 한다는 데 찬성표를 던졌어요."

"감사합니다, 덕분에 여기에 올 수 있어서 기쁩니다."

"당신도 알겠지만, 그건 헛소리예요. 당신의 발표내용? 그건 헛소리예요. 그 점을 분명히 말하고 싶군요."

아, 토론이군! 캐리비안의 해적들은 건전한 토론을 좋아한다. 그렇게 우리는 90분 동안 설전을 펼쳤다. 관계자들이 안내데스크에서 우리를 쫓아낼 정도였다. 우리가 워낙 시끄럽게 이야기하느라 접수 업무를 제대로 할 수 없었기 때문이다. 나는 바이저가 나를 상대로 자신의 우월성을 입증하려 했다고 느꼈다. 그는 내가 자신을 테스트 분야 최고의 권위자로 인정하기를 원했다. 그러나 나는 생각을 굽히지 않았다.

바이저는 다양성의 차원에서 나를 추천했다고 설명했다. 그러나 실제로는 내가 소프트웨어 테스트에 대해서는 아무것도 모른다고 생각했다. 나는 내가 추천하는 테스트 기법이 실리콘밸리에서 널리 쓰이는 이유는 그것이 효과적이기 때문이라며 맞섰다. 실제로 내가 고안한 테스트 기법은 마이크로소프트에서도 널리 쓰였으며, 그들이 업계의 나머지 회사들을 앞서게 해주는 유연한 접근 방식에서도 중요한 부분을 차지했다. 그는 마이크로소프트의 그런 끔찍한 기법 때문에 그 회사가 5년 이내에 업계에서 사라질 것이라고 대답했다. (이때는 1993년이었다. 그리고 그는 자신이 이런 발언을 했다는 사실을 부인했지만, 나는 똑똑히 기억한다.)

대화는 그런 식으로 진행되었다. 우리는 서로 주장을 주고받았다. 그러다 결국 그가 화를 내며 그 자리를 떠났고, 나는 실망감에 빠졌다. 바이저가 나의 아이디어들을 인정하지 않았기 때문이 아니다. 그런 건 나에게 익숙한 일이다. 솔직한 토론이라면 내 말이 타당하다는 점을 알 수 있었을 것이다. 내가 실망한 이유는, 그가 주요 콘퍼런스에서 다시는 내가 발표하지 못하게 조치할 수도 있다는 말을 들었기 때문이다. 실제로 그를 비롯해 희끗한 수염이 있는 사람들은 아마도 나의 야망을 끝장내버릴 수도 있었을 것이다.

그전까지 내가 테스트 분야를 좋아한 이유는 그곳이 자유롭고 개방적이었기 때문이다. 해적들의 용어를 빌리면, 나는 원하는 어디로든 항해할 수 있었다. 내가 갈 수 있는 곳과 갈 수 없는 곳을 결정하는 '해군 당국' 같은 건 없었다. 그런데 그날 그 자리에서 해군 제독들 가운데 한 명을 만난 기분이었다. 게다가 그 제독은 나를 전혀 달가워하지 않았다. 하찮은 해적에 불과하던 나는 어느새 공공의 적이 되어버린 기분이었다.

아무튼 나는 다음 날 소박하게나마 발표를 했다. 나는 거센 야유를 들을 거라고 생각했다. 수염을 기르고 코안경을 쓴 늙은이들이 모자를 벗어 던지고 지팡이를 흔들면서 이렇게 소리를 지를지도 모른다고 생각했다. "무슨 말도 안 되는 헛소리야!"

그런데 너무나 놀랍게도 청중이 박수를 쳐주었다. 강의실을 나서자, 나는 소프트웨어 테스트 분야의 실무자들에게 둘러싸였다. 그들은 소프트웨어 테스트 기법을 개선하기 위해 노력해온 사람들이며, 각자의 경험에 대해 나와 이야기를 나누고 싶어 했다. "마침내 이런 이야기를 하는 사람이 나타났군요. 이런 상식을 가진 발표자들은 왜 없는 걸까요?"

집에 돌아온 이후에도, 다른 콘퍼런스에서 발표해달라는 초대장이 속속 도착했다. 감히 바이저에게 맞선 미친 젊은이에 대한 소문이 퍼지고 있었던 것이다.

나는 희끗한 수염을 기른 노인들은 제대로 역할을 하지 못하는 업계에 우연히 발을 들여놓았다. 아마도 어디에선가는 또 다른 청년들이 그런 일을 해내고 있을 것이다. 아무튼 나는 용감하게 돌진했고, 그에 대한 전리품을 손에 넣었다.

해적들의 모임

나에 대한 명성은 어쩌면 저절로 커질 수도 있었다. 그러나 나는 낯선 사람들이 나에 대해 말하는 것이 여전히 어색하기만 했다. 사람들이 나에 대해 막연히 생각하는 것처럼 내가 지식이 풍부하고 역량이 뛰어난 사람이 되어야 한다는 부담감을 느꼈다. 비판적 사고를 하는 거대한 청중 앞에서 혹시라도 못 배운 사람처럼 보일 수도 있다는 두려움 때문에, 나는 콘퍼런스에 참석하거나 강연을 해야 할 때마다 더욱 더 철저히 준비하게 되었다. 나는 그런 종류의 부담감은 좋아한다. 그리고 내가 가입할 수 있는 전문적인 단체에는 모조리 가입했다. 소프트웨어 관련 저널들도 최대한 많이 읽었다.

그럼에도 여전히 내가 법의 테두리 안에 있는 시민들을 괴롭히고 못살게 구는 운명을 가진 고독한 무법자라고 느껴졌다. 물론 나도 어떤 팀에 속해서 필요한 사람이 되고 싶다는 생각이 있었다. 그러나 독립적으로 이 분야에 기여하고 싶다는 마음이 생겼다. 다른 사람들과 좀 더 밀접하게 협업해야 하는 상황이 되면, 그곳은 주도권을 갖기 위한 다툼의 장으로 변질되는 경우가 많았다.

1995년에 나는 소프트웨어 테스트 전문 기업인 ST랩스(STLabs)에 수석 연구원으로 입사했다. 이 회사에서는 내게 필요한 책을 살 수 있는 예산을 주었고, 콘퍼런스에 참석하는 경비도 지원해주었다. 이곳에서 내가 하는 일의 대부분은 연구였고, 나머지 시간에는 주로 가르치는 일을 했다. 몇 년 동안은 마치 하늘이 준 기회 같았다. 나에게는 완벽한 일자리였다.

회사가 지원하는 해적 활동이라는 새로운 자유를 얻은 덕분에 나는 업계 곳곳에서 활약하는 수많은 동료를 새로이 만날 수 있었다. 그중에서 나의 일과 배움에 대한 시각을 변화시켜준 사람이 두 명 있다. 앞에서도 소개한 제럴드 와인버그(Gerald Weinberg, 제리)와 켐 케이너(Cem Kaner)다.

제럴드 와인버그는 컴퓨터 업계에서는 저명한 인사다. 그는 최초의 컴퓨터 운영체제(OS)를 만든 연구팀의 일원이다. 참고로 운영체제란 윈도우 시스템 같은 것이다. 그는 1958년에 진행된 프로젝트에서 최초의 테스트 팀을 만든 설계자다. 1961년에는 테스트에 대한 생각들을 담은 관련 서적을 처음으로 출간했다. 와인버그 역시 나와 비슷하게 고등학교를 거의 자퇴할 뻔했다.

제리*는 언젠가 나에게 이렇게 말했다. "나는 자퇴를 하지 않았습니다. 내가 고등학교에서 거의 모든 수업을 빼먹은 건 사실이에요. 하지만 학교에서는 내가 다른 학생들에게 수업을 빼먹고 해적처럼 공부하도록 부추기지 않는다면 졸업을 시켜주겠다고 했고, 나도 그렇게 하기로 동의했거든요." 그가 대학교에 진학한 것은 IBM에 입사한 이후의 일이다. 그리고 결국엔 박사학위까지 받았다. 그가 대학교의 학사학위를 받기까지는 여러 차례 우여곡절이 있었다. 대학교를 두 번 자퇴한 것과는 별도로 말이다. 그가 자퇴한 이유 가운데 하나는, 그

---

* 애칭으로 부를 만큼 친하게 지냈다는 것을 의미하기에, 원문을 따라 '제리'로 표기한다.

가 수강하는 수업에서 사용하는 교재가 자신이 쓴 것이기 때문이다.

그는 내 인생에서 많은 영감을 준 첫 번째 사람이다. 그래서 가끔 "만약 내가 30년 동안 열심히 공부한다면, 아마 그 사람처럼 될 수 있을지도 몰라"라고 말한다. 그의 전문 분야는 일반적 시스템 사고(general systems thinking)와 기술 노동자들의 심리다. 그는 기술 분야의 업무에서 인간적인 요소가 미치는 영향력에 대하여 내게 가르쳐주었다. 나는 그에게서 비판을 받아들이는 방법과 팀을 통제하려 하지 않으면서도 팀에 도움을 주는 방법을 배웠다. 휴리스틱에 대해서도 제리에게서 처음 배웠다. 그가 내게 가르쳐준 대표적인 휴리스틱은 바로 에너지를 따르기다.

제리는 내게 글쓰기에 대해, 미루기에 대해, 컨설턴트로 성공하는 것에 대해 너무나도 소중한 조언들을 해주었다. 그는 내게 일을 끝내야 한다는 스트레스를 날려버리는 법을 가르쳐주었다. 그가 내게 해준 글쓰기에 대한 강의들 중 하나는 나중에 《제럴드 와인버그의 글쓰기책》에 포함되기도 했다.

기본적으로 제리는 나에게 어른이 되는 방법을 가르쳐주었다고 할 수 있다. 그것이 무엇을 의미하는지 제대로 설명하려면 책 한 권 분량은 될 것이다. 다행이라면 그가 이미 관련된 내용들을 여러 권의 책으로 집필했다는 것이다. 여러분에게도 그의 책들을 읽어보길 권한다.

켐 케이너는 전문 지식인이 되는 방법을 내게 가르쳐주었다. 켐은 심리학과 법학 분야의 박사학위를 갖고 있다. 그는 내가 아는 사람들

중 가장 체계적으로 교육받은 사람 가운데 한 명이지만, 자신이 아는 것에 대해 너무나도 겸손한 사람이기도 하다. 그는 아주 깊이 공부했고, 그의 논문들에는 주석이 엄청나게 많다. 켐은 내가 과학의 철학과 윤리학을 공부하도록 자극을 주었다.

1997년 켐은 우리 분야에 동료 콘퍼런스(peer conference)라는 새로운 방식을 소개했다. 동료 콘퍼런스는 원탁 논의와 비슷한 것으로, 참석한 사람은 청중인 동시에 발언자가 된다. 발언자는 추상적인 개념이 아니라 자신의 삶에서 겪은 생생한 이야기를 들려준다. 가장 중요한 것으로는, 발언을 하거나 질문에 대답하거나 문제를 제기하려면 누구든 일어서서 이야기해야 한다. 동료 콘퍼런스에서는 아이디어 비교하기를 권장한다.

나는 켐에게서 배운 아이디어 교환 및 비판에 대한 휴리스틱의 원칙들을 널리 알리고 싶었다. 이런 휴리스틱들은 나와 가장 가까운 동료들 사이에서는 일종의 윤리적 원칙이 되어왔으며, 그들 역시 각자의 커뮤니티에서 그런 원칙들을 적용한다고 생각한다.

최고의 사례를 비판하라

나는 집단적 괴롭힘에 맞서 싸우기를 좋아한다. 20년 전 우리 업계에는 '전사적 품질경영(TQM, Total Quality Management)'이라는 것이 유행했는데, 그것도 일종의 집단적 괴롭힘이라고 할 수 있다. 나는 처음에 그것이 단순한 도표와 전문용어들을 사용해 품질을 개선하고자 하지만, 그것에 반대하는 사람들은 '변화를 거부한다'고 비난하는 철학이라고 느꼈다. 내가 존중하는 사람들 가운데 TQM을 옹호하는 이들은 없었다. 그런데 내가 TQM을 반대하는 글을 쓰고 발표를 하자, 켐이 나를 저지하면서 내가 TQM에 대한 자료를 제대로 읽어보기는 했는지 물었다. 그렇지 않았다. 나는 그저 다른 2류 컨설턴트들의 말만 듣고 TQM에 대해 판단한 것이다. 그러자 켐이 고개를 저으며 말했다. "제임스, 당신이 어떤 아이디어를 비판할 때면, 당신은 그것의 나쁜 사례들만 언급해서 비판하는 경향이 있어요. TQM을 처음 주장한 사람들의 글을 읽어보세요. 그리고 최고의 사례를 찾은 다음, 그걸 비판해보세요. 그러면 당신의 주장은 훨씬 더 강력해질 것이며, 사람들이 당신을 좀 더 진지하게 생각하게 될 겁니다."

공감 어린 비판을 하라

나는 건설적인 비판이라는 생각을 좋아하지 않는다. 적어도 내가 배운 방식에서는 그렇다. 나는 건설적인 비판이 쓰레기 같은 것에 대해 뭔가 좋은 말을 한 다음에 그것이 쓰레기라는 사실을 지적하는 거라고 배웠다. 머리로는 그런 방식의 미덕을 이해할 수 있지만, 그렇게 말을 하면 어쩐지 내가 잘난 척하는 느낌이 든다. 그러나 공감 어린 비판은 다르다. 공감하면서 비판한다는 것은 비판하려는 대상의 관점에서 그것을 판단하는 것이다. 나는 어떤 걸 비판해야 할 때면, 그 아이디어나 제품을 만든 맥락이나 배경을 상상해보려 노력한다. 나는 그것이 해결하고자 하는 문제가 무엇인지 파악한다. 그러고 나서 그러한 관점에서 그것을 비판한다. 나의 관점에서 그 아이디어를 공격하기 전에 그것의 관점에서 살펴보는 것이다. 켐이 나에게 두 시간 동안이나 이야기를 해준 이유는, 내가 제대로 알지 못하면서 동료들을 비판했기 때문이다.

상대방의 등이 아니라 가슴에 칼을 꽂아라

만약 내가 누군가와 싸워야 한다면, 나는 그들에게 공개적으로 도전한다. 그들에게 내가 누군지 알리고, 내가 그들에게 도전하고 있음을 알리는 것이다. 이런 원칙을 지킨다는 것은 때로는 상당한 용기가 필요하다. 그런데 만약 내가 친구들에게서 존중받는 걸 크게 신경 쓰지 않았다면, 아마 이런 원칙을 따르지 않았을지도 모른다.

진실성은 한 번 획득하면 끝나는 것이 아니라, 끊임없이 고투해야 하는 것이다

예전에 어떤 회사에 입사한 직후, 나는 회의에 모인 사람들에게 각자의 전문성을 기르기 위해 무엇을 하는지 물어보았다. 그러자 불편한 침묵이 내려앉았다. 나는 다시 물었다. 그러자 직원 한 명이 약간 짜증을 내면서 이렇게 말했다. "제임스, 여기 있는 분들은 내가 지금까지 함께 일한 사람들 중에서도 최고예요. 그런데 어떻게 감히 그런 분들에게 전문성이 부족하다는 투로 말하는 겁니까?" 나는 이 말을 듣고 깜짝 놀랐다. 왜냐하면 나는 경쟁력을 유지하기 위해 언제나 최선을 다해 노력하기 때문이다. 진실성도 그와 비슷하다. 진실성이 현실에서 크게 의미를 갖는 경우는 많지 않다. 오히려 우리가 진실을 회피하고픈 생각이 들거나, 우리가 존중해야 한다고 알고 있는 어떤 절차를 건너뛰고 싶은 유혹이 들 때만 진실성이라는 것의 의미를 다시금 생각해보는 것 같다. 진실성이란 끊임없이 고투해야 하는 것이다. 나 역시 켐을 처음 만나 그가 일하는 방식을 지켜보기 전까지는 진실성에 대해 그다지 많이 생각하지 않았다. 그는 서로 이해가 충돌하는 상황에 대한 사례를 들려주면서 나의 의견을 물었다. 나는 처음에 어안이 벙벙했다. 나에게는 사소한 문제처럼 보이는 것에 대해 그는 너무나도 진지했기 때문이다. 그래서 나는 당황스러웠다. 그런 것에 대해서는 깊이 생각해본 적이 없었기 때문이다. 시간이 흐르며 나는 켐에게서 인정받기 위하여 스스로의 기준을 높였다. 그리고 어느 순간부터 나 역시 진실성을 추구하기 위해 스스로 고투하고 있음을 깨달았다.

나도 예전에는 그랬지만, 많은 사람은 진실성이라는 것이 좋은 의도를 가지면 자연스럽게 나타나는 결과라고 생각한다. "저는 진실성을 갖고 있는 게 분명합니다. 왜냐하면 저는 제가 좋은 사람이라고 생각하기 때문입니다." 그러나 그것만으로는 충분하지 않다. 진실성이란 다른 사람들에게 비치는 자신의 모습과 일치하는 방식으로 살아가는 것이다. 그런데 이것이 나에게는 결코 쉽지 않은 일이다. 왜냐하면 인간으로서 나의 본성이 자기모순적이고 자기중심적이기 때문이다. 나는 가끔 스스로에게 무의식적으로 거짓말을 할 때가 있다. 그리고 힘을 가진 사람들을 만나면, 마음속으로는 그들이 바보라고 생각하더라도 그들에게 아첨할 때도 있다. 그리고 단지 친구라는 이유만으로 그들의 생각을 지지해주기도 한다. 아무리 어려운 일을 하더라도 나는 진실성을 유지하기 위해 노력하지만, 언제나 성공하는 것은 아니다. 나도 인간이기에 실수할 수 있으며, 내가 다른 사람들을 용서하려고 하듯 나의 실수도 용서받기를 바랄 뿐이다.

캐리비안의 해적들에게는 진실성이라는 것이 다소 엇갈리는 문제다. 한편에서 보면, 우리는 대체로 다른 사람들의 기준에 따라 살아가지 않는다. 우리는 많은 측면에서 악당처럼 보일 수 있다. 우리는 규칙을 깨트리면서 실험을 한다. 다른 한편에서 보면, 우리 캐리비안의 해적들은 좋은 평판을 얻고 싶어 한다. 그래야 사람들이 우리에게 좀 더 쉽게 협조하기 때문이다. (공격 목표로 삼은 상선이 아무런 저항도 하지 않고 우리에게 순순히 항복한다면 해적으로 살아가는 것도 훨씬 더 쉬울 것이다.) 때로는 눈에 보이는 사실을 있는 그대로 말하는 것이 더 편할 수도 있다. 왜냐하면 보이는 그대로 말하는 것이 여러 복잡한 상황을 고려해서 말하는 것보다는 좀 더 쉬울 수 있기 때문이다. 물론 그 대상이 솔직하게 말해도 되는 사람일 경우에만 그렇다.

아주 어렸을 때, 내가 속이 쓰린 느낌을 싫어한다는 사실을 깨달은 적이 있다. 왜냐하면 언젠가 거짓말을 했다가 친구의 신뢰를 잃게 되었을 때도 그와 비슷하게 속이 쓰린 느낌이 들었기 때문이다. 이런 경험 덕분에 진정성은 나에게 진짜 중요한 문제가 되었다.

켐은 나에게 진정성이란 단지 말로 표현한다고 해서 얻어지는 게 아니라는 걸 가르쳐주었다. 예를 들면, '나는 진정성이 있다!'고 선언한다고 해서 나에게 과연 진정성이 생기는 것일까? 여러분이 이런 말을 듣는다면 어떻게 생각할까? 아마 이렇게 생각할 것이다. "재수 없는 놈이군. 왜 이렇게 호들갑을 떠는 거야? 그래, 알겠어. 그러니 그만 좀 해!" 그렇지 않은가?

나는 진정성이라는 평판을 얻으려면 아주 오랜 시간이 걸린다는 사실을 깨달았다. 그것은 자신과 함께 일하는 다른 사람들이 자신에 대해서 말하는 것이다. 진정성이라는 것은 지속적인 투쟁이다. 진정성이라는 평판을 한 번 잃으면, 예를 들어 성공을 위해 손쉬운 경로를 택했다면 그걸 다시 되찾기는 매우 힘들기 때문이다.

제리가 나 스스로에 대한 예상치를 낮추어 내가 스트레스와 불안감을 덜 갖고 살게 해주었다면, 켐은 나의 기대치를 높여 더욱 커다란 목적의식을 갖고 살게 해주었다고도 할 수 있다. 두 사람은 모두 커뮤니티를 만들었다. 그들은 내게 사람들과 함께 달리는 것의 가치를 보여주었고, 그것이 거대한 떼 속에 갇혀 지내는 것과 어떻게 다른지도 설명해주었다.

중요한 비결

해적 공동체의 일원이 된다는 것은
심지어 가장 충직한 친구들에게서도 도전을 받고,
그들과 토론을 벌이고,
때로는 상처를 받을 수도 있음을 의미한다.

무리지어 사냥하기

무리란 협업하는 사냥꾼들의 집단이다. 이 공동체에 속한 사람들은 각자의 계획과 독자적인 판단력과 비판적인 사고 능력을 갖고 있다. 나는 이러한 무리의 사고방식을 통해 친구들을 만든다. 나는 그들을 신뢰하고, 그들의 말을 귀 기울여 듣는다. 하지만 그들에게 휘둘리지는 않는다.

그러나 사람들은 흔히 무리를 지어 모이는데, 그 배경에 있는 심리는 두려움이다. 그런 집단은 스스로를 지켜내기 위해 모인 공동체다. 거대한 무리에 속하는 것에서 가장 중요한 사실은 바로 그러한 원칙을 훼손하지 않는 것이다.

거대한 무리는 스스로를 위험에 둘러싸인 집단으로 생각한다. 그들은 스스로가 먹잇감이 될 수도 있다고 생각한다.

미국의 전형적인 공립학교들이 가르치는 것은 결국엔 거대한 집단을 존중하라는 것이다. 학생들을 양떼라고 생각할 수는 있지만, 너무나도 많은 선생님 역시 그저 나이가 더 많고 살찐 양에 불과한 경우가 많다. 학교만능주의는 집단적 사고방식이다.

만약 돈 문제나 부모들의 걱정을 신경 쓰지 않고, 기업이나 정치권의 이해관계가 개입하지 않는다면, 공립학교들도 좀 더 학생 개인들을 신경 써주는 방식으로 운영될 수 있을 것이다. 학교 시스템은 학생들을 믿어주고 그들이 배우는 걸 도와줄 수 있을 것이다. 만약 학생들이 배우기를 원치 않는다면, 떠날 수 있게 해야 한다. 만약 그런

후에도 마음이 바뀐다면, 다시 돌아올 수 있게 해야 한다. 어려운 일이 아니다. 이미 그런 식으로 운영되는 두 가지 시스템이 있기 때문이다. 공공 도서관과 인터넷이 바로 그것이다.

집단적 사고방식은 단지 학교에만 국한되지 않는다. 그것은 어디에나 존재한다. 생각보다 좁은 우리 업계에도 이런 사고방식이 만연해 있다. 사람들은 생각을 교환할 때 서로 예의를 지키며 그 아이디어의 가치를 평가한다. 그러나 압박을 받는 상황에서는 그 두 가지를 한꺼번에 하기가 쉽지 않은 경우도 많다. 이 분야에서 많은 컨설턴트와 작가들, 연사들을 만나 논의하면서 나는 그들이 크게 두 가지 범주로 나뉜다는 사실을 발견했다. 하나는 가치평가보다는 예의범절을 중시하는 사람들이며, 다른 하나는 반대로 예의범절보다는 가치평가를 중시하는 사람들이다. 그리고 전자에 해당하는 사람들이 훨씬 더 많다.

내가 일하는 업계에서, 특히 콘퍼런스에 참석하는 많은 사람이 가장 중요하게 생각하는 것은 반박할 여지가 없어야 한다는 것이다. 전문가들도 쉽게 동의하고 다른 주제로 넘어갈 수 있어야 한다. 많은 사람이 콘퍼런스에 참석하는 이유는 자신들의 문제에 대한 '단 한 가지 정답'을 찾기 위해서다. 소위 말하는 수많은 전문가도 이런 문화에 일조하는데, 그렇게 해야 컨설팅 계약을 따내서 쉽게 돈을 벌 수 있기 때문이다.

잠시 동안이긴 했지만 나도 한때 어느 대형 컨설팅 기업에서 일한 적이 있다. 그들에게는 '고객들을 기쁘게 하는 것'이 가장 중요한 목표였다. 그러나 실제로는 언제나 기쁘게 할 수는 없었다. 가능하면 오랫동안 상담해서 비용을 최대한 많이 청구하라는 압박이 심했으며, 설령 내가 동의하지 않더라도 회사가 시키는 대로 해야만 했다.

나는 그런 분위기를 견딜 수 없었다. 나는 나 자신과 다른 유형의 컨설턴트와 함께 있는 걸 좋아한다. 비판적으로 사고하는 사람들은 물론이고, 늘 투덜대는 사람들도 괜찮다. 쓸데없는 일에 시간을 허비하거나, 명백한 것이라도 다시 생각해보거나, 그저 괜찮아 보이는 게 아니라 제대로 해내려고 안간힘을 쓰는 사람들을 좋아한다. 현실은 혼란스럽다는 사실을 인정하는 사람들을 좋아한다. 그러니까 나는 캐리비안의 해적들을 좋아한다.

내 주변에는 캐리비안의 해적들이 있기를 원한다. 그중 한 명은 바로 나의 친구인 마이클 버틀러(Michael Butler)다. 마이클은 모든 것을 깨작거리는 스타일이다. 마이클은 최근 밤 10시에 나에게 전화를 했는데, 그 이유는 고대 그리스에 '시간'을 의미하는 단어가 두 가지 있었다는 사실을 깨달아서 잔뜩 흥분했기 때문이다. 그러더니 나는 들어본 적도 없는 고대 그리스의 웅변가인 이소크라테스(Isocrates)에 대해 한참을 이야기했다. 우리는 말도 안 되는 아이디어와 터무니없는 생각들을 이야기했고, 제대로 된 납땜 기술이란 무엇인지 토론을 벌였다. 마이클의 생각은 마치 모닥불처럼 나를 따뜻하게 해준다.

해적들 중에는 스스로 독립해서 살아가지 못하는 이들도 있다. 내가 알고 있는 어떤 사람은 리무진 운전기사로 일하는데, 그는 공부를 많이 한 철학자이며, 오페라 가수이기도 하고, 손으로 직접 나무보트를 만든다. 그럼에도 그는 생활보호지원을 받아야 하는 처지다. 독립적인 마음을 유지하면서도 생활을 유지한다는 것은 결코 쉬운 일이 아니다.

물론 발명가이자 작가인 사이먼 퀠런 필드(Simon Quellen Field)처럼 엄청나게 성공한 사람도 있다. 사이먼은 볼랜드 인터내셔널에서 나와 함께 일한 동료다. 우리는 종종 과학적 방법론의 가치에 대해 편안하게 토론했다. 그의 책상은 언제나 자신이 직접 재미삼아 만든 기계와 전기장치들로 가득 덮여 있었다. 사이먼은 실리콘밸리의 전형적인 성공 사례다. 내가 그에 대해 마지막으로 들은 소식은 구글에서 일한다는 것인데, 사실 그는 더 이상 일을 하지 않아도 되는 사람이다.

기억해야 하는 건, 성공적인 해적이 반드시 부유한 사람은 아닐 수도 있다는 점이다. 캐리비안의 해적들에게 성공이란 더 나은 삶을 위해 평생에 걸친 프로젝트를 즐겁게 진행하고 있음을 의미한다. 우리에게 그것은 또한 더욱 나은 공동체를 만드는 것을 의미하기도 한다. 우리는 스스로 설정한 예상치를 넘어서서 우리가 도전하는 기대치를 향해 다가갈 때 살아 있음을 느낀다. 포부를 가진 해적들에게는 적절한 예상치와 기대치를 설정하고 그것을 받아들이는 것이 매우 중요하다. 젊은 해적들 중에는 '미운 오리 새끼' 같은 사례를 흔히 볼 수 있다. 그들은 드넓은 대양을 탐험하는 것이 아니라, 뭍사람으로 살아가는 일에 적응해야 한다고 생각한다.

나는 다른 해적들과 함께 어울리는 걸 좋아한다. 우리는 서로에게 자극을 준다. 우리는 중요한 비밀들을 주고받는다. 우리는 맹목적인 순응을 요구하지 않고, 무리의 사고방식을 통해 서로에게 도움을 준다. 우리는 무리 속에서 개별적인 정체성을 잃지 않고도 공동체의 힘을 획득한다.

나에게 이러한 퍼즐의 가장 커다란 마지막 조각은 바로 동료들의 중요함이었다. 새로운 천년이 시작되던 시기에, 나의 배움은 새로운 에너지와 깊이를 갖게 되었다. 나는 작지만 나 자신의 비즈니스를 경영하고 있었으며, 해적 동료들과 협업하면서 꾸준히 혁신을 이뤄내고 있었다. 두 명의 친구들과 함께 쓴 나의 첫 번째 책은 소프트웨어 테스트 업계에서 베스트셀러가 되었다.

나는 다행히 일을 하면서도 열정과 진실성을 갖고 살아갈 수 있다. 내 마음을 터놓고 이야기를 하며, 의뢰인들에게는 내가 할 수 있는 최선을 다했다고 말한다. 물론 내가 조금만 더 굽히고 그들이 듣고 싶은 이야기를 해준다면, 분명히 더욱 많은 기업이 나를 채용할 것이다. 그러나 그러지 않아도 된다. 그럴 필요가 없다. 나는 전 세계를 상대로 일을 하고, 내가 제공하는 서비스를 원하는 사람은 얼마든지 많기 때문이다. 그리고 진정한 해적은 내가 어떤 사람인지 알아본다. 그 정도면 내게는 충분하다.

나는 다시 항해할 준비를 마쳤고, 바람은 신선하다. 드넓은 바다에서 여러분을 만날 수 있기를 희망한다.

epilogue

배의 키를 잡고 서서

바람이 돛에 키스를 했고,
펄럭임이 멈추었다.
그렇게 우리는 앞으로 나아갔다.

2007년 8월 13일. 벤(Ben) 선장이 물었다. "어떤 게 지브 헬리어드(jib halyard)[*]고, 어떤 게 스피네커 헬리어드(spinnaker halyard)[**]죠?" 우리의 발 밑에서는 8미터 길이의 요트가 흔들리고 있었다.

뱃머리에 선 내가 보기에는 두 개의 밧줄이 완전히 똑같아 보였다. 두 개 모두 돛대의 맨 위에 있는 도르래들에서부터 곡선을 그리며 늘어져 있었다.

나는 대답했다. "모르겠어요."

"네, 그럴 수 있죠. 그렇다면 직접 살펴보고 한번 맞혀보시겠어요, 제임스?"

"두 개가 똑같아요. 차이점이 보이지 않아요."

---

* 지브(jib, 작은 돛)를 거는 헬리어드(halyard, 밧줄).

** 스피네커(spinnaker, 큰 돛)를 거는 헬리어드.

"좀 더 가까이에서 보세요."

벤 선장은 로사리오 마리나(Rosario Marina)에서 요트 학교를 운영하고 있었다. 오래전 그는 초등학교 교사였다가 이후에는 오토바이 경주 선수가 되었다. 그의 눈에서 보이는 날카로운 눈빛은 오토바이 경주 선수로서의 면모를, 그리고 반짝이는 호기심은 학교 선생님의 분위기를 보여주었다. 나는 그 두 가지 조합이 마음에 들었다. 그는 나에게는 완벽한 강사였다. 그는 내가 해야 한다고 생각하는 것 이상으로 나를 밀어붙였다.

그가 대답을 재촉했다. "어떻게 생각하세요?"

"음, 가까이에서 살펴봐도 똑같아요."

"아뇨, 그렇지 않아요. 이쪽 밧줄이 바깥쪽 도르래에 연결되어 있잖아요. 그런데 스피네커 돛이 지브 돛의 바깥쪽에 있죠. 그러니까 이 밧줄이 스피네커 헬리어드입니다."

"도르래들 사이의 간격이 8cm밖에 안 되는데, 그게 그렇게 중요한가요?"

"중요합니다. 그 정도면 두 개의 밧줄이 서로 엉킬 수도 있어요. 나중에 스피네커 돛을 올릴 때, 제 말이 무슨 의미인지 알 수 있을 겁니다. 이제 이쪽으로 내려와서 이 배의 메인시트(mainsheet)* 에서 뭐가 잘못됐는지 말해보세요."

나는 몰스킨 노트를 꺼내 이렇게 적었다. '새로운 기술 배우기에서

* 주돛(mainsail)을 조절하는 밧줄.

중요한 부분 : 차이점을 배워라. 초보자의 눈에는 보이지 않는 차이점을.' 나는 '차이점'이라는 단어 아래에 여러 번 밑줄을 그었다. 나는 몰스킨 노트를 어디에든 들고 다닌다. 샤피 캘리그라피 펜도 마찬가지다. 그래서 유용하다고 여기는 모든 생각을 노트에 적는다. 그렇게 메모를 하면 50개 중 하나는 훌륭한 결과물로 발전하는데, 때로는 크게 성공을 거두는 경우도 있다.

그때 선장이 내게 물었다. "뭐 하는 겁니까?"

나는 계속해서 이렇게 적었다. '차이점의 패턴? 차이점의 행렬? 대비점? 벤은 차이점에 대해 물어본 다음에 그걸 설명했다. 변증법적 차이점 구축?'

나는 방수 재킷 속으로 노트를 집어넣으면서 이렇게 말했다. "선장님이 말한 내용을 노트에 적었습니다. 저는 여기에 아이디어들을 적어두거든요."

그날은 배를 타는 게 내 일의 일부였다. 나는 스스로에게 이건 '연구하기'라고 말했다. 그리고 그것은 '미뤄두기'이기도 했다. 나는 당시에 주말까지 이 책의 새로운 장을 쓰고 있을 거라고 과감하게 떠벌려왔다. 그런데 이렇게 배를 타러 와 있었다. 나는 그것이 내가 하고 싶은 일이라고 생각했다. 그렇기 때문에 그것은 글쓰기의 일부가 되어야만 했다.

선장은 내게 지브 밧줄이 도르래를 먼저 통과해야 한다는 사실을 상기시켰다. 쉽게 기억할 수 있는 사실이었다.

모든 것은 무언가의 일부다. 언제나 그렇다. 나의 배움은 무슨 일이

벌어지든 그에 대하여 내가 대응하면서 이루어진다. 나는 아이디어를 발전시키고, 글을 쓰고, 가르치는 일을 한다. 이것이 나의 삶이다.

"잠시만요, 선장님." 나는 다시 노트를 꺼내 이렇게 적었다. '빵점 학습? 영점 에너지(zero-point energy)* 와 같은 것. 어딘가에서 나오는 것. 이미 배운 것을 깨닫는 것. 내가 안다는 걸 몰랐던 것.'

선장이 주돛을 펼쳤다. 돛은 바람을 맞아 회전하더니 천진난만하게 펄럭였다.

벤 선장이 외쳤다. "이제 나갈 시간이에요! 제임스, 키를 잡아요. 저

* 양자역학에서 바닥상태(ground state)의 양자가 갖는 에너지.

요트 운항 레슨을 하러 나갔다가 돌아오는 제임스와 벤 선장. 사진은 제임스의 아내 레노어가 찍음.

지점에서는 서풍이 불고 있어요. 그러니 모터는 켜지 않아도 돼요."

"저 혼자 모는 건가요?" 이건 사전에 논의되지 않은 것이었다.

"즐겁게 항해하세요, 제임스."

키를 잡고 서서, 노트를 집어넣었다. 나는 주돛을 잡아당겼다. 바람이 돛에 키스를 했고, 펄럭임이 멈추었다. 돛들이 힘을 받았다. 요트가 마치 생각이라도 하는 듯 약간 옆으로 기울었다. 그렇게 우리는 앞으로 나아갔다.

저자 후기

항해를 이끌어주는 별들

캐리비안 해적에게 가장 중요한 것은
자신의 생각과 마음을 자신이 하는 일과 완전히 일치시켜
거기에 전념하는 것이다.

모든 해적은 다음과 같은 두 가지 문제를 마주한다.

1. 어떻게 하면 세상이 나를 인정하고, 나를 위한 공간을 만들며, 나 자신에 대하여 보상해줄까?

2. 위의 첫 번째 문제를 풀어내기 전까지 어떻게 하면 살아남을 수 있을까?

첫 번째 문제의 해결책을 찾은 해적의 사례는 찾기 쉽다. 왜냐하면 유명해진 해적은 아주 많기 때문이다. 그러나 두 번째 문제는 좀 더 시급한 사안이다. 꿈을 꾸는 사상가들이나 예술가들은 생계를 해결하기 위하여 쉬지 않고 이곳저곳을 돌아다니면서 다른 일을 해야 하는 상황으로 내몰리는 경우가 많다. 그렇기 때문에 열정의 추구나 자기계발은 틈틈이 해야 할 수밖에 없다.

미국 역사에서 가장 위대한 해적 스타일 학생으로는 새뮤얼 클레멘스(Samuel Clemens)가 있다. 그는 마크 트웨인(Mark Twain)이라는 이름의 작가로 훨씬 잘 알려져 있다. 클레멘스는 몇 년 동안 학교를 다녔지만, 학교를 싫어했다. 그는 미주리주 한니발(Hannibal) 근처에 있는 숲과 강물을 따라 거닐며 놀기를 좋아했다.

열한 살 때 아버지가 돌아가시자, 그는 곧이어 학교를 그만두고 어느 인쇄소의 견습공이 되었다. 열일곱 살 무렵이 되자, 클레멘스는 전국을 돌아다니면서 식자공(typesetter)* 으로 일했다. 그다음에는 몇 년 동안 강을 오가는 배를 조종했으며, 탄광에서 일하기도 했다. 그러다가 그는 자신이 글을 쓰고 강연하는 일에 남다른 재능이 있다는 걸 발견했다. 그러나 서른 살이 될 때까지도 그는 작가로서 별다른 성공을 거두지 못했다. 게다가 샌프란시스코에서 언론사 일을 하다가 그만두었을 때는 무일푼 신세가 되기도 했다. 그러나 세상을 떠날 무렵이 되자, 그는《허클베리 핀의 모험》의 저자이자 세상에서 가장 유명한 사회 비평가가 되어 있었다.

클레멘스는 '마크 트웨인'이라는 아주 강력한 개인적인 브랜드를 만들어 자신의 공간을 찾아낼 수 있었다. 그를 부유하게 만들어준 이야기들은 학교가 아닌 다른 곳을 거닐고 활동하던 어린 시절의 독특한 경험과 배움에 기반을 두고 쓰인 것이다.

다음으로는 완전히 다른 인물을 살펴보자. 그는 빈센트 반 고흐

---

* 인쇄판의 글자를 맞추는 사람.

(Vincent Van Gogh)다. 그는 그림을 거의 혼자 배운 화가이며, 평생을 스스로 살아남기 위해 애썼지만 결국엔 실패했다. 그는 예술학교에 다니지도 않은 채 자신만의 그림을 연구했으며 친구들에게도 그렇게 하라고 조언했다. 반 고흐는 살아 있는 동안 그림을 거의 한 점도 팔지 못했으며, 동생인 테오(Theo)가 주는 변변찮은 지원금으로 겨우 연명했다. 그는 독약을 들이마신 것 같다는 환각에 시달리며 점점 더 쇠약해지다가, 결국 1890년에 스스로 총을 쏴 생을 마감했다.

새뮤얼 클레멘스가 인생을 낭비하며 살았다고 말하는 사람은 아무도 없을 것이다. 그렇다면 빈센트 반 고흐는 어떨까? 비록 그가 살아 있는 동안 세상이 그의 천재성을 인정하지는 않았지만, 그는 자신이 그림에 최선을 다한 것을 절대 후회하지 않았다.

오늘날 반 고흐는 지난 200년 동안 가장 위대한 화가들 중 한 명으로 여겨진다. 지금까지 경매에서 가장 높은 가격에 팔린 36개 그림 가운데 7개 작품이 반 고흐가 그린 것이다. 이 목록에 그보다 더 많은 작품을 올린 화가는 오직 피카소뿐이다.

반 고흐는 어린 나이에 미술품 거래소에서 견습생으로 일했지만, 클레멘스가 샌프란시스코의 신문사에서 쫓겨난 것과 똑같은 이유로 해고당했다. 그는 스스로를 다른 사람들이 만들어놓은 틀에 맞출 수 없었던 것이다. 이후에도 반 고흐는 전도사로 일하려 했지만 역시 똑같은 이유로 실패했다. 스물일곱 살이 되었을 때도 그는 무슨 일을 해야 할지 알지 못했으며, 부모는 그가 '게으르다'고 나무랐다. 그는 동생에게 보내는 장문의 편지에 자신의 처참한 심정을 토로했다.

> 봄이 되면 새장 안에 있는 한 마리의 새도 바깥에 뭔가 좋은 게 있다는 사실을 아주 잘 알 수 있어. 세상에 뭔가 해야 할 일이 있다는 것을 매우 분명하게 느낄 수 있지만, 새장 안의 새는 아무것도 할 수 없어. 새는 그것이 무엇인지 확실하게 기억할 수는 없지만, 희미하게 생각이 나면서 스스로에게 이렇게 말을 해. "다른 새들은 둥지를 짓고 새끼들을 낳아서 기르고 있겠지." 그리고 자신의 머리를 새장의 쇠창살에 세게 부딪혀. 그렇지만 새장은 꼼짝도 하지 않아. 그리고 새는 고통스러워 미칠 것 같은 심정을 느껴. 지나가던 다른 새가 이렇게 말을 해. "저기 봐, 게으름뱅이가 있어." 나는 그렇게 빈둥빈둥 놀기만 하는 사람이야. 죄수처럼 갇혀 살지만 죽지도 않아. 이 안에서 무슨 일이 일어나는지 바깥에서는 볼 수 없어.
>
> – 1880년 6월 24일에 빈센트 반 고흐가 테오 반 고흐에게 보낸 편지

반 고흐는 자신이 마치 보이지 않는 새장 안에 갇혀 있다고 생각했다. 그리고 설명할 수는 없지만 어떤 운명을 갈망하고 있었다. 그런데 갑자기 놀라운 일이 일어났다. 공식적인 선언이나 대대적인 발표는 없었지만, 이 편지를 쓴 직후에 그는 평생을 화가로 살아가겠다고 결심한 것이다. 이후에 그가 쓴 수백 통에 달하는 편지에는 그림에

대한 에너지와 생각들로 가득하다.

새뮤얼 클레멘스가 마크 트웨인이라는 이름으로 처음 편지를 쓴 것도 스물일곱 살 때였다. 몇 년 뒤, 그가 처음으로 전국적인 성공을 거두기 직전에 그는 동생에게 다음과 같은 편지를 썼다.

> 나는 문학에 대한 '소명'을 품어왔어. 낮은 수준의 소명이기 때문에, 일종의 재미 같은 거야. 그리 자랑할 만한 것은 아니지만, 내가 가장 잘할 수 있는 거야. 그리고 사람이란 모름지기 전능하신 분께서 각자에게 맡기신 하나 또는 둘 또는 세 가지 재능을 더욱 열심히 발전시키는 것이 옳은 일이라는 엄중한 격언을 잘 새겨들었다면, 나는 아주 오래전에 나에게 맞지도 않는 일에 나 스스로를 맞추려고 애쓰기를 멈추고, 일찌감치 신이 만든 피조물들을 웃게 만들기 위하여 진지하게 무언가를 휘갈기는 일에 나의 모든 관심을 쏟아부었을 거야.
>
> – 1865년 10월 20일, 새뮤얼 클레멘스가 오라이언 클레멘스에게 쓴 편지

한 명의 해적을 더 살펴보자. 그는 바로 역사상 가장 유명하며 세심한 과학자 중 한 명인 찰스 다윈(Charles Darwin)이다. 그는 학교를 그다지 중요하게 생각하지 않았고, 오히려 '그냥 공허한 곳'이라고 불

렀다. 그리고 에든버러대학교(University of Edinburgh)도 겨우 2년만 다녔는데, 이곳에서 그는 강의를 듣고 과제를 하기보다는 바닷가를 따라 걸으면서 해양 생물을 조사하는 걸 좋아했다. 다윈은 이곳을 그만두고 케임브리지대학교(University of Cambridge)에 입학했는데, 그는 이곳에서 보낸 시간이 "안타깝게도 쓸모없었는데, 그냥 쓸모없는 정도가 아니었다"고 말했다. 그는 이곳에서 성직자가 될 수 있는 학위를 받았지만, 그것은 그가 원하는 직업이 아니었고 이후에도 결코 성직자가 되려고 하지 않았다.

그러다 1831년에 영국 해군의 비글(Beagle)호에 아마추어 박물학자 자격으로 승선할 기회가 찾아왔다. 그는 당연히 승선하기를 간절히 원했지만, 하마터면 그러지 못할 뻔했다. 그의 아버지가 그런 경력이 앞으로 신의 사제가 되는 데 도움이 되지 않는 '무모한 계획'이라고 생각했기 때문이다. 물론 그는 승선을 했고, 나중에 이런 편지를 썼다. "나는 내 인생 최초의 진지한 훈련이자 교육 과정인 그 항해에 늘 빚을 지고 있다고 느낀다."

우리는 앞에서 클레멘스와 반 고흐가 스물일곱 살에 그들의 인생에서 전환점을 맞이했다는 걸 알 수 있었다. 그런데 여러분은 다윈이 스물일곱 살에 어디 있었는지 알고 있는가? 그는 비글호에 타고 있었다. 그 배를 타고 연구와 탐사를 마친 후 거의 5년 만에 집으로 돌아왔다. 남대서양에 있는 어느 섬에서 그는 가족들이 보낸 편지를 한 통 받았다. 거기에서는 그의 여행과 연구 덕분에 그가 영국에서 유명인이 되었다는 소식을 전했다. 이에 대해 그는 이런 글을 썼다.

> 누이들이 들려주기를 애덤 세지윅(Adam Sedgwick)*이 우리 아버지에게 내가 최고의 과학자들 가운데 한 명이 될 거라고 말했다고 한다. (중략) 이 편지를 읽은 후에, 나는 어센션(Ascension)섬에 있는 산들을 껑충껑충 뛰어올랐고, 지질학 탐사용 망치로 발아래의 화산암들을 꽝꽝 두드렸다!

다윈은 앞에서 말한 해적들이 마주하는 첫 번째 문제를 해결했다. 세상을 향한 모험에 스스로 뛰어듦으로써, 고국을 비롯한 세계가 그를 인정하게 만든 것이다.

여기에서는 인생에서 세 가지 다른 경로를 택한 세 사람을 이야기했다. 한 사람(반 고흐)은 가난했으며 평생을 무명으로 살았다. 반면에 다른 두 사람은 부유하고 유명해졌다. 그리고 이들 중 한 명(클레멘스)은 다른 사람들과 어울리기를 좋아했고 사람들도 그를 좋아한 반면, 다른 두 명은 말을 잘 하지 않았고 대체로 침울했다. 그리고 이들 중 한 명(다윈)은 유복한 가정에서 태어났으며, 사회적 영향력이 있던 부모가 그의 인생을 지도하려 한 반면, 다른 두 명은 가난한 환경에서 태어났고 부모의 지원도 거의 받지 못했다.

그럼에도 이들 세 사람이 모두 공통적으로 갖고 있던 것은 자신의

* 현대 지질학의 창시자로 찰스 다윈의 스승이다.

열정을 따르고자 하는 염원, 의지, 욕구였다. 그들은 예상할 수 있는 경로를 택하지 않고, 결과가 무엇이든 간에 자신이 좋아하는 걸 선택해서 힘든 길을 걸어갔다.

그런데 내가 이런 사람들에 대해 이야기를 들려주면, 어떤 사람들은 이렇게 말한다. "그런데 제임스, 당신은 성공한 사례들만 골랐네요. 학교를 그만둔다고 해서 유명한 화가나 작가나 과학자가 되는 사람은 거의 없어요. 사람들이 모두 그렇게 천재는 아니라고요. 그렇다면 오히려 학교를 계속 다니면서 제대로 공부해야 성공할 기회가 더욱 커지지 않을까요?"

나의 대답은 전혀 그렇지 않다는 것이다. 다른 사람이 생각하는 이상적인 삶을 사는 것처럼 행세하면서 자기 자신의 진짜 삶을 뒤로 미루는 것은 좋지 않다. 삶이란 절대불변의 법칙에 따라 공이 어디로 구를지 예측하는 당구 경기가 아니다. 그리고 인생에서는 포커 게임에서 스트레이트 플러시(straight flush)* 가 나올 확률을 예측하는 것처럼 행복의 가능성을 계산할 수 있는 것도 아니다. 자신이 싫어하는 일을 억지로 하면서 잃어버린 시간은 그 가치를 매길 수 없으며, 그로 인한 결과에 분노하고 비웃는 것이 얼마나 해로운지도 쉽게 가늠할 수 없다.

그 누구도 자신의 운명을 알 수 없다. 그럼에도 우리가 할 수 있는 것은, 그리고 캐리비안의 해적이라면 반드시 해야 하는 것은, 자신이

* 포커 게임에서 무늬가 모두 같으며 연속된 숫자의 카드가 5장이 나오는 것.

나아갈 길을 선택하는 것이다. 그런 다음에는 세계적으로 성공을 거두든 그렇지 않든, 그 결과에 대해서는 후회하지 말아야 한다.

내가 앞에서 세 명의 해적 이야기를 소개한 이유는, 그들이 각자의 삶에 대해 느낀 심경이 그들 자신의 언어로 잘 기록되어 있기 때문이다. 이들이 쓴 개인적인 편지나 일기는 모두 자체 웹사이트에 공개되어 있다. 그래서 나도 그들이 각자 선택한 길을 후회하지 않았다는 사실을 알 수 있었다.

여기에서 내가 천재적이며 독보적인 재능으로 성공할 수 있었던 위인들만 선정했다고 비판하는 사람은 이 글에서 말하고자 하는 요점을 제대로 파악하지 못했다고 생각한다. 이 글의 요점은 부나 명성이나 전문성을 말하려는 것이 아니다. 클레멘스, 반 고흐, 다윈은 모두 그 결과가 어떻게 될지도 모르면서 각자의 열정을 추구했고, 자신이 선택한 길이 맞는지 깊이 고심했으며, 성인이 되어서도 자신이 잘 살고 있는지 알 수 없었다. 나는 그들이 결국 성공했다는 걸 말하려는 게 아니다. 나는 그들이 용감했으며, 불확실한 상태에서도 원하는 걸 시작했다는 사실을 강조하고 싶은 것이다.

나는 '해적이 되면 저절로 부자가 되고 편안한 삶을 살게 된다'고 말하려는 게 아니다. 만약 당신이 캐리비안의 해적이라면, 당신은 이미 돈이나 안락한 삶이 중요하지 않다는 걸 알고 있을 것이다. 캐리비안의 해적에게 가장 중요한 것은 자신의 생각과 마음을 자신이 하는 일과 완전히 일치시켜 거기에 전념하는 것이다. 그런 사실을 받아들인다면, 무엇을 얻든 부자가 된 듯한 느낌이 들 것이다. 앞에서 든 사례들은 여러분이 그런 삶을 택한다면 어떤 모습일지 이해를 돕기 위해 소개한 것일 뿐이다.

이것은 특히 지금의 나에게 매우 중요하다. 비록 나의 배움이 발전하는 방식에 대해 완전히 만족하지만, 나에게도 어느새 다 큰 아들이 한 명 있기 때문이다. 나에게 잘 통한 방식이 과연 나의 아들에게도 효과가 있을까? 나는 과연 내 아들에게 어떤 식으로 도움을 주어야 할까?

초등학교를 그만둔 나의 아들

나의 아들 올리버(Oliver)는 학교를 다니지 않는다. 열두 살 때부터 그래왔으며, 지금은 열일곱 살이다. 그렇다면 아들은 지난 5년 동안 뭘 해왔을까?

'아무것도 안 했다'고 말할 수 있다. 아들은 홈스쿨링 과정도 전혀 따라하지 않는다. 별도로 만든 시간표도 없다. 아들은 청소년기를 마음껏 즐기고 있다. 그렇지만 나는 아들이 '무엇을 하는 것'은 전혀 중요하지 않다고 말하고 싶다. 아들은 자신의 삶을 살고 있다. 나의 시간을 방해하지 않으며, 시끄럽게 굴지도 않는다. 담배도 안 피우고, 약물도 하지 않으며, 내가 아는 한 불법적인 것은 전혀 하지 않는다.

물론 나와 아내는 아들이 무슨 일을 하는지 무척이나 신경 쓰인다. 우리는 아들이 정말로 아무것도 하지 않는 건 아니라는 사실을 알고 있다. 아이는 매일 무언가 엄청나게 많은 일을 한다. 아들은 머리가 점점 발전하고 있으며, 몸은 확실히 성장하고 있다. 그렇지만 우리는 여전히 걱정이 된다. 왜냐하면 아들은 언제나 우리가 이해할 수 없는 것들만 하기 때문이다.

그렇다면 앞에서 소개한 영웅들을 생각해보자. 클레멘스, 반 고흐, 다윈의 사례가 올리버에게 직접적으로 도움이 되지는 않을 수도 있다. 아들은 그들을 잘 알지도 못한다. 그런데 이들은 우리 부모들의 항해를 도와주는 별이기도 하다. 앞에서 소개한 위인들이 아이였을 때에도, 그들의 부모는 자식의 미래를 걱정하고 조바심을 냈을 것이다. 그들의 부모도 분명 자식을 가르치려 했을 테지만 결국엔 실패했을 것이다. 그들은 모두 '게으른 놈' 취급을 받았지만, 일단 각자 삶의 목표를 발견하고 나자 놀라울 정도로 추진력을 갖게 되었다.

현대의 세계는 더욱 복잡해졌다. 역사상 그 어느 때보다도 지성인이나 예술가로 살아갈 수 있는 방법이 더욱 많아졌다. 그러나 부모들이 아이들을 도와주고 격려하고 싶어도, 어떤 것이 아이들에게 좋은지 알기가 쉽지 않다. 나도 내 아들에게 무엇이 좋은지 알지 못한다. 그래도 이것만은 말할 수 있다. 아이가 자신의 적성을 찾게 된다면, 나의 아버지가 그랬듯이 나도 아이를 적극 지원해줄 거라는 점을 말이다. 다윈의 아버지도, 비록 완전히 믿지는 않았지만 아들이 비글호에 탑승할 수 있도록 개인적으로 자금을 지원해주었다.

많은 부모는 자신의 아이들이 모호한 태도를 보이거나 이해하기 힘든 걸 선택하면 걱정을 한다. 그럴 때면 대부분의 부모는 자신들이 생산적이고 건전하다고 생각하는 아이디어를 따르도록 아이들에게 강제한다. 레노어와 나는 그러지 않는다. 우리는 아이에 대한 걱정을 그대로 받아들인다. 쉽지는 않지만, 우리는 그렇게 살아가고 있다.

우리는 그러한 걱정을 그대로 받아들여야 한다. 기본적인 신체 건강이나 안전, 그리고 법을 지키는 것에 대해 우려하는 것은 필요하다. 그러나 그런 부분을 제외하고 가장 중요한 것은 아이들이 스스로 어른이 될 수 있게 허용해주는 것이다. 우리 부부는 올리버가 스스로의 삶을 만들고 이끌어가는 사람이 되기를 바란다. 그래야만 아이의 재능이나 염원이 우리의 선입견에 따라 방해받지 않을 것이다.

언젠가 아이가 다시 학교에 다녀야겠다고 결심할 때도 마찬가지일 것이다. 당연히 그때도 마찬가지일 것이다.

돌파구

올리버가 6학년 말쯤에 학교를 그만두기 직전, 아이는 최소한 한 문단 길이의 이야기를 써 오라는 숙제를 받았다. 일주일 뒤에, 아이가 쓴 이야기의 분량은 4,000단어였다. 몇 주 뒤에 그 글이 모두 9개 장으로 발전해서 2만 단어 분량에 이르게 되자, 아이는 그 글을 쓰는 것에 대한 흥미를 잃었다. 그것은 아이가 즐기는 비디오게임을 연상시켰는데, 우주를 배경으로 이야기가 중구난방으로 펼쳐지고 여기저기에서 폭발이 일어나는 공상과학 소설이었다. 아이는 결국 그 이야기를 완결하지 못했다. 아이가 그걸 다시 펼쳐보기는 했는지도 잘 모르겠다.

나는 무척 놀랐다. 불과 열두 살에 불과한 아들이 내가 평생 동안 쓴 것보다도 훨씬 더 많은 분량의 소설을 썼기 때문이다. 아마 대부분의 사람이 평생 동안 쓰는 글보다도 많은 분량일 것이다.

그런데 올리버에게 소설 쓰는 걸 가르쳐준 사람은 아무도 없었다. 아이는 다른 사람에게서 조언을 받는 걸 좋아하지 않았기 때문이다. 그나마 내가 아들에게 해줄 수 있는 조언은 문단을 적절하게 나누고 문장부호를 찍는 것 정도였다.

그러다 아이는 갑자기 글쓰기를 멈췄다. 아들의 생활은 비디오게임을 하고, 텔레비전을 보고, 다시 비디오게임을 하고, 인터넷을 하는 것으로 이어졌다. 매일매일이 그랬다. 아들은 집에서 산다기보다는 그 안에서 마치 유령처럼 떠돌았다. 가끔 나는 아들이 쓴 걸 읽어보게 해달라고 말하기도 했다. 그러면 아들은 그냥 퉁명스럽게 돌아서기만 했다.

그런데 어느 날 그저 일상적인 대화를 하던 중에, 올리버가 내게 114편의 이야기를 썼다고 말했다.

"뭐라고?!"

아들이 한숨을 쉬며 말했다. "그렇지만 아직까지 결말이 난 건 아무것도 없어요."

아이가 나에게 그걸 보여주려 하지 않은 이유는 자신의 기준을 넘을 만큼 충분하지 않았기 때문이다.

어쨌든 긍정적인 신호였다. 레노어와 나는 계속해서 끈기를 갖고 지켜보았다.

아들이 열여섯 살이 된 직후, 레노어가 나에게 긴급히 이메일을 한 통 보냈다. 아이가 새로운 이야기를 다 써서 그녀에게 보여주었다는 내용이었다. 그녀는 그걸 아이의 할아버지(나의 아버지)에게 포워딩해 주었는데, 아버지는 곧바로 올리버를 만나 그 이야기에 대해 논의해 보자고 요청했다.

아들이 쓴 이야기를 읽으면서, 나는 그것이 하나의 전환점이라는 걸 알 수 있었다. 아이가 그전까지 쓴 것들과는 전혀 달랐으며, 거기에는 자기 자신에 대한 철학적이면서도 정서적인 평가가 들어 있었다. 그 소설의 주인공은 다양한 질문을 던지고, 자신의 모습을 발견했다가 길을 잃어 방황하기도 하고, 절망하여 스스로를 죽음으로까지 몰고 간다. 그리고 길을 잃은 동료 영혼들이 가득한 바다를 떠돌다가, 현실의 장막을 찢고 나와 다시 삶을 되찾게 된다. 그것은 전형적인 영웅의 여정이었다. 우주를 배경으로 한 공상과학 소설이 아니었다. 특수효과가 필요한 작품이 아니었다. 글을 쓴 저자는 삶의 의미와 동기를 찾고 있었다.

그 이야기는 비디오게임과도 달랐다. 어린아이가 쓴 작품 같지도 않았다. 그 이야기는 개인적인 성장에 관한 것이지만, 나는 거기에서 내 아들이 성장했다는 걸 알 수 있었다. 나는 어느새 훌쩍 커버린 내 아들의 목소리를 처음으로 듣고 있었다. 어떻게 그런 일이 가능했을까? 이 아이는 도대체 어디에서 온 것일까?

중요한 비결

꽃이 피어나기 위해 학교를 다닐 필요가 없는 것처럼,
아이들의 마음도 저절로 피어난다.

정말이지, 어디에서 왔을까? 부유한 젊은이들이 사냥과 사격에만 열중하던 시대에, 도대체 찰스 다윈 같은 성실한 청년은 어떻게 나올 수 있었을까? 갈 곳 없는 절망으로 가득한 여덟 장의 편지를 쓴 지 며칠 만에 반 고흐는 도대체 어떻게 화가로서 스스로를 터트릴 수 있었을까? 실직하고 무일푼이 된 상태에서 새뮤얼 클레멘스에게 글쓰기를 하게 만든 것은 대체 무엇이었을까? 그는 심지어 배를 조종할 수 있는 면허가 있었기에, 원한다면 얼마든지 뱃사람으로서의 일자리를 구할 수도 있었을 것이다.

이들에게 그렇게 하라고 가르쳐준 사람은 아무도 없었다. 그들은 그런 삶을 스스로 선택해서 만들어나갔다. 물론 꽃이 피어나기 위해서는 햇빛과 물과 비옥한 토양이 필요하듯 많은 사람의 도움이 있었을 것이고, 살아오면서 마주한 다양한 사건과 경험들도 그들의 결정에 영향을 주었을 것이다. 그러나 그렇게 되어야 한다고 강요한 사람은 없었고, 그들이 모델로 삼을 만한 사람도 없었다. 그들 안에 있던 진짜 모습이 스스로 나타난 것이며, 오히려 기존의 틀이 맞지 않았기 때문에 그들이 저렇게 바뀔 수 있었다.

나는 오스트레일리아에서 집으로 전화를 걸었다. 당시에 나는 컨설팅 업무를 위해 그곳에 출장 중이었다. 전화요금이 1분에 5달러나 했지만, 충분히 그럴 만한 가치가 있었다. 나의 아들과 아버지는 이미 함께 그 이야기를 편집하고 있었다. 아버지는 불필요한 내용을 삭제하면 오히려 글이 더 나아진다는 사실을 아들에게 말해주었다. (그러고 보니, 나도 수업시간에 그런 내용을 배운 것 같다.) 아버지는 그런 이야기를 하는 동안 올리버가 주의 깊게 들었다고 말했다. 아들이 다른 사람의 이야기를 주의 깊게 들었다!

자유로운 시간은 엄청나게 많고 숨 막히게 하는 기대감은 전혀 없는 나의 아들은 현재 자신의 목소리를 들으며 자신의 열정을 쏟을 만한 것을 찾고 있다. 클레멘스, 반 고흐, 다윈을 비롯하여 그전에 있었던 수많은 캐리비안의 해적처럼, 아들은 스스로의 항로를 그리는 중이다. 아들은 최근에 나에게 결말이 지어진 또 하나의 이야기를 보여주었다. 그걸 읽어본 후 나는 아들에게 물어보았다. 짧은 이야기들을 여러 개 쓸 수도 있었을 텐데, 그렇게 오랜 시간이 걸리는 하나의 이야기를 완성할 수 있게 자극을 준 것이 무엇이냐고 말이다.

아들이 말했다. "조만간 저 스스로 살아가야 하잖아요. 그럼 돈이 필요하겠죠. 그래서 잘 팔리는 이야기를 쓰는 걸 배워야 한다고 생각했어요."

어느새 훌쩍 커버린 사람이 내 앞에 있었다. 현실적인 감각을 갖고 있으면서도, 세상이 자신의 이야기를 듣게 만들겠다는 낭만적인 생각을 하는 청년이었다. 그는 캐리비안의 해적이었다.

아이는 이제 무엇을 하게 될까?

감사의 말

만약 1982년에, 그리고 다시 1983년과 1984년과 1985년에, 그리고 2007년까지 매년 나에게 나 자신의 경험을 담은 책을 써보라고 말한 나의 아버지 리처드 바크가 없었다면 이 책은 결코 쓸 수 없었을 것이다. 그리고 엄청난 끈기를 갖고 나를 격려해주었으며, 나에게 글을 쓸 수 있는 공간과 시간을 마련해준 나의 아내 레노어가 없었다면 이 책을 쓸 수 없었을 것이다.

이 책을 편집하는 엄청난 작업에서 나를 도와준 친구들과 가족들에게 감사를 전한다. 특히 초기 과정에서 많은 도움을 준 리처드 바크(아버지), 레노어 바크(아내), 조나단 바크(동생), 그리고 스크라이브너(Scribner) 출판사의 로라 사바(Laura Saba)와 휘트니 프릭(Whitney Frick)에게 감사드린다.

이 책은 단순한 한 권의 책 이상이라는 것을 내게 보여준 나의 에이전트 짐 러바인(Jim Levine)과 댄 그린버그(Dan Greenberg)에게 감사를 전한다.

그리고 제럴드 와인버그(Gerald Weinberg), 크리스 모건(Chris Morgan),

마이클 볼튼(Michael Bolton), 사브리나 바크(Sabryna Bach), 켐 케이너(Cem Kaner), 베키 피들러(Becky Fiedler), 조나단 콜(Jonathan Kohl), 재키 마이어(Jackie Meyer), 미셸 슈뢰더(Michelle Schroeder), 벤 사이모(Ben Simo), 스타니 블라세바(Stani Vlasseva), 마리나 마이클스(Marina Michaels), 줄리언 하티(Julian Harty), 벤 월터(Ben Walther), 버니 버거(Bernie Berger), 애덤 가우처(Adam Goucher), 프라딥 사운다라잔(Pradeep Soundararajan), 슈리니 쿨카르니(Shrini Kulkarni), 캐런 존슨(Karen Johnson)을 비롯하여 원고를 읽고 더 나은 내용으로 발전시킬 수 있게 다양한 방식으로 조언해준 많은 분에게 감사드린다.

마지막으로, 7학년에 학교를 그만두면서 나를 능가한 나의 아들 올리버에게 감사의 말을 전한다.

원서의 제목을 처음 본 순간부터 영화 〈캐리비안의 해적〉이 떠올랐다. 이 책의 내용을 처음부터 끝까지 관통하는 개념이자 원서의 제목에서도 쓰인 '버커니어(buccaneer)'라는 단어는 17~18세기에 카리브해(캐리비안 바다) 일대에서 활동하던 사략(privateer, 국가에서 인허를 받은 해적)이나 뱃사람들을 일컫는 말이다.

따라서 저자가 말하는 버커니어는 우리가 흔히 알고 있는 캐리비안의 해적이라는 이미지와 정확히 일치하는 개념이다. 다만 버커니어라는 단어는 다소 생소할 수 있기에, 번역하는 과정에서는 내용 전달이 훨씬 더 쉽고 의미도 명확한 '캐리비안의 해적'이라는 표현을 사용했다.

덕분에 이 책을 번역하는 내내 나는 마치 〈캐리비안의 해적〉의 주인공 잭 스패로우 선장이 되어 카리브해 일대를 마음껏 돌아다니며 모험하는 심정이었다. 독자 여러분도 그 흥미진진한 여정에 함께 하는 기분을 만끽하길 바라는 마음이다.

전리오

캐리비안 해적들의 비밀 공부법

1판 1쇄 발행 2022년 4월 15일

지은이 | 제임스 마커스 바크
옮긴이 | 전리오
펴낸이 | 박선영

편집장 | 이효선
마케팅 | 김서연
디자인 | 이진욱
발행처 | 퍼블리온
출판등록 | 2020년 2월 26일 제2021-000048호
주소 | 서울시 영등포구 양평로 157, 408호 (양평동 5가)
전화 | 02-3144-1191
팩스 | 02-3144-1192
전자우편 | info@publion.co.kr

ISBN 979-11-91587-15-9 03320

※ 책값은 뒤표지에 있습니다.